屈原及楚辞研究

方 铭 著

图书在版编目(CIP)数据

屈原及楚辞研究/方铭著.—北京:商务印书馆,2023(2023.7重印)
ISBN 978-7-100-20645-7

Ⅰ.①屈… Ⅱ.①方… Ⅲ.①屈原(约前340-约前278)—人物研究②楚辞研究 Ⅳ.①K825.6 ②I207.223

中国版本图书馆 CIP 数据核字(2022)第 016920 号

权利保留,侵权必究。

屈原及楚辞研究
方铭 著

商 务 印 书 馆 出 版
(北京王府井大街36号 邮政编码100710)
商 务 印 书 馆 发 行
北京虎彩文化传播有限公司印刷
ISBN 978-7-100-20645-7

2023年2月第1版　　开本710×1000 1/16
2023年7月北京第2次印刷　印张 14¼
定价:75.00元

前　言

屈原是战国时期的伟大诗人，也是中国历史上影响最为深远的伟大诗人，是战国时期骚体诗的代表性作品《离骚》的创作者，是中国文学史上楚辞体文学的主要作者。更重要的是，在中国文化史上，屈原不仅仅作为一个诗人受人推崇，同时，他还作为一个正直的贤人而广受尊敬。

1984年至1987年，我曾从国学大师吴林伯先生问学。吴先生早年亲炙大宗师马一浮先生。吴先生尝从容谈及马一浮先生主张治学应以经学为核心，出入诸子史集，人生苦短，不能花太多时间去读那些无意义的书籍。马一浮先生在《通治群经必读诸书举要》中开列了经部、史部、子部的重要著作以后，又列了《楚辞》等集部著作十余种，并说："集部之书，汗牛充栋，终身读之不能尽。大抵唐以前别集无多，俱宜读。唐、宋则择读大家，宜知流别，宜辨体制，宜多读诗文评。文章不关经术者，不必深留意也。"[1] 马先生命吴先生以《文心雕龙》为一生治学重点，并说集部也只有《楚辞》与《文心雕龙》等少数几部著作值得学者以毕生精力去钻研。

刘勰在《文心雕龙·辨骚》中说《楚辞》情兼雅怨，文极声貌，影响深远，并对历代学习楚辞的人做了分类："故才高者菀其鸿裁，中巧者猎其艳辞，吟讽者衔其山川，童蒙者拾其香草。若能凭轼以倚雅颂，悬辔以驭楚篇，酌奇而不失其贞，玩华而不坠其实，则顾盼可以驱辞力，咳唾可以穷文致。"[2] 这是说学习者如果仅仅从《楚辞》中学到艳辞、山川、香草之"奇"之"华"，这不过是掌握了《楚辞》

---

[1]《马一浮全集》第一册（上），浙江古籍出版社2013年版，第124页。
[2]［南朝梁］刘勰撰，吴林伯注：《文心雕龙义疏》，武汉大学出版社2013年版，第114页。

之末,而《楚辞》之本在于"鸿裁",即其"贞"与"实"。《楚辞》忠实地继承了《诗经》的风雅传统,表现出的崇高精神境界和高尚人文情怀,是屈原及《楚辞》价值的真正所在。也正因此,屈原及《楚辞》才有弥久常新的生命力。

由于工作和兴趣的关系,我的研究范围一向比较驳杂,涉及的内容包括思想史、文化史、文学史、学术史、监察史等领域,但核心都不出经学、诸子与辞赋研究的范围,其中屈原及楚辞研究,更是我长期学习和思考的重点。从20世纪90年代出版的《战国文学史》开始,二十多年来陆续出版的《期待与坠落:秦汉文人心态史》《经典与传统:先秦两汉诗赋考论》《战国文学史论》《香草美人的前世与今生——屈原与楚辞》《楚辞全注》等著作,以及《诗骚分类选讲》《中国文学史》等教材,都或多或少地涉及屈原及楚辞的专门论述。这些年,我还撰写了一些与屈原及楚辞相关的论文。但很多年来,我仍然想撰写一本关于屈原及楚辞研究的专门著作,系统地陈述一下多年学习和研究屈原及楚辞相关问题的一点肤浅思考。这本书的撰写,就是为了完成这样一个心愿。

最早的时候,我的书稿名为《先秦两汉辞赋研究》,内容主要是过去撰写的一些有关屈原、宋玉及汉代辞赋研究的论文。我把初稿交给现三联书店的副总编辑常绍民先生审阅,当时常先生是商务印书馆著作室主任,他建议以《屈原及楚辞研究》为书名,并在2008年和我确定了选题。常先生调任后,我虽然断断续续地对书稿进行着修改,但没有常先生的督促,初稿完成以后,篇幅太大,没有想好如何压缩,就一直拖延下来了。2018年底,我终于完成了对《屈原及楚辞研究》稿件的修改,并把稿件交给商务印书馆编辑审核。但这个稿件的篇幅还是比较大,而且内容也较为驳杂。编辑给我提出了修改意见,特别是建议我突出主线,减少篇幅,尽量删除我过去有关著作中已涉及的内容。于是,我重新审核了书稿,决心对原来的书稿进行全面调整,把中心聚焦在我过去讲授屈原及楚辞研究相关课程的内容,以及屈原的身世经历和屈原所创作的楚辞作品上,删除了除屈原以外的其他楚辞作者的有关研究,为方便读者全面系统地理解和阅读屈原及其作品,主要立足于发掘屈原的文化价值、传承屈原的人文情怀的目标,故而书稿也对楚国的历史、屈原的经历和屈原的全部作品进行了比较系统的介绍。现在的书稿，主要包含作家的身世经历论、作家作品论、作家思想论三个部分。其中一些观点，虽已见于过去的著作，但为了本书的体系尽量完整，我仍然收到了此书中。

我的研究生刘金、舒鹏、甄桢同学在几年前都曾帮助我对《屈原及楚辞研究》的书稿进行校对和整理，并核对引文，标注了文献出处。刘金同学早已工作，舒鹏同学也完成了在北京大学的五年博士学习，而甄桢同学正在攻读博士学位。在这次修改中原来书稿的大部分内容已经摒弃不用，按照一般著作习惯，我应该把全书所征引的文献统一起来，但因书稿撰写的周期较长，特别是受新冠疫情的影响，我没有机会进入学校图书馆寻找过去征引过的书籍，也来不及请过去帮助标注过文献出处和页码的几位同学再重新帮助我统一文献，所以我决定将新增加的文献，尽量利用家中和办公室所藏书籍来标注文献出处。事实上，我家中和办公室所藏书籍的版本都非常可靠，如《十三经注疏》本，我的研究生查阅的时候，可能更多地利用了学校图书馆藏的四部备要本，我的办公室有中华书局影印阮元校刻本，我的家里则有台湾艺文书局影印的阮元校刻本，所依据的版本并没有不同，只是不同出版社的页码编排会有不同。这样一来，虽然同一书籍可能用了两个或者两个以上的版本，也许会对并非从事古典文献研究的读者造成一定的困惑，但并不会因此造成阅读负担。而对从事古典文献的研究者，特别是从事屈原及楚辞研究的学者来说，显然不会有任何影响。

书稿完成后，我请博士研究生郭琦同学帮我整理了参考书目。参考书目分一般文献、楚辞文献和今人著作三部分。一般文献指本书引用过的属于经部、史部、子部的主要文献，一些工具书、类书或者虽然书中有征引，但篇幅较大且主要内容与本书无关的文献，则不列在主要参考书目中。楚辞文献主要是20世纪以前学者所著的有关楚辞的著作。这两类文献大部分是对古代典籍的整理著作，在编排的时候，为了把同一种典籍的整理著作尽量排在一起，所以排序的时候，书名在前，编撰者在后。今人著作主要列20世纪以来学者的著述，因这部分著作体量较大，同一人可能有多种著作，为了避免混乱，故以作者姓氏的汉语拼音音序排列。

郭琦同学和博士研究生蔡柯欣、冯茂民同学以及硕士研究生冯轶群、张嘉宝同学对最后的稿件或书稿清样进行了文字上的校对。

本书原来对所涉及屈原的作品原文一律都标了文献出处，但在稿件完成以后，觉得给屈原的每一句诗单独出注，似乎没有必要。所以，为了节约篇幅，尽量减少注释，我把这些注释都删除了。书中所引屈原的作品，都以北京大学白化文先生标点整理的中华书局版《楚辞补注》为依据，同时，也参考了人民文学出版社出版的拙著《楚辞全注》。书中涉及的非屈原的其他楚辞作家作品，以及引用《楚辞章句》《楚辞补注》的有关资料，都一律出注。因书中有专章介绍了《史记·屈原贾生列传》，因此，书中凡是涉及《史记·屈原贾生列传》的引文，也不再出注，读者诸君可以从《〈史记·屈原贾生列传〉述论》一章中找到出处。

感谢商务印书馆给我这么长的时间来修改书稿，并愿意出版这样一本不尽成熟的书。感谢商务印书馆编辑审阅书稿，并提出具有指导意义的非常中肯而具体的修改意见。感谢刘金、舒鹏、甄桢、郭琦、蔡柯欣、冯茂民、冯轶群、张嘉宝同学对我的帮助。

方　铭

2020 年 9 月 25 日于北京

目　　录

第一章　楚国的变迁与屈氏的传承 1
　一、楚的建国与屈瑕得氏 1
　二、楚国争霸与任莫敖的屈氏 6
　三、战国时期的楚王与屈氏 9
　四、鄂君启节与屈原研究 13

第二章　《史记·屈原列传》述论 19
　一、楚之同姓与左徒之职 19
　二、王怒而疏与忧愁幽思而作《离骚》 25
　三、不复在位与自疏 27
　四、怒而迁之与自沈汨罗 33

第三章　屈原的放流问题 38
　一、作为刑罚的流放 38
　二、先秦典籍所见流放刑罚 39
　三、《史记》所记流放刑罚 43
　四、屈原的放流不是流放 46

第四章　《楚辞》所收屈原作品的作者问题 48
　一、《楚辞》与《楚辞释文》目录 48
　二、质疑屈原作品的两种倾向 53
　三、《九辩》与屈原 56
　四、《招魂》与屈原 60
　五、《大招》与屈原 65

第五章 《离骚》分章及主题问题述论 68
一、《离骚》的写作时间与命名 68
二、《离骚》的分章问题 72
三、《离骚》内容解析 78
四、《离骚》的骚体诗书写特征 84

第六章 《九歌》构成及主旨发微 92
一、《九歌》的命名和构成 92
二、芳菲兰汤——《东皇太一》《云中君》述论 98
三、洞庭木叶下——《湘君》《湘夫人》述论 101
四、满堂兮美人——《大司命》《少司命》述论 105
五、长太息兮将上——《东君》《河伯》述论 109
六、长无绝兮终古——《山鬼》《国殇》《礼魂》述论 112
七、哀而艳的书写风格 115

第七章 《九章》主题辨析 120
一、《九章》的写作和编辑 121
二、徘徊不去——《惜诵》《涉江》《哀郢》述论 124
三、忧思难忘——《抽思》《怀沙》《思美人》述论 131
四、三致志焉——《惜往日》《橘颂》《悲回风》述论 139

第八章 《天问》《远游》《卜居》《渔父》述论 146
一、《天问》中的古史及传说 146
二、《天问》不存在错简问题 160
三、礼失而求诸野——《远游》述论 167
四、正道直行　九死不悔——《卜居》《渔父》述论 173

第九章 屈原精神的现代意义 181
一、正道直行的人生态度 181
二、忧国忧民的家国情怀 184
三、追求美政的坚定理想 188
四、九死不悔的底线意识 191

第十章 屈原的文化价值 ··· 197
　一、屈原价值的历史发现 ······································· 197
　二、作为政治家的屈原 ··· 201
　三、作为爱国主义者的屈原 ····································· 206
　四、端午节与屈原 ··· 210

主要参考书目 ··· 215

第一章　楚国的变迁与屈氏的传承

楚国本来是西周封建的小诸侯国，在西周的封建体系中，楚国被封为子爵，其疆域属于诸侯国最小的等级。春秋时期，楚国借"礼崩乐坏"的机会在南蛮崛起，原因就在于其远离中国的核心区域，同时又敢于挑战周朝的封建体系。《史记·楚世家》载："熊渠生子三人。当周夷王之时，王室微，诸侯或不朝，相伐。熊渠甚得江汉间民和，乃兴兵伐庸、杨粤，至于鄂。熊渠曰：'我蛮夷也，不与中国之号谥。'乃立其长子康为句亶王，中子红为鄂王，少子执疵为越章王，皆在江上楚蛮之地。"[1] 从熊渠开始，楚国人就决心挑战周朝的德治体系，以武力灭人国，同时破坏周朝以地方自治为特征的封建体系，最终僭越称王。

楚国君王长期与周王朝离心离德，故而其领导集团对周礼所代表的德治文明非常隔膜。在整个春秋时期，楚国经常是周王朝内部统一和稳定的最大威胁。楚国不断以武力挑战周天子的天下共主地位，蚕食诸侯。而在楚国内部，宗室之间的斗争也充满了血腥气息。在春秋时期楚国以武力强势崛起，又在春秋末期被吴国以强大武力打击，开始走向衰落。战国时期，楚国既继承了春秋时期楚国君主的野心，同时又面对秦国超级大国的地位无能为力。屈原生活在战国时期的楚国，他一生的经历、命运与楚国的历史、现实息息相关。

一、楚的建国与屈瑕得氏

近代考古学兴起，把中华文明史追溯到了近一万年前，但荆楚地区的开发，

---

[1] [汉]司马迁：《史记》卷四〇，中华书局 1982 年版，第 1692 页。（本书所引《史记》均依此本，不另注。）

主要在春秋以后。楚国是春秋战国时期重要的诸侯国,不仅对春秋战国时期的政治经济格局有重要影响,而且对春秋战国时期的文化发展也有重要贡献。

据《史记·楚世家》,楚先祖出于帝颛顼高阳,高阳后人重黎曾任帝喾高辛火正,帝喾命之曰祝融。重黎弟吴回生陆终,陆终生季连,芈姓。周文王时,季连苗裔曰鬻熊,鬻熊子事文王,早卒。其子曰熊丽,熊丽生熊狂,熊狂生熊绎,熊绎受封楚。

马骕《绎史·列国传世》注释"楚"时说:"楚,芈姓,子爵,熊绎封于楚蛮,传至武王,十九年入春秋。"① 马骕并作楚世系图。②

《左传·昭公十二年》载右尹子革见以"好细腰"著名的楚灵王说:"昔我先王熊绎辟在荆山,筚路蓝缕以处草莽,跋涉山林以事天子,唯是桃弧、棘矢以共御王事。"③ 熊绎是楚国第一任国君,据新出土的清华大学藏战国楚简《楚居》载,熊绎受周成王封建于夷屯的丹阳。建国之初,熊绎建了祖庙,竟然找不到祭祀的牺牲,因此跑到鄀国去盗了一头还没长角的小牛,又怕被小牛的主人发现,就连夜宰杀小牛后祭祀。④

在春秋时代,楚国的内政外交,有两个现象是非常突出的:一方面,楚国王位的继承充斥着篡弑;另一方面,楚国奄王坐大,一直企图破坏周天子天下共主的德治社会秩序,谋求通过武力僭越封建制体系,侵吞弱小,觊觎九鼎。《孟子·尽心下》说:"春秋无义战,彼善于此,则有之矣。征者,上伐下也,敌国不相征也。"⑤ 虽然说春秋时代礼崩乐坏,所有的战争都没有正义可言,而且,各个诸侯国内部也是篡弑不断。但正如孟子所言,在不义之战的相互比较中,也还有"彼善于此"的区别。而楚国可能就是那个最不善的一方。

《史记·楚世家》说:"熊绎生熊艾,熊艾生熊䵣,熊䵣生熊胜。熊胜以弟熊

---

① [清]马骕:《绎史》卷二八,中华书局 2002 年版,第 850 页。
② 参见本书第 4—5 页。
③ [晋]杜预注,[唐]孔颖达正义:《春秋左传正义》卷四五,《十三经注疏》,中华书局 2009 年版,第 4482 页。
④ 李学勤主编:《清华大学藏战国竹简(一)》,中西书局 2010 年版,第 181 页。
⑤ [汉]赵岐注,[宋]孙奭疏:《孟子注疏》卷一四上,《十三经注疏》,第 6034 页。

杨为后。熊杨生熊渠。熊渠生子三人。当周夷王之时，王室微，诸侯或不朝，相伐。熊渠甚得江汉间民和，乃兴兵伐庸、杨粤，至于鄂。熊渠曰：'我蛮夷也，不与中国之号谥。'乃立其长子康为句亶王，中子红为鄂王，少子执疵为越章王，皆在江上楚蛮之地。及周厉王之时暴虐，熊渠畏其伐楚，亦去其王，后为熊毋康，毋康蚤死。熊渠卒，子熊挚红立。挚红卒，其弟弑而代立，曰熊延。熊延生熊勇。……熊勇十年卒，弟熊严为后。熊严十年卒，有子四人，长子伯霜，中子仲雪，次子叔堪，少子季徇。熊严卒，长子伯霜代立，是为熊霜。……熊霜六年卒，三弟争立，仲雪死，叔堪亡，避难于濮，而少弟季徇立，是为熊徇。……二十二年，熊徇卒，子熊咢立。熊咢九年卒，子熊仪立，是为若敖。……二十七年，若敖卒，子熊坎立，是为霄敖。霄敖六年卒，子熊眴立，是为蚡冒。……蚡冒十七年卒，蚡冒弟熊通弑蚡冒子而代立，是为楚武王。"①熊渠是周礼制度的破坏者，在他死后，他的儿子之间发生篡弑的争斗。嗣后，楚国王位继承中的血腥气，一直伴随楚国的历史。

《左传·宣公十二年》载晋人栾武子说："训之以若敖、蚡冒，筚路蓝缕，以启山林。"②若敖是楚国第十四代君主，公元前790年至公元前763年在位；蚡冒是若敖之孙，楚国第十六代君主，公元前757年至公元前741年在位。从蚡冒开始，楚国通过发动战争，扩张国土，迅速崛起。公元前740年，楚武王熊通弑其兄蚡冒之子，自立为君，在位51年。其后，楚国不断蚕食汉水流域的周王室封国，一跃成为春秋时期南方霸主。

屈氏则自楚武王之子屈瑕以后，有屈重、屈御寇二子。屈御寇有子屈朱，以下再不见记载。屈重后有屈完、屈荡、屈到、屈建、屈生、伯庸、屈原。楚王传世长久，因此受封得氏的同姓数量巨大，马骕曰："楚同姓鬭氏、成氏，出自若敖，或曰成得臣即伯比子也。蘧氏亦称芳氏，出自蚡冒，而《国语》云：'季徇既立，蘧氏将起，叔熊立之。'叔熊，叔堪也。季徇，徇也。则蘧氏前已有矣。屈氏出自武王，阳氏出自穆王，沈氏、囊氏出自庄王。汉徙楚之昭、屈、景、怀于关中，四姓皆楚族也。别有潘氏、申叔氏、伍氏，而伍员奔吴，托子丰于齐，为王孙氏。"③

---

① 《史记》卷四〇，第1692页。
② 《春秋左传正义》卷二三，《十三经注疏》，第4082页。
③ 《绎史·世系图》，第34—37页。

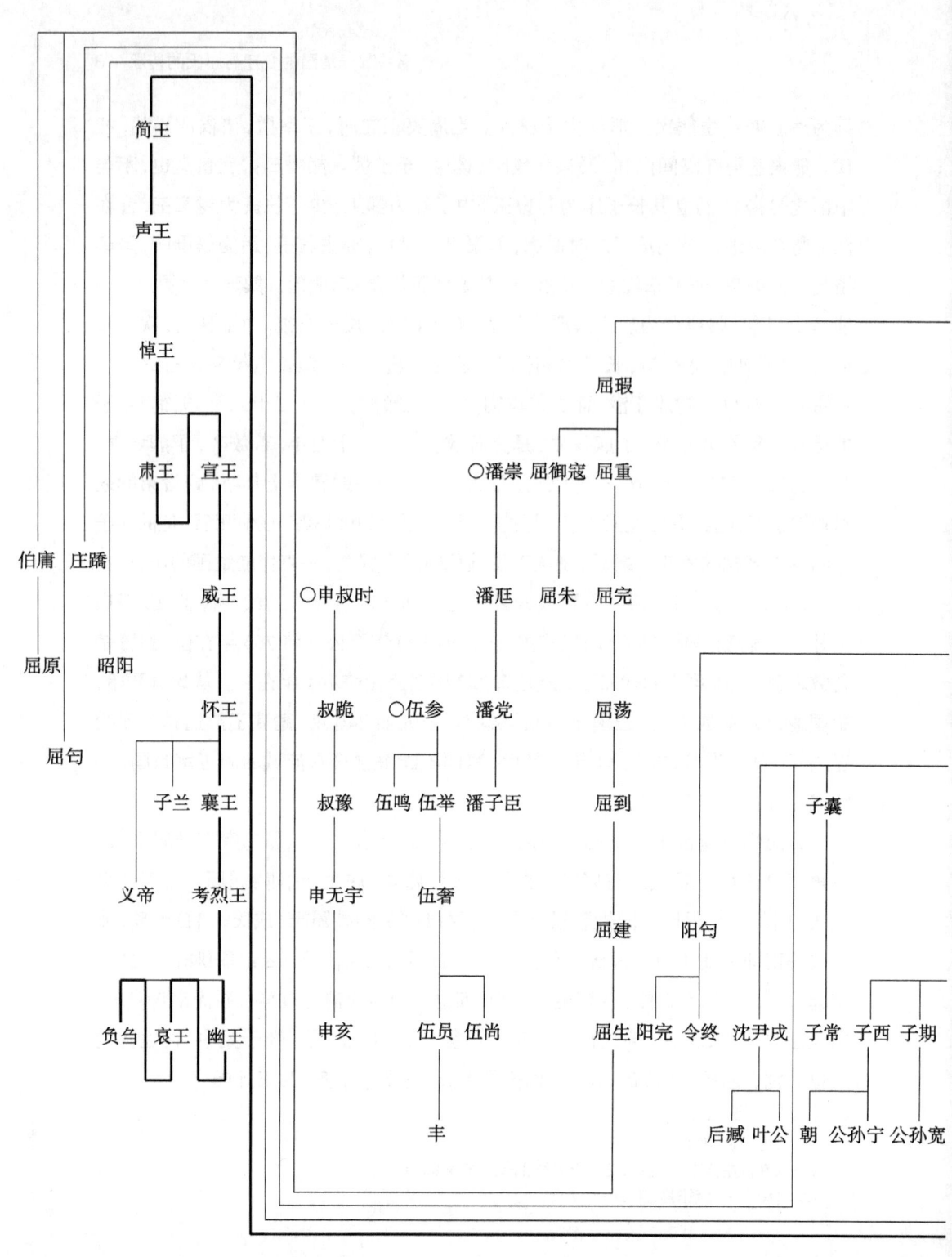

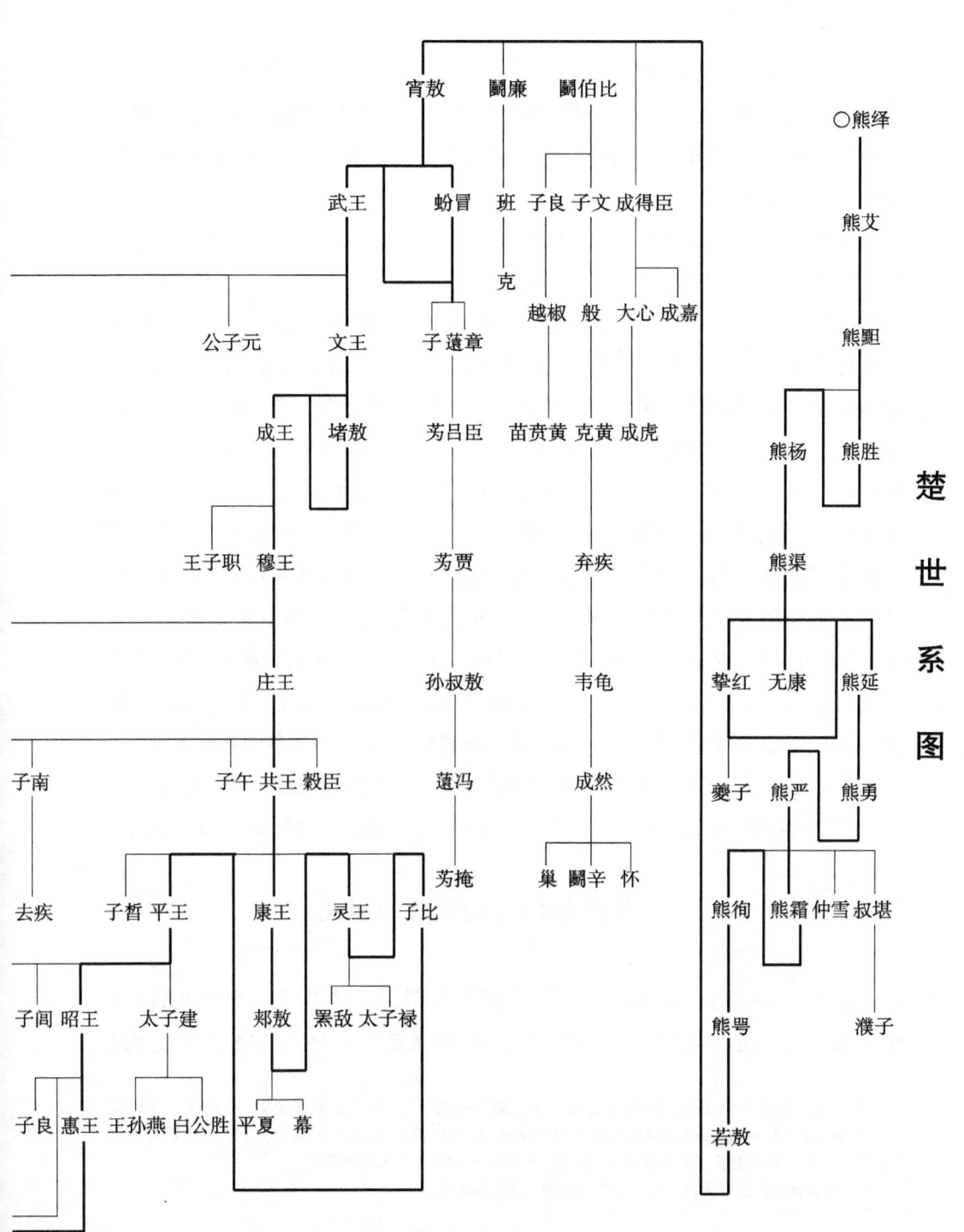

我们已知的屈氏始祖应该是春秋早期的屈瑕。屈瑕是楚武王之子,曾任楚莫敖,封于屈,因此称屈氏。公元前699年,屈瑕率军伐罗,因轻敌冒进,在鄢水附近被罗国、卢国联军攻击,楚军大败,屈瑕在逃亡过程中自缢身亡。屈瑕自缢距屈原生活的时代近400年。

公元前690年,楚武王去世,其子熊赀即位,是为楚文王。楚文王时期,楚国由汉水之北的丹阳迁都于郢(在今湖北宜城楚皇城)。① 在对外关系上,楚文王积极推行兼并策略,灭了汉水流域的权、罗、邓、绞、申、息等诸侯国。息夫人是陈庄公的女儿,姓妫,嫁给息国国君,所以也称息妫。蔡哀侯的夫人是息夫人的姐姐。清华大学藏战国竹简《系年》记载,息夫人路过蔡国,蔡哀侯以息国和蔡国同样是姬姓兄弟之国,一定要息夫人在蔡国停留一下。息夫人被截留在蔡国,蔡哀侯就把息夫人纳入了后宫。息侯为讨回夫人,与楚文王商定,由楚文王出兵伐息,息侯请蔡哀侯来救,然后抓住蔡哀侯。蔡哀侯中计,兵败被俘虏。蔡哀侯获知中了息侯设计,为报复息侯,告知楚文王息夫人是绝世美人,让楚文王见息夫人。楚文王见过息夫人后,第二年兴兵灭息,杀息侯,娶息夫人,生熊艰与熊恽。《左传·僖公二十八年》有"汉阳诸姬,楚实尽之"②的说法。当这些诸侯国被灭以后,楚文王便在这些新土地上设立县,如权县、申县、息县等,后来又设立了郡,而县长、县公、县尹、县令、郡守由楚王任命,不再实行封建制,开启了中央集权制的先河。

楚文王在位十五年,公元前675年去世。其子熊艰即位,此即楚堵敖,也称楚庄敖。公元前672年,庄敖欲杀弟熊恽,恽奔随,与随袭杀庄敖代立,是为楚成王。

二、楚国争霸与任莫敖的屈氏

楚成王在位期间,公元前656年,与齐桓公盟于召陵,又先后于公元前655年灭弦,于公元前648年灭黄,于公元前646年灭英,并在公元前638年泓之战

---

① 关于楚国迁都于郢的时间,《史记·十二诸侯年表》说"楚文王熊赀元年,始都郢"。《后汉书·地理志》江陵注有"故楚郢都,楚文王自丹阳徙此"的说明。不过,《世本·居》说:"楚鬻熊居丹阳,武王徙郢。"如果楚文王元年始都郢,楚武王的时候开始搬迁也是有可能的。

② 《春秋左传正义》卷一六,《十三经注疏》,第3961页。

打败宋襄公,称霸中原,又于公元前634年灭夔。

公元前626年,楚成王欲杀太子商臣而立职,十月,商臣带兵包围王宫,楚成王上吊自杀,商臣即位为君主,是为楚穆王。楚穆王时期,楚国灭江、六、蓼等诸侯国。楚穆王在位12年,公元前614年去世,其子熊旅即位,是为楚庄王,亦称荆庄王,战国楚简称为楚臧王,又名吕、侣。楚庄王是春秋五霸之一,公元前606年,楚庄王伐陆浑之戎,至于洛,观兵于周郊,并向周天子的使节王孙满询问九鼎大小和重量,王孙满强调立国的根本在德治,不在武力。公元前597年楚国在邲之战中打败晋国。

春秋时期,楚国莫敖的职位可能一直由屈瑕的后代传承。《左传·庄公四年》载公元前690年楚武王去世,"令尹斗祁、莫敖屈重除道梁溠,营军临随。随人惧,行成。莫敖以王命入盟随侯,且请为会于汉汭而还。济汉而后发丧。"①屈瑕自杀后,莫敖的职务由其子屈重接任。《左传·宣公十二年》记载晋楚邲之战,屈荡曾为楚子车右,"赵旃弃车而走林,屈荡搏之,得其甲裳。"②《左传·襄公二十二年》载:"复使薳子冯为令尹,公子齮为司马,屈建为莫敖。"③《春秋经·襄公二十五年》载:"楚屈建帅师灭舒鸠。"④按《左传·襄公十五年》杜预注曰:"屈到,屈荡子。"⑤张澍《世本粹集补注》曰:"屈荡,屈建之祖父。"张澍又曰:"屈荡事庄王,生到,到生建,建生生。又别有屈荡,事康王,康王以屈到为莫敖,荡为连尹,到卒,以建为令尹,荡为莫敖,荡生申,申亦为莫敖,事灵王。"⑥如此,似乎有两个屈荡,一个是屈到的父亲,一个是屈申的父亲。如果真有两个屈荡,应该不是近亲才好理解。

楚庄王在位23年,在位期间,先后灭掉庸、萧等国,还一度消灭陈国,并把靠近楚国疆域的一批诸侯国纳入自己的势力范围,甚至像郑国这样的姬姓区域

---

① 《春秋左传正义》卷八,《十三经注疏》,第3829页。
② 同上书卷二三,《十三经注疏》,第4084页。
③ 同上书卷三五,《十三经注疏》,第4288页。
④ 同上书卷三六,《十三经注疏》,第4305页。
⑤ 同上书卷三二,《十三经注疏》,第4253页。
⑥ [汉]宋衷注,[清]张澍粹集补注:《世本八种》,中华书局2008年版,第135页。

大国,宋国、齐国这样的资深大国,也都成了楚国的盟友。公元前591年,楚庄王去世,楚庄王之子熊审即位,是为楚共王。其即位之时,只有十岁左右,他的叔父令尹子重专政。因子重与楚国贤臣屈巫有隙,楚共王二年,屈巫携曾与陈国君臣闹出不少绯闻并导致楚王灭陈的夏姬逃亡晋国。子重诛杀屈巫族人,屈巫遂改名巫臣,又称申公巫臣,这就是著名的"楚才晋用"的典故。巫臣建议晋国联合吴国对付楚国。春秋末期,楚国为吴国所灭,幸赖秦国之救,才免于亡国。公元前575年,晋伐郑。郑告急,楚救郑。与晋兵战鄢陵,晋败楚,射中楚共王眼睛。楚共王召将军子反。子反嗜酒,从者竖阳谷进酒醉。王怒,射杀子反,遂罢兵归。从此以后,楚国失去了进攻中原的能力,晋楚争霸告一段落。

公元前560年,楚共王去世,公子昭继位,是为楚康王。《左传·襄公十五年》载:"楚公子午为令尹,公子罢戎为右尹,蒍子冯为大司马,公子橐师为右司马,公子成为左司马,屈到为莫敖,公子追舒为箴尹,屈荡为连尹,养由基为宫厩尹,以靖国人。"① 楚康王时期,令尹、右尹、大司马、右司马、左司马、莫敖、箴尹、连尹、宫厩尹应该是楚国最重要的一些官职,屈荡和屈到居其中之二。如果屈荡和屈到如杜预所注是父子关系,按照周代的礼制秩序,莫敖最多和连尹等级,绝不会是连尹的上级。根据这条记载,我们有理由推测,莫敖不可能是楚国最重要的官职,也不是任何一位屈氏族人都能担任莫敖之职,他们也有可能担任其他职务。近代有人推测莫敖相当于令尹,或者副令尹,而这缺乏根据。还有人认为屈原担任的左徒之职就是莫敖,可能也属于想象性判断。

楚康王在位十五年。公元前545年,楚康王去世,楚康王之子楚郏敖即位。楚郏敖四年(公元前541年),其季父康王弟公子围弑杀楚郏敖,自立为君,是为楚灵王。公元前531年,楚灵王醉杀蔡灵侯,十一月,灭蔡,使公子弃疾为蔡公。楚灵王不但穷奢极欲,而且极其残暴。公元前529年,楚国人造反,赶楚灵王下台,楚灵王在逃亡途中自缢身亡。蔡公弃疾杀灵王二子,自立为王,是为楚平王。楚平王宠信奸臣费无忌,夺太子建的未婚妻孟嬴,诛杀了伍子胥的父亲伍奢和兄长伍尚,伍子胥逃亡吴国。公元前516年楚平王死,其子太子珍即位,不满十岁,

---

① 《春秋左传正义》卷三二,《十三经注疏》,第4253页。

是为楚昭王。公元前506年，伍子胥与孙武灭楚，楚昭王先逃往郧国，再逃亡随国。楚臣申包胥求见秦哀公，七日不食，日夜哭泣，《史记·伍子胥列传》载，"秦哀公怜之，曰：'楚虽无道，有臣若是，可无存乎！'"① 乃遣车五百乘救楚击吴。吴败走，楚昭王返国。公元前504年，吴复伐楚，取番。楚恐，去郢，乃迁都今宜城东南的鄀，并改名曰郢，也叫载郢。楚昭王是楚国的中兴之君，在恢复以后，继续楚国的扩张政策，先后灭顿、胡，攻陷蔡都，蔡国被迫从新蔡迁至州来（今安徽凤台县），改州来为下蔡。

楚昭王二十七年（公元前489年），吴国攻陈，楚昭王救陈，病死在军中。楚昭王汲取楚国王室篡弑的教训，欲传位其弟公子申，不可。又让次弟公子结，亦不可。乃又让次弟公子闾，五让，子闾假意答应，在昭王死后迎接昭王之子熊章即位，是为楚惠王，也称楚献惠王。楚惠王在位57年，先后灭陈、蔡、杞，并设县，并在战胜巴国后，在今河南淅川封公孙宁于析，为子国。楚国封建诸侯国，说明楚国已经彻底走上了分裂周王朝的道路。

三、战国时期的楚王与屈氏

楚惠王处于春秋与战国之交。公元前432年，楚惠王去世，其子中即位，是为楚简王。楚简王在位24年，灭莒国，楚国的势力范围到达今山东一带，并曾派兵攻打魏国。在北京大学藏竹简《椹舆》中，这时有城父公屈恒的名字。② 我们不了解屈恒与屈原的关系。总体而言，在战国时期，屈氏的名人似乎比春秋时期要少，大概是因为屈氏距离楚国王室血统越来越远了。

公元前408年，楚简王去世，其子当即位，是为楚声王，又称楚声桓王，在位6年，公元前402年为盗所杀。其子疑与其兄王子定争位，王子疑即位，是为楚悼王，王子定逃亡魏国。楚悼王时期，三晋联合进攻楚国，楚国求救于秦，才避免了被三晋所灭。

---

① 《史记》卷六六，第2177页。
② 《北京大学藏战国西汉竹书（五）》，上海古籍出版社2014年版，第141页。

吴起改革是楚国历史上的大事。吴起原任魏国西河守，及魏文侯死，魏武侯立，被谗逃亡楚国，被楚悼王任为令尹，推行新法。《史记·孙子吴起列传》概括吴起的变法内容曰："明法审令，捐不急之官，废公族疏远者，以抚养战斗之士。要在强兵，破驰说之言从横者。"①据《韩非子·和氏》载，吴起认为，楚国之俗，"大臣太重，封君太众，若此则上逼主而下虐民，此贫国弱兵之道也"，主张"不如使封君之子孙，三世而收爵禄，绝灭百吏之禄秩，损不急之枝官，以奉选练之士"②。《吕氏春秋·贵卒》则载吴起建议楚王"令贵人往实广虚之地"③。吴起变革的矛头直指世袭贵族，希望通过减少爵禄、禄秩、枝官以及开垦土地，达到富国强兵之目的。吴起在楚国八年通过一系列改革使楚国重新崛起。楚悼王二十一年（公元前381年），赵国在与魏国争夺卫国而发生的战争中面临险境，吴起围魏救赵，取得大胜。不过楚悼王在这个时候忽然去世，吴起返楚后，楚国贵族伏击吴起，吴起卧伏于楚悼王尸身，被乱箭射杀。楚悼王之子臧即位，是为楚肃王。楚肃王诛杀因射杀吴起而伤及楚悼王尸身的大臣七十余户，其中包括屈宜臼等人。

楚肃王在位11年，期间，蜀、魏先后伐楚，楚国战败。公元前370年，楚肃王去世，无子，其弟良夫即位，是为楚宣王。楚宣王在位30年，先后灭掉了陈国、蔡国，并决黄河进攻魏国。公元前340年，楚宣王卒，子商立，是为楚威王。楚威王在位11年，曾大败越国，势力范围到达长江以南及江淮地区。一般认为，屈原生当楚宣王或者楚威王时期。

公元前329年，楚威王去世，其子槐即位，是为楚怀王，屈原就是在楚怀王时期登上了楚国的政治舞台。

楚怀王在位期间，曾打败过魏国，并消灭了越国，亦联合六国合纵抗秦。在与秦国的战争中，楚国连战连败，被迫一直东迁，但在此过程中，也不断蚕食山东诸侯的土地。

《史记·楚世家》载："（楚怀王）十六年，秦欲伐齐，而楚与齐从亲，秦惠王

---

① 《史记》卷六五，第2168页。
② ［清］王先慎：《韩非子集解》卷四，中华书局2013年版，第102—103页。
③ 许维遹：《吕氏春秋集释》卷二一，中华书局2013年版，第597页。

患之,乃宣言张仪免相,使张仪南见楚王,谓楚王曰:'敝邑之王所甚说者无先大王,虽仪之所甚愿为门阑之厮者亦无先大王。敝邑之王所甚憎者无先齐王,虽仪之所甚憎者亦无先齐王。而大王和之,是以敝邑之王不得事王,而令仪亦不得为门阑之厮也。王为仪闭关而绝齐,今使使者从仪西取故秦所分楚商於之地方六百里,如是则齐弱矣。是北弱齐,西德于秦,私商於以为富,此一计而三利俱至也。'怀王大悦,乃置相玺于张仪,日与置酒,宣言'吾复得吾商於之地'。群臣皆贺,而陈轸独吊。怀王曰:'何故?'陈轸对曰:'秦之所为重王者,以王之有齐也。今地未可得而齐交先绝,是楚孤也。夫秦又何重孤国哉,必轻楚矣。且先出地而后绝齐,则秦计不为。先绝齐而后责地,则必见欺于张仪。见欺于张仪,则王必怨之。怨之,是西起秦患,北绝齐交。西起秦患,北绝齐交,则两国之兵必至。臣故吊。'楚王弗听,因使一将军西受封地。张仪至秦,详醉坠车,称病不出三月,地不可得。楚王曰:'仪以吾绝齐为尚薄邪?'乃使勇士宋遗北辱齐王。齐王大怒,折楚符而合于秦。秦齐交合,张仪乃起朝,谓楚将军曰:'子何不受地?从某至某,广袤六里。'楚将军曰:'臣之所以见命者六百里,不闻六里。'即以归报怀王。怀王大怒,兴师将伐秦。陈轸又曰:'伐秦非计也。不如因赂之一名都,与之伐齐,是我亡于秦,取偿于齐也,吾国尚可全。今王已绝于齐而责欺于秦,是吾合秦齐之交而来天下之兵也,国必大伤矣。'楚王不听,遂绝和于秦,发兵西攻秦。秦亦发兵击之。"[1]

张仪愚弄楚怀王是在公元前313年。楚怀王受张仪戏弄,没有得到商於之地六百里,还断绝了和齐国的合纵形势,发誓要伐秦。陈轸提出的策略是联合秦国,"与之伐齐,是我亡于秦,取偿于齐也"。楚怀王没有听从陈轸的建议,公元前312年发动丹阳之战,被秦斩杀八万甲士,大将屈匄和裨将逢侯丑等七十余人被俘。之后楚怀王又动员部队进攻秦,在蓝田再败,在召陵又败。虽然楚国奉行"失之东隅收之桑榆"的策略,以弥补一些土地损失,但总体而言,楚国是一直在溃败的。

---

[1] 《史记》卷四〇,第1724页。

《史记·楚世家》又载,(楚怀王)二十四年,倍齐而合秦。秦昭王初立,乃厚赂于楚。楚往迎妇。二十五年,怀王入与秦昭王盟,约于黄棘,秦复与楚上庸。二十六年,齐、韩、魏为楚负其从亲而合于秦,三国共伐楚。楚使太子入质于秦而请救。秦乃遣客卿通将兵救楚,三国引兵去。二十七年,秦大夫有私与楚太子斗,楚太子杀之而亡归。二十八年,秦乃与齐、韩、魏共攻楚,杀楚将唐眛,取重丘而去。二十九年,秦复攻楚,大破楚,楚军死者二万,杀我将军景缺。怀王恐,乃使太子为质于齐以求平。三十年,秦复伐楚,取八城。

公元前299年,楚怀王在武关被秦昭襄王扣留,其子横即位,是为楚顷襄王。公元前297年,楚怀王潜逃赵国,赵惠文王不敢接纳,楚怀王又准备逃亡魏国,在途中被抓。公元前296年,楚怀王客死秦国,灵柩被秦昭襄王送回楚国。楚顷襄王前期的政策主要是与楚国结好,重点对付齐国。楚顷襄王十五年(公元前284年),楚追随秦军,与赵、魏、韩、燕联合进攻齐国。楚顷襄王十九年(公元前280年)以后,秦国开始继续进攻楚国,先后夺取上庸、汉北、西陵等地。楚顷襄王二十一年(公元前278年),秦将白起攻破郢都,楚军溃败,迁都陈城(今河南淮阳)。这次迁都以后,楚国迅速衰落。近年出土的楚迁都以后的器物,包括漆器、青铜器,质量和制造工艺水平都大幅度下降。

《战国策·中山策》载秦武安君白起谈伐楚,能够"拔鄢、郢,焚其庙,东至竟陵"的胜利原因时说:"是时楚王恃其国大,不恤其政,而群臣相妒以功,谄谀用事,良臣斥疏,百姓心离,城池不修。既无良臣,又无守备,故起所以得引兵深入,多倍城邑,发梁焚舟以专民,以掠于郊野以足军食。当此之时,秦中士卒,以军中为家,将帅为父母,不约而亲,不谋而信,一心同功,死不旋踵。楚人自战其地,咸顾其家,各有散心,莫有斗志,是以能有功也。"①

据《史记·六国年表》,白起击楚,拔郢,东至竟陵,"以为南郡",此事在秦昭襄王二十九年,即楚襄王二十一年(公元前278年)。又据《史记》之《秦本纪》《楚世家》《六国年表》,自楚怀王始,秦与楚多次战争,这期间楚时击魏、齐、燕

---

① 缪文远:《战国策新校注》(修订本)卷三三,巴蜀书社1998年版,第1161—1162页。

等国,虽略有小胜,但与秦战,屡战屡败,其根源便在于楚国君臣上下不团结,奸佞当道,忠直被疏。《战国策·楚策四》庄辛说楚顷襄王有"淫逸侈靡,不顾国政"①之言。楚国君主昏庸,臣子无能,屈原作为一个有理想的正直文人,胸怀政治抱负,在这种险恶的环境中生存,显然不可能有好的结局。

楚顷襄王二十七年(公元前272年),楚、韩、赵、魏联军进攻燕国,同年又与秦国媾和,派左徒黄歇陪太子完入质于秦。楚顷襄王在位36年,于公元前263年去世。公子完在春申君黄歇的协助下逃回楚国即位,是为楚考烈王。因左徒黄歇曾帮助考烈王从秦国逃回楚国,考烈王以淮北十二县封黄歇为春申君,并命他担任令尹。《史记·楚世家》说:"考烈王以左徒为令尹,封以吴,号春申君。"②在传世的史记中,黄歇是除了屈原以外,另一位担任左徒职务的楚国大臣。屈原生活时代的下限,不得晚于考烈王时代。公元前241年楚国都城从陈迁至寿春(今安徽寿县),称东郢。

楚考烈王在位期间灭鲁,并曾经想联合各诸侯国借周赧王的名义伐秦,公元前238年,楚考烈王去世,在位25年。嗣后楚考烈王的儿子熊悍即位,是为楚幽王,在位十年。之后,其同母弟犹即位,是为楚哀王。公元前228年,楚哀王即位仅两个多月,即被异母弟楚王负刍杀死。公元前223年,秦军攻陷楚国都城寿春,负刍被俘。项燕立楚公子熊启为项王,不久被杀,楚国灭亡。

四、鄂君启节与屈原研究

安徽寿县城东丘家花园于1957年、1960年先后出土鄂君启节,这被认为是20世纪出土的最重要的楚文物。鄂君启节共有三枚车节,两枚舟节,据安徽省考古专家殷涤非、罗长铭《寿县出土的"鄂君启金节"》③的统计,每枚车节上有错

---

① 《战国策新校注》(修订本)卷三三,第555页。
② 《史记》卷四〇,第1735页。
③ 殷涤非、罗长铭:《寿县出土的"鄂君启金节"》,《文物参考资料》1958年第4期。下文所引金节文字参考该文。

金文150字，每枚舟节上有错金文165字，"是已见楚国青铜器中铭文字数最多的器物"①。而且，鄂君启节铸制形制之美，文字之工整，在所出土的战国时期文物中，都是少见的。

鄂君启节所记载的内容，对研究楚国的政治经济制度以及地理交通等方面有着重要的文献价值。从1958年开始，郭沫若、殷涤非、李学勤、谭其骧、商承祚、于省吾、黄盛璋、裘锡圭、朱德熙、李家浩等著名学者都先后撰文讨论鄂君启节的有关问题，研究的内容涉及文字、地名、交通路线，以及楚国的关税制度、符节制度、封君制度、经济制度等相关问题。黄盛璋认为，"我们还没有发现鄂君启节铭文那样系统、完整的关于水陆交通路线的记载，至于地下出土的文物、考古资料则绝无仅有"②。这个评价无疑是准确的。

鄂君启节中的车节和舟节开篇都说"大司马昭阳败晋师于襄陵之载"，大功尹受楚王命铸此金节。《史记·楚世家》载楚怀王六年，"楚使柱国昭阳将兵而攻魏，破之于襄陵，得八邑。"③《史记·魏世家》载魏襄王十二年，"楚败我襄陵"④，殷涤非、罗长铭据此认为大司马昭阳败晋师于襄陵之载中的"晋"应指魏。《史记·六国年表》楚怀王六年即魏襄王十二年，公元前323年。这意味着鄂君启节的铸制年代应该就是楚怀王六年。可见，鄂君启节铸制的时间与屈原生活的时代大体在同时。故而对鄂君启节的研究，对研究屈原及楚国辞赋同样具有重要的学术意义。

殷涤非、罗长铭的文章注意到了解鄂君启，需从刘向《说苑·善说篇》楚大夫庄辛引"鄂君子晳之泛舟于新波之中"，"榜枻越人拥楫而歌"的《越人歌》⑤入手。《战国策》载庄辛在楚襄王时被封为阳陵君，封地在淮北。《越人歌》被认为

---

① 杨小英：《鄂君启节所见楚史三题研究》，《江汉论坛》2004年第4期。
② 黄盛璋：《关于鄂君启节地理考证与交通路线的复原问题》，《中华文史论丛》第五辑，中华书局1965年版，第143页。
③ 《史记》卷四〇，第1721页。
④ 同上书卷四四，第1849页。
⑤ ［汉］刘向撰，向宗鲁校证：《说苑校证》，中华书局1987年版，第277—279页。

是屈原作品的先声，游国恩先生《楚辞概论》认为这首诗从越语译为楚语的时间在公元前550年。而殷涤非、罗长铭认为《越人歌》翻译成楚语的时间不得早于楚怀王时期，因采用楚辞的诗句形式，应该与屈原同时。庄辛说"鄂君子晳亲楚王母弟也"，鄂君启当即鄂君子晳，为楚怀王儿子，楚襄王的同母弟。因此就可以理解楚怀王为什么会命大功尹铸此金节。

特别值得注意的是，一些学者在研究鄂君启节的同时，也注意到其地名与屈原作品及《楚辞》之间的互证。历代注者对屈原《九章·哀郢》中郢都的地理位置多有争议。《史记·楚世家》载，楚顷襄王二十一年（公元前278年），"秦将白起遂拔我郢，烧先王墓夷陵。楚襄王兵散，遂不复战，东北保于陈城"；楚考烈王二十二年（公元前241年），"与诸侯共伐秦，不利而去，楚东徙都寿春，名曰郢"；楚王负刍五年（公元前223年），"秦将王翦、蒙武遂破楚国，虏楚王负刍，灭楚名为郡云。"① 鄂君启节的车节和舟节也提到了"郢"，其中车节云"庚陵阳，庚高丘，庚下蔡，庚居巢，庚郢"，此处居巢近郢。过去认为楚怀王时的郢指江陵，《史记·楚世家》载在楚平王时吴王灭居巢，"楚乃恐而城郢"②。殷涤非、罗长铭认为车节中所言建郢当为寿春，在今安徽寿县。因此，"有鄂君启金节铭文证之，寿春为郢，不应始于考烈王，而在考烈王以前的怀王时期，楚人已经称寿春为郢了。"③ 这个结论为我们研究屈原《哀郢》及其放流路线图开辟了一个新思路。

鄂君启节有"高丘"地名，姚汉源在1978年12月写的《鄂君启节释文》油印本中即指出"高丘"见于屈原《离骚》和宋玉《高唐赋》，而李家浩指出，"高丘"还见于刘安《淮南子》和刘向《九叹》④。除此之外，载于鄂君启节中舟节和车节中的很多地名和水名，也见于屈原和宋玉的作品中，如舟节中的"湖""汉""夏""江""湘""沅""澧""鄂""郢"，车节中的"鄂""高

---

① 《史记》卷四〇，第1735、1736、1737页。
② 同上书卷四〇，第1714页。
③ 黄盛璋：《关于鄂君启节地理考证与交通路线的复原问题》，《中华文史论丛》第五辑，第143页。
④ 李家浩：《鄂君启节铭文中的高丘》，《古文字研究》第二十二辑，中华书局2007年版。

丘""下蔡""郢"。车节中提到的"繁阳"后紧接"下蔡",或即宋玉《登徒子好色赋》中"嫣然一笑,惑阳城,迷下蔡"中的"阳城"。① 车节提到的"居巢",即屈原《远游》所说的"南巢"。《楚辞章句》注《天问》"妹嬉何肆,汤何殛焉"曰:"言桀得妹嬉,肆其情意,故汤放之南巢也"②,南巢是汤放桀的地方。《史记·律书》曰:"成汤有南巢之伐,以殄夏乱。"《史记正义》曰:"南巢,今庐州巢县是也。《淮南子》云:'汤伐桀,放之历山,与末喜同舟浮江,奔南巢之山而死。'按:巢即山名,古巢伯之国。云南巢者,在中国之南也。"③ 鄂君启节所勾勒的车舟路线,可以帮助我们定位屈原和宋玉作品所提到的地名和水名的大体方位,故而一定程度上解决了因后代地名变异和河流改道所带来的疑惑。陈蔚松根据鄂君启节的舟节和车节,对屈原《哀郢》及刘向《九叹·离世》所提到的地名和水名进行勾连,并绘出鄂君启节和屈原《哀郢》、刘向《离世》的"合解示意图"。④ 王学军以鄂君启节的地名和行车行舟路线来研究屈原《哀郢》及刘向《九叹·离世》的地名和行迹路线。⑤

屈原《九章·抽思》有"有鸟自南兮,来集汉北"一句,对这句话的解释,关系到屈原是否去过汉水之北。林云铭《楚辞灯》肯定屈原曾经居汉北⑥,而汉北所在即鄀襄一带,即今天的湖北郧阳和襄阳地区。日本学者船越昭生和中国学者陈伟都认为鄂君启节中鄂君的封地在河南南阳的西鄂⑦,那么屈原居汉北,并不是多么困难的事情。钱穆《屈原居汉北为三闾大夫考》认为"三闾"即《左传·哀公四年》提到的楚地地名"三户",其在原南阳府丹水县北三户亭,三闾大

---

① 吴广平编注:《宋玉集》,岳麓书社2001年版,第80页。
② [宋]洪兴祖:《楚辞补注》卷三,中华书局1983年版,第103页。中华书局版《楚辞补注》的底本是清汲古阁本《楚辞补注》,"妹嬉"作"妹嬉",按《楚辞补注》曰"妹,音末。嬉,音喜。"四部丛刊本作"妹喜",应是正确的。
③ 《史记》卷二五,第1241页。
④ 陈蔚松:《鄂君启舟节与屈原〈哀郢〉研究》,《华中师院学报》1982年增刊。
⑤ 王学军:《楚怀王丧葬礼与屈原〈哀郢〉题旨甄微》,《船山学刊》2013年第4期。
⑥ [明]林云铭:《楚辞灯》卷三,华东师范大学出版社2012年版,第103页。
⑦ 陈伟:《〈鄂君启节〉之"鄂"地探讨》,《江汉考古》1986年第2期。

夫即是邑大夫。① 而《南阳府志》载内乡县有屈原庙,该庙当即《后汉书》所载的屈原庙。内乡县今分置为内乡县、淅川县、西峡县,当地存有屈原遗迹。而于省吾认为"有鸟自南兮,来集汉北"指的是楚怀王入秦路线,而非屈原放流所居,即以鄂君启节的车节和舟节所载陆路、水路为证据。②

屈原《九章·哀郢》有"当陵阳之焉至兮,淼南渡之焉如"一句,此处"陵阳"所指是否地名,以及此地名在什么位置,历来学者看法不同。钱征根据鄂君启节之车节提到的"庚陵阳",力证此陵阳即今安徽池州,是《越绝书》所载"屈原隔界放于南楚"的范围。③

鄂君启节是解开屈原、宋玉等楚国辞赋作品所涉地理的钥匙,但同样以鄂君启节为依据的研究,往往得出互相矛盾的观点。汤炳正教授在《九章时地管见》一文中,根据鄂君启节确定屈原的流放路线是从江陵纪南城郢都沿江东下,直达鄂君启节提到的泸江、陵阳,再溯江而上,直达汉北,又沿江而下,西南溯沅,直抵溆浦,东济源、资、湘水,到达汨罗。④ 汤教授所描述的屈原流放路线,包括郢都、陵阳、汉北、溆浦几条路线。袁朝认为如果依照汤炳正教授所描述的路线,那么屈原在这"几条路线往返奔走,忽而东南,忽而西北,忽而西南,甚至认为去汉北和溆浦是因为这两处曾为抗秦前线,言外之意是说屈原有奔赴前线杀敌的动机",故而汤教授的路线图显然值得商榷。⑤ 韩隆福通过对鄂君启节和湖南汉寿县沧浪水畔楚墓群出土"武王之童督"铜戈、郢室畏户之玺铜印的考察,认为屈原的家乡不可能是湖北秭归,而很可能在洞庭平原中心的汉寿县沧港古镇。⑥ 屈原《九章·涉江》有"乘鄂渚而反顾兮,欸秋冬之绪风"一句,何光岳认为鄂渚在

---

① 钱穆:《先秦诸子系年》,《钱穆先生全集》(新校本)第五册,九州出版社2011年版,第398—402页。
② 于省吾:《泽螺居诗经新证 泽螺居楚辞新证》,中华书局2009年版,第284页。
③ 钱征:《屈原流放陵阳考》,《池州学院学报》2012年第5期。
④ 汤炳正:《屈赋新探》,齐鲁书社1984年版,第58—60页。
⑤ 袁朝:《屈原流放新证》,《江汉石油职工大学学刊》1994年第1期。
⑥ 韩隆福:《论楚国的屈氏家族和屈原的故乡》,《湖南文理学院学报》2006年第4期。

鄂州,即今之鄂城县。又根据鄂君启节,提出屈原之鄂城,可能欲游说鄂君振兴楚国。① 曲英杰依据鄂君启节,得出结论说楚国文献中的郢皆指楚国都城郢城,即纪南城。② 这些结论的不同,或者是由于资料的匮乏,或者是对历史的共识不同,或者是缺少对地理的实际勘验。因此,对鄂君启节的研究,以及对鄂君启节和屈原、宋玉等楚国辞赋作品的沟通,仍然有很长的路要走。

---

① 何光岳:《屈原流放湖南的遗迹》,《贵州文史丛刊》1984年第4期。
② 曲英杰:《说郢》,《湖南考古辑刊》第六辑,岳麓书社1994年版。

第二章 《史记·屈原列传》述论

《史记·屈原贾生列传》是记载屈原事迹最早也是最可靠的史料,其中比较详细地记载了屈原的事迹。这可与《史记·楚世家》《战国策》及屈原的作品互相补充。我们对屈原的生平事迹的研究都应建立在《史记·屈原贾生列传》记载的基础之上。

一、楚之同姓与左徒之职

关于屈原的出身及才能问题,以及他早期与楚怀王的关系,《史记·屈原贾生列传》开门见山:

> 屈原者,名平,楚之同姓也。为楚怀王左徒。博闻强志,明于治乱,娴于辞令,入则与王图议国事,以出号令;出则接遇宾客,应对诸侯。王甚任之。①

《楚辞章句·离骚经章句》序中也有大体相同的说法:"屈原与楚同姓,仕于怀王,为三闾大夫。三闾之职,掌王族三姓,曰昭、屈、景。屈原序其谱属,率其贤良,以厉国士。入则与王图议政事,决定嫌疑;出则监察群下,应对诸侯。谋行职修,王甚珍之。同列大夫上官、靳尚妒害其能,共谮毁之。王乃疏屈原。"②

屈原名平,"原"应该是屈原的字。屈原与楚王同姓,属于楚国的贵族。楚国

---

① 《史记》卷八四,第2481页。
② 《楚辞补注》卷一,第1—2页。

国姓为芈,后熊绎被封南蛮,最早与熊同处熊穴,所以也称穴熊,"熊"遂为楚王的氏。楚王的同姓很多,《绎史》除提到屈氏以外,还有鬭氏、成氏、蒍氏(或芳氏)、阳氏、沈氏、囊氏、昭氏、景氏、怀氏、潘氏、申叔氏、伍氏等。①

《史记·楚世家》记载的屈姓名人,除屈原以外,还有楚成王时的屈完,楚惠王时的屈固,楚怀王时的屈匄,他们都是楚国重臣。《史记·高祖本纪》也记载高祖九年"徙贵族楚昭、屈、景、怀、齐田氏关中"②。屈姓并列为楚国的四大家族之一。

《汉书·古今人表》把先秦人物分为上智、中人、下愚三等,每等再分上中下,共九等。该表也记录了几位屈氏或者与屈氏有关的名人,分列在上中下三等中。按照时代先后,中上类载有"楚屈(桓)[完]"。王利器《汉书古今人表疏证》引马骕说"桓"当作"完"③,屈桓即屈完。下上类载有"楚屈建",中下类载有"屈固",上下类载有"屈侯鲋",中上类载有"屈宜臼",上中类载有"屈原"。④ 屈原等级最高,仅次于圣人。而圣人之中,周公之后,就只有孔子一人。屈原也是战国时期极少的几位贤人之一,和孟子、荀子相类。

屈宜臼又作屈宜咎,战国时期楚悼王时人,曾反对吴起的改革,认为吴起所为,涉及阴谋和战争,有违天道,必遭天谴。又《史记·韩世家》载韩昭侯二十五年,韩国大旱,韩昭侯却大兴土木,修高门,"屈宜臼曰:'昭侯不出此门。何也?不时。吾所谓时者,非时日也,人固有利不利时。昭侯尝利矣,不作高门。往年秦拔宜阳,今年旱,昭侯不以此时恤民之急,而顾益奢,此谓"时绌举赢"。'二十六年,高门成,昭侯卒,果不出此门。子宣惠王立。"⑤ 韩昭侯信奉法家学说。法家以维护君主集权统治为出发点,因此,当民生和君主利益发生冲突时,民生并不在法家思考的范围之中。所以,即使面对内忧外患,韩昭侯仍然坚持修高门。屈宜臼预见了韩昭侯之亡,说明他不但有远见,而且恪守周代德治观。我们

---

① 《绎史·世系图》,第 34—37 页。
② 《史记》卷八,第 386 页。
③ 王利器、王贞珉:《汉书古今人表疏证》,齐鲁书社 1988 年版,第 257 页。
④ 《汉书》卷二〇,第 922 页、933 页、940 页、944 页、946 页。
⑤ 《史记》卷四五,第 1869 页。

虽然不清楚屈宜臼和屈原的关系,但二者的思想或有一脉相承之处。

屈原大约生活在战国时期楚国的楚威王、楚怀王和楚顷襄王时代。《离骚》自序身世云:"帝高阳之苗裔兮,朕皇考曰伯庸。摄提贞于孟陬兮,惟庚寅吾以降。"楚先祖出于帝颛顼高阳,而后熊绎受封于楚,经十余朝而楚武王篡位。楚武王生子瑕,授屈为客卿。《楚辞章句》云:"屈原言我父伯庸"①,可知屈原父亲名叫伯庸。

我们并不了解屈瑕之后屈氏的家世资料,我们也没有关于伯庸的确切资料,赵逵夫先生在《屈氏先世与句亶王熊伯庸》一文中认为,熊渠有子三人,《史记·楚世家》说熊渠立长子康为句亶王,中子红为鄂王,少子执疵为越章王,而康因封在庸,所以称为伯庸。② 这无疑是很有启发性的观点,为我们研究屈原的身世问题提供了一个新的路径。不过,如果"皇考"不必一定指父亲,而把伯庸理解为屈原的远祖,则会导致对"皇考"一词的多样化解释。"皇考"一词在中国文化体系中有特别的意义。中国传统文化以父子关系为一切社会关系的基础,因此,模糊父子称谓,是难以想象的。刘向《九叹·逢纷》中有"伊伯庸之末胄兮,谅皇直之屈原",刘向所言"末胄"的确可以理解为遥远的后裔,但理解为是伯庸之子,似乎也不算误解。

关于屈原的出生地,不见于正史记载。东方朔《七谏》言:"平生于国兮长于原野",但确定国所指的地点并不容易。《楚辞章句·九思章句》序说:"《九思》者,王逸之所作也。逸,南阳人(一作南郡),博雅多览,读《楚辞》而伤愍屈原,故为之作解。……逸与屈原同土共国,悼伤之情与凡有异。"③ 此处明言王逸与屈原"同土共国"。南宋晁公武《郡斋读书志》沿袭此说,认为王逸与屈原"同土",曰:"至逸自以为南阳人,与原同土,悼伤之,复作十六卷《章句》,又续为《九思》,取班固二序附之,为十七篇。"④《水经注》卷三四引东晋袁崧《宜都山川记》

---

① 《楚辞补注》卷一,第 3 页。
② 赵逵夫:《屈原与他的时代》,人民文学出版社 2002 年版,第 1—26 页。
③ 《楚辞补注》卷一七,第 313—314 页。
④ [宋]晁公武撰,孙猛校证:《郡斋读书志校证》卷第一七,中华书局 1990 年版,第 803 页。

说,秭归为屈原"乡里"、楚熊绎"始国",秦汉时属南郡。① 因此,秭归是屈原故里,也是被很多人认同的观点。

屈原的生卒年月是一个充满争议的问题。不同观点所认定的屈原出生时间相差可能有 40 年。而在认定其去世时间上也存在较大分歧,有认为在楚怀王时期,也有认为在楚顷襄王时期,还有认为在楚考烈王时期。

中国古代的历史是非常悠久的。20 世纪以来,中国学者受进化论的影响,把中国古代历史描述为一个不断进步的历史,这与孔子及战国、秦汉时期学者的认识是大相径庭的。战国、秦汉的人认为五帝到三王、三王到春秋、春秋到战国,是一个文明不断退步的过程。而根据欧洲及日本、韩国人保存下来的记载,15—16 世纪中国的文明和富裕程度,远远超过 19 世纪。1984—2001 年,在河南舞阳贾湖遗址出土五孔、六孔、七孔、八孔共计 26 支骨笛,用鹤类腿骨制成,磨制精细,距今约有 7800—9000 年,现在仍能够演奏五声调和七声调乐曲,还能发出变音,甚至有形状相同却能发出不同音调的雌雄骨笛。贾湖骨笛的发现,使我们相信,中华的礼乐文明最少有差不多一万年的历史。这就需要我们重新评价 20 世纪中国学者立足于疑古立场,对中华文明历史的颠覆性评估。而甲子纪年的历史,就是其中的一项。《世本·作篇》曰:"羲和占日。常仪占月。羲和作占月。后益作占岁。臾区占星气。大挠作甲子。黄帝令大挠作甲子。"② 黄帝时期的历法建设是成体系的,甲子纪年法起源于黄帝,应该是可靠的。《史记·历书》载太史公曰:"神农以前尚矣。盖黄帝考定星历,建立五行,起消息,正闰余,于是有天地神祇物类之官,是谓五官。各司其序,不相乱也。民是以能有信,神是以能有明德。民神异业,敬而不渎,故神降之嘉生,民以物享,灾祸不生,所求不匮。"又说:"夏正以正月,殷正以十二月,周正以十一月。盖三王之正若循环,穷则反本。天下有道,则不失纪序;无道,则正朔不行于诸侯。"③ 五帝时代,天下为公,以甲子纪年符合不私天下的文化。夏以后天下为家,以君主为纪年单位,也适应天

---

① [北魏]郦道元注,陈桥驿校证:《水经注校证》卷三四,中华书局 2007 年版,第 791 页。
② 《世本》,《二十五别史》第一册,齐鲁书社 2000 年版,第 65 页。
③ 《史记》卷二六,第 1256—1258 页。

下为家的社会伦理。不过,虽然年号各自为政,但每一年所对应的甲子,理应是没有废除的。就譬如今天的中国废除固有纪年,以来源于西方的耶稣公元纪年,但公元所对应的甲子的纪年仍然在研习中国古代文化的人那里是熟知的。近代学者认为甲子纪年开始于汉代的说法,可能也是疑古逻辑下的推测之词。我曾在《战国文学史论》一书中提出《离骚》中"惟庚寅吾以降"的"庚寅"应该指的是屈原的生年。如果按照这个看法,则屈原的生年当为公元前331年,即周显王三十八年,楚威王九年。①

《离骚》云:"皇览揆余初度兮,肇锡余以嘉名,名余曰正则兮,字余曰灵均。纷吾既有此内美兮,又重之以修能。"有人认为"正则"和"灵均"是屈原的小名或者小字,郭沫若认为这种观点不准确,二者应该是"屈原的化名"。②这个说法或许是有道理的。除了有好的生辰还有好的名字,这些共同构成了屈原的非凡"内美",而后天的培养则是所谓"修能",也即美态内外兼修,所以才才华出众。

屈原曾官"左徒"。唐代张守节在《史记正义》中言左徒"盖今(在)左右拾遗之类"。③今人郭沫若、姜亮夫等都曾认为左徒是个大官。郭沫若在《屈原研究》中说:"'左徒'的官职在令尹之下,颇不低贱,看《楚世家》说'考烈王以左徒为令尹,封以吴,号春申君',便可以知道。"④在《人民诗人屈原》他又云:"据司马迁所著的《屈原列传》,说他做过楚怀王的左徒。这左徒的官职是相当高的,在屈原之后的有名的春申君是由左徒升为柱国,柱国就是宰相。可见左徒的位置离宰相不会太远。"⑤俞平伯也说左徒"再升上去便可以做楚国的宰相'令尹'了"⑥。姜亮夫《史记·屈原列传疏证》曰:"自左徒晋为令尹,则左徒之职甚崇,……惟左徒一名,楚在春秋前无可考,即战国一代,亦仅一春申君为之。细

---

① 方铭:《战国文学史论》,商务印书馆2008年版,第378页。
② 郭沫若:《历史人物·屈原研究》,《郭沫若全集》历史编第四卷,人民出版社1982年版,第17页。
③ 《史记》卷八四,第2481页。
④ 郭沫若:《历史人物·屈原研究》,第19页。
⑤ 郭沫若:《人民诗人屈原》,《郭沫若全集》文学编第十七卷,人民出版社1989年版,第230页。
⑥ 俞平伯:《屈原作品撰述》,《文汇报》1953年6月15日。

绎原传,并参《左传》,余疑即春秋以来之所谓莫敖也。何以言之? 按襄十五及二十三年左氏叙楚命官之次,莫敖仅亚令尹。"①他们的根据是黄歇的经历,以及司马迁关于屈原"入则与王图议国事,以出号令;出则接遇宾客,应对诸侯"之言。事实上,在中国古代社会,官员层级不多,官员的数量有限,所谓"入则与王图议国事,以出号令;出则接遇宾客,应对诸侯"之职能,不独副相可行使。上至令尹,下至朝廷负责某一事务之普通大夫,都可与王图议国事,通过与君王协商,而出号令,并受君王委任,接待宾客,出访邻国。屈原被疏后,不复在位,仍然使于齐,并曾建议楚怀王杀张仪,还意图阻止楚怀王与秦昭襄王在武关会见,这说明即使无有朝廷职位之大夫,也可以代表国家应对诸侯,出使邻邦,图议国事。

《史记·楚世家》曰:"以左徒为令尹"②,这并不能说明左徒即副相,或者可比重臣"莫敖"。司马迁在这里用了"春秋笔法"。《史记·春申君列传》载黄歇"游学博闻,事楚顷襄王。顷襄王以歇为辩,使于秦",后来说秦昭王,"黄歇受约归楚,楚使歇与太子完入质于秦,秦留之数年。"楚顷襄王病重,黄歇设计让太子完"变衣服为楚使者御以出关,而黄歇守舍,常为谢病"。后来秦昭王欲令黄歇自杀,秦相应侯曰:"歇为人臣,出身以徇其主,太子立,必用歇,故不如无罪而归之,以亲楚。"黄歇冒死为太子完创造了回国继统的机会,太子完为报答黄歇,甫一即位,便特别重用,"以黄歇为相,封为春申君,赐淮北地十二县"。黄歇成为炙手可热的人物,楚王贵幸黄歇,"虽兄弟不如也"③。后来黄歇竟然以怀有自己骨肉的李园之妹嫁考烈王,为王后,生太子幽王,以自己的血脉代替楚氏正统。黄歇以左徒为令尹,并不是左徒之地位显赫,而是黄歇在左徒任上,与考烈王建立了特殊关系。《史记》独不记其他令尹以某职为令尹,而只及"左徒"一职,正强调其违背常规,亲近亲信,而导致黄歇欺君。

按照我们已知的楚国官职体系,有左司马、右司马,那么有"左徒"就该有"右徒"。"左徒"一职,在史传中仅两见,而"右徒"从未出现。若其地位确如

---

① 姜亮夫:《楚辞学论文集》,上海古籍出版社1984年版,第6—7页。
② 《史记》卷四〇,第1735页。
③ 同上书卷七八,第2387—2399页。

"副相"之重，必定要参与重大事件的处理，其出现必定频繁。根据黄歇和屈原的情况，左徒的职能应该属于行人之类的官职。今人极力主张左徒官位高，大约缘于热爱屈原，认为屈原这样一个杰出的人才，只有位高权重，才能显示出他才能出众和受楚怀王重用。不过，这样的推崇可能并不符合历史真相。

裘锡圭教授在《谈谈随县曾侯乙墓的文字资料》一文中提出随县曾侯乙墓出土的竹简中的"左坓（？）徒"，可能是指"左徒"。① 汤炳正教授则提出"坓徒"就是"登徒"的观点。② 这些观点无疑都非常有创新性，也很有启发性，为我们研究屈原的身世问题提供了一个有想象空间的路径。不过，"左徒"毕竟不是"左坓徒"，"坓徒"也不一定就是"登徒"，所以，要让我们相信"左徒"就是"左坓徒"，也就是"登徒"，还需要更多的出土文献的支持。

二、王怒而疏与忧愁幽思而作《离骚》

在屈原最得楚怀王信任的时候，危机也同时潜伏在屈原身边。《史记·屈原贾生列传》载：

> 上官大夫与之同列，争宠而心害其能。怀王使屈原造为宪令，屈平属草稿未定。上官大夫见而欲夺之，屈平不与，因谗之曰："王使屈平为令，众莫不知，每一令出，平伐其功，以为'非我莫能为'也。"王怒而疏屈平。
>
> 屈平疾王听之不聪也，谗谄之蔽明也，邪曲之害公也，方正之不容也，故忧愁幽思而作《离骚》。"离骚"者，犹离忧也。夫天者，人之始也；父母者，人之本也。人穷则反本，故劳苦倦极，未尝不呼天也；疾痛惨怛，未尝不呼父母也。屈平正道直行，竭忠尽智以事其君，谗人间之，可谓穷矣。信而见疑，忠而被谤，能无怨乎？屈平之作《离骚》，盖自怨生也。《国风》好色而不淫，《小雅》怨诽而不乱。若《离骚》者，可谓兼之矣。上称帝喾，下道齐

---

① 裘锡圭：《谈谈随县曾侯乙墓的文字资料》，《文物》1979年1期。
② 汤炳正：《屈赋新探》，第48—57页。

桓，中述汤武，以刺世事。明道德之广崇，治乱之条贯，靡不毕见。其文约，其辞微，其志洁，其行廉，其称文小而其指极大，举类迩而见义远。其志洁，故其称物芳。其行廉，故死而不容。自疏濯淖污泥之中，蝉蜕于浊秽，以浮游尘埃之外，不获世之滋垢，皭然泥而不滓者也。推此志也，虽与日月争光可也。①

《楚辞章句·离骚经章句》序说："同列大夫上官、靳尚妒害其能，共谮毁之。王乃疏屈原。"②此处认为谮毁屈原的是上官大夫和靳尚两人，所以才能用"共"。上官大夫与屈原之间的纠纷，后代称之为"夺稿"事件。有人认为是上官大夫意图抢夺屈原所造"宪令"，在楚王那里邀功；或者是上官大夫想让屈原修改"宪令"。前一种说法很可能将大臣之间的关系等同于市井交往，后一种说法则必须建立在上官大夫高估自己对屈原影响力的基础上。我们在这段话中找不到这两种可能性的逻辑线索。虽说楚国王室在"礼崩乐坏"的道路上走得更远，但上官大夫剽窃屈原所造"宪令"，并让楚王相信是他所做，显然是一件难度很大的事情。更何况上官大夫只是与屈原"同列"的大夫，并不是屈原的上级，更何况此时屈原非常受楚怀王的信任。

司马迁明确指出了上官大夫谗言乃是因为"屈平不与"宪令草稿，按照一般情理推测，应该是上官大夫想看屈原所造"宪令"，屈原因"草稿未定"，不愿给上官大夫看。这其实可以理解为屈原对上官大夫的不信任，或者屈原厌恶上官大夫。因此上官大夫向楚怀王进谗言，攻击屈原"伐其功，以为'非我莫能为'"也"。楚怀王可能是非常自负的人，他虽然信任屈原，但并不认同屈原的"非我莫能为"。屈原被楚王疏远，应该是失去了参与制定宪令的机会。

班固《离骚序》说："昔在孝武，博览古文。淮南王安叙《离骚传》，以《国风》好色而不淫，《小雅》怨悱而不乱，若《离骚》者，可谓兼之。蝉蜕浊秽之中，浮游尘埃之外，皭然泥而不滓，推此志，虽与日月争光可也。斯论似过其真。"据此，

---

① 《史记》卷八四，第2481—2482页。
② 《楚辞补注》卷一，第2页。

我们不排除《史记·屈原贾生列传》中屈原传部分出自刘安《离骚传》的可能性，而司马迁所作，很可能是"太史公曰"以下部分。

司马迁认为，屈原因"疾王听之不聪也，谗谄之蔽明也，邪曲之害公也，方正之不容也，故忧愁幽思而作《离骚》"。《离骚》篇名的意思是"离忧"。屈原的《离骚》是"盖自怨生也"。其特点在于兼有《诗经》风雅传统，刺世事，明道德，说治乱。其文约、辞微与志洁、行廉相统一。《离骚》虽写屈原一人之经历，却揭示了正直之人在专制社会的共同命运。故而称文小而其指极大，举类迩而见义远。

三、不复在位与自疏

关于屈原的政治活动，司马迁重点记述了屈原主张杀张仪和不主张楚怀王赴秦见秦昭襄王两件事：

> 屈平既绌，其后秦欲伐齐，齐与楚从亲，惠王患之，乃令张仪详去秦，厚币委质事楚，曰："秦甚憎齐，齐与楚从亲，楚诚能绝齐，秦愿献商於之地六百里。"楚怀王贪而信张仪，遂绝齐，使使如秦受地。张仪诈之曰："仪与王约六里，不闻六百里。"楚使怒去，归告怀王。怀王怒，大兴师伐秦。秦发兵击之，大破楚师于丹、淅，斩首八万，虏楚将屈匄，遂取楚之汉中地。怀王乃悉发国中兵以深入击秦，战于蓝田。魏闻之，袭楚至邓。楚兵惧，自秦归。而齐竟怒不救楚，楚大困。
>
> 明年，秦割汉中地与楚以和。楚王曰："不愿得地，愿得张仪而甘心焉。"张仪闻，乃曰："以一仪而当汉中地，臣请往如楚。"如楚，又因厚币用事者臣靳尚，而设诡辩于怀王之宠姬郑袖。怀王竟听郑袖，复释去张仪。是时屈平既疏，不复在位，使于齐，顾反，谏怀王曰："何不杀张仪？"怀王悔，追张仪不及。
>
> 其后诸侯共击楚，大破之，杀其将唐昧。

时秦昭王与楚婚，欲与怀王会。怀王欲行，屈平曰："秦虎狼之国，不可信，不如毋行。"怀王稚子子兰劝王行："奈何绝秦欢！"怀王卒行。入武关，秦伏兵绝其后，因留怀王，以求割地。怀王怒，不听。亡走赵，赵不内。复之秦，竟死于秦而归葬。①

在这段记载中，有"屈平既绌"和"是时屈平既疏，不复在位"之言。"疏"不一定不复在位，而"绌"应该就不复在位了。所以"屈平既绌"和"是时屈平既疏，不复在位"说的应该是一个事实。就是屈原在被疏后不久，可能就不复在位了。

屈原不复在位的时间，应该不晚于楚怀王十八年。② 这里既说屈原被疏以后不复在位，但又受命出使齐国，也就意味着，这个时候屈原已经不在楚国宫廷中担任左徒之职。但他既然可以代表楚国出使齐国，那么应该还是以世袭的邑大夫身份出使的。这个"邑大夫"称谓就应该是后文提到的"三闾大夫"。

《离骚》说："灵氛既告余以吉占兮，历吉日乎吾将行。折琼枝以为羞兮，精琼爢以为粮。为余驾飞龙兮，杂瑶象以为车。何离心之可同兮？吾将远逝以自疏。邅吾道夫昆仑兮，路修远以周流。"这一段话虽然有很多想象的内容，但"吾将远逝以自疏"可能是事实。屈原被疏远后，楚怀王或许并没有解除他左徒的职务，只是他不愿意继续在楚国朝廷待下去，所以选择了自动去职，即所谓"远逝以自疏"。在后代，士大夫辞职是很少见的，但在先秦时代，却经常发生。这就可以理解屈原为什么没有提到楚怀王免除他职务的事实，故而《史记·屈原贾生列传》也没有记载。大概楚怀王还是认同屈原在外交方面的才能，以及与齐国交往的能力，所以才派屈原这样一个没有朝廷官职的邑大夫出使齐国。

屈原在楚国需要与齐国交好的时候出使齐国，说明他是齐国人可以接受的外交官。在屈原被疏以及自疏以后再到楚怀王重新派屈原出使齐国，应该有一

---

① 《史记》卷八四，第 2483—2484 页。
② 此处推断乃据《史记·楚世家》。张仪第二次使楚时间为楚怀王十八年，屈原建议怀王杀张仪，楚怀王未杀而悔。见《史记》卷四〇，第 1724—1725 页。

个楚怀王重新任用屈原的过程。在出使齐国以后,屈原可能并未再担任朝廷职务。但十余年后,楚怀王应邀去秦国见秦昭襄王,而屈原还有机会进谏,这说明屈原在写完《离骚》以后与楚王的关系应该有所缓和。

如果屈原的封邑最早在汉北之地,那么他一些写于汉北的诗,或许就是在被疏、"自疏"以后,以及出使齐国之后所写。如《九歌》一类情绪相对平和的诗,应该是写于出使齐国以后,放流江南之前。

《史记·楚世家》载秦昭襄王遗楚王书曰:"始寡人与王约为弟兄,盟于黄棘,太子为质,至欢也。太子陵杀寡人之重臣,不谢而亡去,寡人诚不胜怒,使兵侵君王之边。今闻君王乃令太子质于齐以求平。寡人与楚接境壤界,故为婚姻,所从相亲久矣。而今秦楚不欢,则无以令诸侯。寡人愿与君王会武关,面相约,结盟而去,寡人之愿也。敢以闻下执事。""楚怀王见秦王书,患之。欲往,恐见欺;无往,恐秦怒。昭雎曰:'王毋行,而发兵自守耳。秦虎狼,不可信,有并诸侯之心。'怀王子子兰劝王行,曰:'奈何绝秦之欢心!'于是往会秦昭王。昭王诈令一将军伏兵武关,号为秦王。楚王至,则闭武关,遂与西至咸阳,朝章台,如蕃臣,不与亢礼。"[①] 此处所记载楚大夫昭雎的观点,与屈原一致,同样主张楚怀王不应赴秦见秦昭襄王。

战国时期秦国一国独大,诸侯包括楚王去秦国访问,或在秦国和秦王盟誓,都是经常发生的事情。我们不知道楚国人是否担心过君主会盟时可能有去无回,但这次楚怀王去秦国没能活着回来。也许是楚怀王在与秦的关系上反复无常,得罪了秦国,加上秦国号称"虎狼之国"没有信义,昭雎和屈原都感觉到了危险,所以司马迁特别写明了屈原和昭雎劝谏的事情。

我们依《史记》记载,可以看出屈原出使齐国,乃是想联齐抗秦。不过,客观地说,在战国时期,联合齐国或者其他诸侯国,也只能是暂时地苟延残喘。如果秦国不犯战略性错误,或者没有重大内乱,那么六国并无机会以延国祚。当然,春秋战国之际,楚国的确是实力非常强大的诸侯国,但也常常被秦国碾压。楚国

---

① 《史记》卷四〇,第 1727—1728 页。

几次濒临亡国,都是向秦国求救,而秦国一援手,楚国就可以得到喘息的机会。《史记·苏秦列传》载苏秦游说楚威王说:

> 楚,天下之强国也;王,天下之贤王也。西有黔中、巫郡,东有夏州、海阳,南有洞庭、苍梧,北有陉塞、郇阳,地方五千余里,带甲百万,车千乘,骑万匹,粟支十年。此霸王之资也。夫以楚之强与王之贤,天下莫能当也。今乃欲西面而事秦,则诸侯莫不西面而朝于章台之下矣。秦之所害莫如楚,楚强则秦弱,秦强则楚弱,其势不两立。故为大王计,莫如从亲以孤秦。大王不从,秦必起两军,一军出武关,一军下黔中,则鄢郢动矣。臣闻治之其未乱也,为之其未有也。患至而后忧之,则无及已。故愿大王蚤孰计之。大王诚能听臣,臣请令山东之国奉四时之献,以承大王之明诏,委社稷,奉宗庙,练士厉兵,在大王之所用之。大王诚能用臣之愚计,则韩、魏、齐、燕、赵、卫之妙音美人必充后宫,燕、代橐驼良马必实外厩。故从合则楚王,衡成则秦帝。今释霸王之业,而有事人之名,臣窃为大王不取也。夫秦,虎狼之国也,有吞天下之心。秦,天下之仇雠也。衡人皆欲割诸侯之地以事秦,此所谓养仇而奉雠者也。夫为人臣,割其主之地以外交强虎狼之秦,以侵天下,卒有秦患,不顾其祸。夫外挟强秦之威以内劫其主,以求割地,大逆不忠,无过此者。故从亲则诸侯割地以事楚,衡合则楚割地以事秦,此两策者相去远矣,二者大王何居焉?故敝邑赵王使臣效愚计,奉明约,在大王诏之。①

苏秦游说楚威王的时候,屈原还没有登上楚国的政治舞台。但这时,秦楚也早已不能在一个平台上竞争了。有些学者有时会高估楚国在战国时期的实力,苏秦所言"故从合则楚王,衡成则秦帝"一句,经常被学者引用,以为连横则秦国可以统一中国,合纵则楚国可以统一中国。这个观点无疑是错误的。之所以错误,是因为没有理解合纵和连横的本意,以及帝、王在战国时期所代表的不同制

---

① 《史记》卷六九,第2259—2261页。

度。连横的目的是山东各诸侯国与秦国建立从属关系,实现中国的统一。而合纵是山东诸国联合起来,共同对付秦国,实现六国的苟延残喘。因此,连横是为了消灭六国,实现统一;合纵则是为了保持现状。所以,"从合则楚王"所要表达的意思是如果六国合纵,则楚国可以保持现状,继续做楚王。战国时期的"王",已经是各个万乘诸侯的基本称谓,不再是天下共主之意,而"帝"仍然代表着天子之意。《战国策·赵策三》"秦围赵之邯郸"一节有"帝秦"一词,就是指以秦为天下共主。① 秦始皇统一中国后,在称号中选择皇与帝二者,又体现了他要兼三皇与五帝光辉于一身的强大野心。

苏秦虽言楚国之强,楚王之强,但显然是为了煽动楚国加入合纵阵营。楚王当然明白这一点,因此回答说:"寡人之国西与秦接境,秦有举巴蜀并汉中之心。秦,虎狼之国,不可亲也。而韩、魏迫于秦患,不可与深谋,与深谋恐反人以入于秦,故谋未发而国已危矣。寡人自料以楚当秦,不见胜也;内与群臣谋,不足恃也。寡人卧不安席,食不甘味,心摇摇然如县旌而无所终薄。今主君欲一天下,收诸侯,存危国,寡人谨奉社稷以从。"②

《史记·楚世家》载陈轸说合秦合齐的利弊曰:"秦之所为重王者,以王之有齐也。今地未可得而齐交先绝,是楚孤也。夫秦又何重孤国哉,必轻楚矣。且先出地而后绝齐,则秦计不为。先绝齐而后责地,则必见欺于张仪。见欺于张仪,则王必怨之。怨之,是西起秦患,北绝齐交。西起秦患,北绝齐交,则两国之兵必至。"③

很显然,在楚国朝廷中,联齐抗秦是楚国生存依托的观点还是有一定市场的。不过,六国的君主大体都明白秦的最终目标是要统一中国,但他们却又不能一力联合起来和秦对抗。不是因为这些诸侯国的君臣都不能深谋远虑,而是他们认为与秦友好,或许可以暂时苟安,但和秦对抗,必然会加速被秦灭亡的速度。这也是楚怀王不得不去见秦昭襄王的原因。可以说,无论是联齐抗秦还是与秦

---

① 《战国策新校注》卷二〇,第709页。
② 《史记》卷六九,第2261页。
③ 同上书卷四〇,第1723页。

交好,楚国被灭亡的命运是一定的。楚国被秦灭亡,并不值得同情,因为在历史上楚国也恃强凌弱,不断伐人之国。楚国等六国在合纵和连横的问题上反复无常,从而导致频繁的战争,使普通群众长期暴露在战火之中,这是秦国执政者的罪孽,也是六国执政者的罪孽。

苏秦和张仪是战国时期纵横家的杰出代表,他们分别执掌合纵和连横的责任,在苏秦得志的时候,曾携六国相印,这也是合纵势力最好的阶段。天下安定,很久没有战争。不过,这仍改变不了六国的颓势。《史记·张仪列传》载张仪游说楚王,给楚王说秦楚形势曰:

> 秦西有巴蜀,大船积粟,起于汶山,浮江已下,至楚三千余里。舫船载卒,一舫载五十人与三月之食,下水而浮,一日行三百余里,里数虽多,然而不费牛马之力,不至十日而距扞关。扞关惊,则从境以东尽城守矣,黔中、巫郡非王之有。秦举甲出武关,南面而伐,则北地绝。秦兵之攻楚也,危难在三月之内,而楚待诸侯之救,在半岁之外,此其势不相及也。夫恃弱国之救,忘强秦之祸,此臣所以为大王患也。①

张仪对秦与楚的实力进行了直接对比,楚王当然也心知肚明,楚国不能与秦为敌。楚弱秦强,六国弱秦强,六国与秦的实力差距非常大,合六国之力,也没有办法奈何秦国。因此,我们就可以理解六国为什么都惧怕秦国。楚国执意与秦为敌,除了表达自己不屈服外,或许只有加速灭亡这一条路。

也正因此,《史记·张仪列传》载楚因受张仪之骗,几次报复,都被秦大败,借秦欲与楚交好之际,楚怀王欲得张仪杀而后快,秦王不欲张仪之楚,张仪说:"秦强楚弱,臣善靳尚,尚得事楚夫人郑袖,袖所言皆从。且臣奉王之节使楚,楚何敢加诛。假令诛臣而为秦得黔中之地,臣之上愿。"张仪至楚,游说靳尚、郑袖,假意欲送楚王美人歌女,郑袖惧,日夜对楚怀王说:"人臣各为其主用。今地

---

① 《史记》卷七〇,第2290页。

未入秦,秦使张仪来,至重王。王未有礼而杀张仪,秦必大怒攻楚,妾请子母俱迁江南,毋为秦所鱼肉也。"① 郑袖担心秦人以女惑怀王而致自己失宠只是表象,她对怀王提及杀张仪而可能发生的后果,绝不是危言耸听。楚怀王杀张仪,不能改变秦强楚弱的大势,也不能阻止楚国的灭亡。

四、怒而迁之与自沈汨罗

司马迁也记述了屈原在楚顷襄王时期的遭遇,而这根源于楚怀王。《史记·屈原贾生列传》曰:

> 长子顷襄王立,以其弟子兰为令尹。楚人既咎子兰以劝怀王入秦而不反也。
>
> 屈平既嫉之,虽放流,眷顾楚国,系心怀王,不忘欲反,冀幸君之一悟,俗之一改也。其存君兴国而欲反覆之,一篇之中三致志焉。然终无可奈何,故不可以反。卒以此见怀王之终不悟也。人君无愚智贤不肖,莫不欲求忠以自为,举贤以自佐,然亡国破家相随属,而圣君治国累世而不见者,其所谓忠者不忠,而所谓贤者不贤也。怀王以不知忠臣之分,故内惑于郑袖,外欺于张仪,疏屈平而信上官大夫、令尹子兰。兵挫地削,亡其六郡,身客死于秦,为天下笑。此不知人之祸也。《易》曰:"井泄不食,为我心恻,可以汲。王明,并受其福。"王之不明,岂足福哉!
>
> 令尹子兰闻之大怒,卒使上官大夫短屈原于顷襄王,顷襄王怒而迁之。②

楚怀王被秦国扣留,楚国很快立太子横为楚王。对楚国这样一个依靠宗族势力以维持统治的诸侯国来说,楚顷襄王任命自己的弟弟公子子兰担任令尹,也是楚国最具可能的选择。公子子兰曾经劝说楚怀王应召赴秦,因此才有楚怀王

---

① 《史记》卷七〇,第 2289 页。
② 同上书卷八四,第 2484—2485 页。

被秦扣留的事情发生。故而，楚国人怨恨公子子兰。其时，屈原正遭放流，并不在楚国的权力核心。但是，他眷顾楚国，系心怀王，不忘楚怀王返国以改正过去的错误。屈原在这时创作的作品，都有"存君兴国"之意，但秦国没有给楚怀王活着回到楚国的机会，楚怀王也就没有机会改正自己的错误。司马迁认为，楚怀王与其他君主一样，也想有所作为，但不知忠臣之分，故内惑于郑袖，外欺于张仪，疏远屈原而信任上官大夫及令尹子兰，兵挫地削，亡其六郡，最终身客死于秦，都是"不知人之祸"。楚怀王的结局，并不值得同情。楚国亡国的结局，也不值得同情。

屈原在政治上得志之时就是他担任左徒职务的时候，这个时间应该很短。他被疏远以后，退出了楚国的权力中心，虽然曾经被派出使齐国，但未必担任了楚国宫廷的职务。这种情况延续到了楚怀王的末期。到了楚顷襄王时期，屈原在作品中反复抒发自己"存君兴国"之志，公子子兰得知以后，命上官大夫在顷襄王那里进谗言，最终顷襄王大怒，屈原因此被"迁"。这里的"迁"，应该是被贬斥，但屈原这个时候已经不复在位，那么，楚顷襄王能够做的事情，很可能是缩小屈原作为邑大夫的封地规模或者迁移屈原封地的地点。

司马迁在这里明确指出屈原在顷襄王时期仍然在世，因此，屈原在楚怀王时期自杀的观点，显然没有说服力。

屈原被怒"迁"以后，到了江滨。《史记·屈原贾生列传》曰：

屈原至于江滨，被发行吟泽畔。颜色憔悴，形容枯槁。渔父见而问之曰："子非三闾大夫欤？何故而至此？"屈原曰："举世混浊而我独清，众人皆醉而我独醒，是以见放。"渔父曰："夫圣人者，不凝滞于物而能与世推移。举世混浊，何不随其流而扬其波？众人皆醉，何不餔其糟而啜其醨？何故怀瑾握瑜而自令见放为？"屈原曰："吾闻之，新沐者必弹冠，新浴者必振衣，人又谁能以身之察察，受物之汶汶者乎！宁赴常流而葬乎江鱼腹中耳，又安能以皓皓之白而蒙世俗之温蠖乎！"乃作《怀沙》之赋。……于是怀石遂自沈汨罗以死。

屈原既死之后，楚有宋玉、唐勒、景差之徒者，皆好辞而以赋见称；然皆祖屈原之从容辞令，终莫敢直谏。其后楚日以削，数十年竟为秦所灭。

自屈原沈汨罗后百有余年，汉有贾生，为长沙王太傅，过湘水，投书以吊屈原。

……

太史公曰：余读《离骚》、《天问》、《招魂》、《哀郢》，悲其志。适长沙，观屈原所自沈渊，未尝不垂涕，想见其为人。及见贾生吊之，又怪屈原以彼其材，游诸侯，何国不容，而自令若是。读《服鸟赋》，同死生，轻去就，又爽然自失矣。①

屈原被怒"迁"以后，精神受到极大打击，形容变易，渔父有些认不出来了。渔父之问，说明屈原此时仍然是"三闾大夫"，他的封地也不应该在江滨，所以才有"何故至此"之问。可见屈原应该是离开了他原来的封地，到了新的地方。

《楚辞章句·离骚经章句》序曰："屈原与楚同姓，仕于怀王，为三闾大夫。三闾之职，掌王族三姓，曰昭、屈、景。屈原序其谱属，率其贤良，以厉国士。"②认为三闾大夫为管理宗族事务并教育、督导楚国宗族子弟的官员。但不知这种观点所依为何。一方面，楚国王室并不止于三姓，而且昭、屈、景三姓之人分散在不同封地，要给他们建立一个共同的教育基地，难度似乎很大。再者，似乎也没有关于这种教育制度的记录。另一方面，管理三族子弟，显然是一个重要的官职，而此时屈原已经不复在位。钱穆认为"三闾"即《左传·哀公四年》提到的楚地地名"三户"，在原南阳府丹水县北三户亭，三闾大夫即是邑大夫。③钱穆先生的这个观点，可能是有道理的。

屈原说"举世混浊而我独清，众人皆醉而我独醒"，和上官大夫谗言说屈原

---

① 《史记》卷八四，第2486—2503页。
② 《楚辞补注》卷一，第1—2页。
③ 钱穆：《先秦诸子系年》，《钱穆先生全集》（新校本）第五册，第398—402页。

以为"非我莫能为"是相统一的。这说明"非我莫能为"这句话，可能真是屈原所说。

《史记·屈原贾生列传》没有提到楚考烈王，则屈原生活的下限，不能晚于考烈王时期，屈原蹈水的时间应该在楚顷襄王时期。《九章·哀郢》说："忽若不信兮，至今九年而不复。惨郁郁而不通兮，蹇侘傺而含戚。"一般认为屈原在楚怀王客死秦国以后被"迁"，在外九年尚未能回归，那么，屈原写《哀郢》的时间下限应该在楚顷襄王十三年（公元前286年）前后。刘向对屈原被迁九年这个时间点非常重视，他在《九叹》中两次提到，《离世》说："九年之中不吾反兮，思彭咸之水游。惜师延之浮渚兮，赴汨罗之长流。"《忧苦》说："悲余心之悁悁兮，哀故邦之逢殃。辞九年而不复兮，独茕茕而南行。"刘向把"九年"和"思彭咸之水游"，"赴汨罗之长流"联系在一起，认为这个时间点与屈原的去世相关。据此，屈原蹈水的时间，很可能就在楚顷襄王十三年（公元前286年）前后，楚顷襄王在位36年，所以屈原蹈水时间最晚不得晚于顷襄王三十六年（公元前263年）。

屈原去世以后，楚国人宋玉、唐勒、景差等人，都"好辞而以赋见称"，是屈原辞赋的后继者。他们虽然"从容辞令"，但都不敢"直谏"，也就是说，他们对楚国的前途和命运问题不敢再明言。

东方朔是西汉武帝时期著名的文学家，《楚辞章句·七谏章句》序云："《七谏》者，东方朔之所作也。谏者，正也，谓陈法度以谏正君也。古者，人臣三谏不从，退而待放。屈原与楚同姓，无相去之义，故加为七谏，殷勤之意，忠厚之节也。或曰：《七谏》者，法天子有争臣七人也。东方朔追悯屈原，故作此辞，以述其志，所以昭忠信、矫曲朝也。"[①]《七谏》分初放、沈江、怨世、怨思、自悲、哀命、谬谏七部分。通过这七个部分，东方朔概括了屈原的主要人生历程。《七谏》首章《初放》曰："平生于国兮，长于原野。言语讷譅兮，又无强辅。浅智褊能兮，闻见又寡。数言便事兮，见怨门下。王不察其长利兮，卒见弃乎原野。"值得注意的是，东方朔以屈原的口吻表达了对楚国及楚王的批评，也说明他对屈原的充分同

[①]《楚辞补注》卷一三，第235页。

情,同时诗中说屈原虽为楚之"长利",但其才能不足,地位不高,又有偏激之处,最终招致祸患。特别是提到屈原"言语讷謘""又无强辅",这与《史记》所说屈原"与楚同姓""娴于辞令",宋玉等继承屈原的"从容辞令"似乎并不相容。东方朔《七谏》所说的屈原生平及修养问题,表面看来,与司马迁所言似有对立,仔细推敲,二者并不矛盾。司马迁只是说屈原屈姓,与楚王同宗祖。但屈姓自屈瑕以至屈原,已历四百岁,所以可能与楚王的关系并不是那么亲密,东方朔言"平生于国兮,长于原野",也就并不与屈原为楚同姓的说法相对立。屈原的自述也证明此一点,《惜诵》之言"忽忘身之贱贫",《抽思》曰"愿自申而不得",正是说其出身贫贱,而无坚强后盾。虽然这其中可能有东方朔代屈原自谦的成分,但并不是毫无依据。屈原自己也对其言辞能力有过叙述,《怀沙》曰:"文质疏内兮,众不知余之异采。材朴委积兮,莫知余之所有。"洪兴祖《楚辞补注》曰:"内,旧音讷。……讷,木讷也。"[①]屈原言辞木讷,而不能充分地表现其才智异采,表面上看来,似乎浅智褊能、言语钝讷、闻见寡少,但这正体现了他的忠直。《论语·学而》说:"巧言令色,鲜矣仁。"[②]巧言,不仅不是优点,反是缺点。而"娴于辞令""从容辞令",应该主要是指屈原通习经典,长于撰述,而不是指屈原有花言巧语之能力。

屈原最后的作品是在"江滨"所写的《渔父》以及《怀沙》。写完这些作品后,屈原自沈汨罗。由此可见,屈原最后所处的"江滨"应该在洞庭湖附近。

屈原去世几十年以后,楚国灭亡,而汉代的贾谊赴长沙,距其也已过去了一百多年。司马迁曾经读过《楚辞》中《离骚》《天问》《招魂》《哀郢》诸篇,说明在司马迁的时代,这些都是很有影响力的楚辞作品。

[①] 《楚辞补注》卷四,第144页。
[②] [魏]何晏集解,[宋]邢昺疏:《论语注疏》卷一,《十三经注疏》,第5336页。

第三章　屈原的放流问题

在研究屈原一生经历的时候,有人主张屈原有个被楚王在"刑罚"层面上"流放"的经历,虽然他们对于流放的次数、地点、区域、时间有不同的看法。如游国恩先生在《论屈原的放死及楚辞地理》一文中就认为楚王除了疏远屈原以外,还有两次流放屈原的惩罚,一次是楚怀王的时候,一次是楚顷襄王的时候。[①]怀王时,屈原被流放到汉北,后来又被召回;到了顷襄王时,屈原被流放到了江南,从此就没有返回。实际上,这种观点值得仔细斟酌。流刑作为中国古代社会曾经存在过的一种刑罚,有其实施的特定时代,而战国时期,并不具备实施流刑的社会基础。屈原的"放流",与刑罚意义的"流放"是根本不同的。

一、作为刑罚的流放

《史记·屈原贾生列传》有五次提到了屈原的"疏""放"问题:屈原受楚怀王任用,但被上官大夫所谗,"王怒而疏屈平";"屈平既绌",秦欲伐齐,齐与楚纵亲,秦惠王令张仪厚币委质事楚;曾经欺骗过楚王的张仪如楚,怀王听郑袖言,释去张仪,"是时屈平既疏",不复在位,使于齐,顾反,谏怀王说:"何不杀张仪?"怀王悔,追张仪不及;顷襄王立,子兰为令尹,楚人咎子兰劝怀王入秦而不反,屈平既嫉之,"虽放流",眷顾楚国,系心怀王,不忘欲反,冀幸君之一悟,俗之一改,其存君兴国而欲反覆之,一篇之中三致志焉;令尹子兰闻之大怒,使上官大夫短屈原于顷襄王,"顷襄王怒而迁之"。屈原至于江滨,被发行吟泽畔,颜色憔悴,

---

[①] 《游国恩学术论文集》,中华书局1989年版,第37页。

形容枯槁。另外,《史记·太史公自序》说:"屈原放逐,著《离骚》。"① 司马迁《报任少卿书》说:"屈原放逐,乃赋《离骚》。"②

流刑是一种将犯罪的人遣送到边远之地的刑罚,其历史可以追溯到五帝时期。后来,《隋书·刑法志》规定其为五刑之一,其刑罚的程度仅仅次于死刑,所谓"谓论犯可死,原情可降,鞭笞各一百,髡之,投于边裔,以为兵卒"③。

流放的地点必然是极远且无人烟的地方,而且没有随意更换地域的行动自由。所以,《庄子·徐无鬼》:"子不闻夫越之流人乎?去国数日,见其所知而喜;去国旬月,见所尝见于国中者喜;及期年也,见似人者而喜矣;不亦去人滋久,思人滋深乎?"④ 所谓流人,就是因罪而被流放的人。因为流放到无人烟的地方,所以才觉得"去人滋久,思人滋深"。但是,古代人用"流"和"放"的时候,并不一定都是指向刑罚,如《管子·四时》:"禁迁徙,止流民,圉分异。"⑤ 此处"流民",指的是流亡之人。

二、先秦典籍所见流放刑罚

流放刑罚,虽然见于先秦,但使用并不普遍,特别是春秋战国之际,处罚的实例很少见于文献记载。大概是因为当时处于多国并立的政局,楚才晋用,人才很重要,而凡是开垦之地,都有人生活其中,如果"流放"重罪,不但起不到惩戒的作用,而且等于是把人才推向敌国,百害无一利。所以,董说《七国考》只有在《魏刑法》中,提到了"流东荒"的刑罚,引桓谭《新书》(当即《新论》)说:"魏之令:不孝悌者流东荒。"⑥ 而秦楚等国,刑罚五花八门,其重点都在对肉体的惩

---

① 《史记》卷一三〇,第3300页。
② 《全汉文》卷二六,[清]严可均编:《全上古三代秦汉三国六朝文》,中华书局1958年版,第272页。
③ [唐]魏徵等:《隋书》卷二五,中华书局1973年版,第705页。
④ [清]郭庆藩:《庄子集释·徐无鬼》,中华书局1954年版,第822页。
⑤ [清]黎翔凤:《管子校注》卷十四,中华书局2004年版,第855页。
⑥ [明]董说:《七国考订补》卷一二,上海古籍出版社1987年版。

罚,而不在孤立人身。先秦时期的流刑是个案,秦汉以后才变为常刑。

按《尚书·舜典》说:"流宥五刑。"又说:"流共工于幽州,放驩兜于崇山,窜三苗于三危,殛鲧于羽山,四罪而天下咸服。"① 这是今天所见最早的关于流、放刑罚的记录。又《尚书·商书·仲虺之诰》:"成汤放桀于南巢,惟有惭德。"②《尚书·商书·太甲上》:"太甲既立,不明,伊尹放诸桐。"③《尚书·周书·泰誓下》:"今商王受,狎侮五常,荒怠弗敬。自绝于天,结怨于民。斫朝涉之胫,剖贤人之心,作威杀戮,毒痡四海。崇信奸回,放黜师保,屏弃典刑,囚奴正士,郊社不修,宗庙不享,作奇技淫巧以悦妇人。上帝弗顺,祝降时丧。尔其孜孜,奉予一人,恭行天罚。"④ 这里流放之刑的惩戒对象是共工、驩兜、夏桀等人,他们的共性是拥有重要权力而又大奸大恶的君主。

先秦的其他典籍,也提到了流放之刑,如就流放刑罚制度而言,则有以下例证:

《周礼·夏官·司马》:"放弑其君则残之。"⑤

《礼记·大学》:"唯仁人放流之,迸诸四夷,不与同中国。此谓唯仁人为能爱人,能恶人。"⑥

关于流放刑罚实施方面,属于春秋之前的,则有以下例证:

《左传·文公十八年》:"舜臣尧,宾于四门,流四凶族浑敦、穷奇、梼杌、饕餮,投诸四裔,以御螭魅。"⑦

《礼记·礼器》:"尧授舜,舜授禹。汤放桀,武王伐纣,时也。"⑧

属于春秋时期的刑罚实施,则有以下例证:

《左传·庄公六年》:"夏,卫侯入,放公子黔牟于周,放宁跪于秦,杀左公子

---

① [汉]孔安国传,[唐]孔颖达正义:《尚书正义》卷二,《十三经注疏》,第 270 页。
② 同上书卷八,《十三经注疏》,第 340 页
③ 同上书卷八,《十三经注疏》,第 346 页
④ 同上书卷一一,《十三经注疏》,第 386 页。
⑤ [汉]郑玄注,[唐]贾公彦疏:《周礼注疏》卷二九,《十三经注疏》,第 1803 页。
⑥ [汉]郑玄注,[唐]孔颖达正义:《礼记正义》卷六〇,《十三经注疏》,第 3636 页。
⑦ 《春秋左传正义》卷二〇,《十三经注疏》,第 4044 页。
⑧ 《礼记正义》卷二三,《十三经注疏》,第 3099 页。

泄、右公子职,乃即位。"①

《公羊传·僖公二十八年》:"文公逐卫侯而立叔武,使人兄弟相疑,放乎杀母弟者,文公为之也。"②

《春秋经·宣公元年》:"晋放其大夫胥甲父于卫。"③

《公羊传·宣公元年》:"晋放其大夫胥甲父于卫。放之者何?犹曰无去是云尔。然则何言尔?近正也。此其为近正奈何?古者大夫已去,三年待放。君放之,非也,大夫待放,正也。古者臣有大丧,则君三年不呼其门。"④

《穀梁传·宣公元年》:"夏,季孙行父如齐。晋放其大夫胥甲父于卫。放犹屏也。称国以放,放无罪也。"⑤

《左传·宣公元年》:"晋人讨不用命者,放胥甲父于卫,而立胥克。先辛奔齐。"

《左传·成公五年》:"五年春,原、屏放诸齐。"⑥

《左传·昭公元年》:"五月庚辰,郑放游楚于吴。"⑦

《公羊传·昭公八年》:"冬十月壬午,楚师灭陈,执陈公子招,放之于越。杀陈孔瑗。"⑧

《穀梁传·昭公八年》:"冬,十月壬午,楚师灭陈。执陈公子招,放之于越。"⑨

《春秋经·哀公三年》:"蔡人放其大夫公孙猎于吴。"⑩

《公羊传·哀公三年》:"蔡人放其大夫公孙猎于吴。"⑪

《穀梁传·哀公三年》:"秋,七月丙子,季孙斯卒。蔡人放其大夫公孙猎

---

① 《春秋左传正义》卷八,《十三经注疏》,3830页。
② [汉]何休解诂,[唐]徐彦疏:《春秋公羊传注疏》卷一二,《十三经注疏》,第4911页。
③ 《春秋左传正义》卷二一,《十三经注疏》,第4049页。
④ 《春秋公羊传注疏》卷一五,《十三经注疏》,第4944—4945页。
⑤ [晋]范甯注,[唐]杨士勋疏:《春秋穀梁传注疏》卷一二,《十三经注疏》,第5235页。
⑥ 《春秋左传正义》卷二六,《十三经注疏》,第4128页。
⑦ 同上书卷四一,《十三经注疏》,第4391页。
⑧ 《春秋公羊传注疏》卷二二,《十三经注疏》,第5036页。
⑨ 《春秋穀梁传注疏》卷一七,《十三经注疏》,第5288页。
⑩ 《春秋左传正义》卷五七,《十三经注疏》,第4685页。
⑪ 《春秋公羊传注疏》卷二七,《十三经注疏》,第5099页。

于吴。"①

实际上,以上事例,唯有楚放陈公子招是明确的驱逐,大概是因为楚人担心杀公子招,可能导致陈人的更大不满。而且,楚放陈国大臣,楚人并不是放公子招的司法主体。至于其他几次事件,应该多数属于在政治斗争失败后仓促逃亡的例子,谈不上是主动实施流放刑罚。如《史记·卫康叔世家》载,卫宣公十八年,"宣公爱夫人夷姜,夷姜生子伋,以为太子,而令右公子傅之。右公子为太子娶齐女,未入室,而宣公见所欲为太子妇者好,说而自取之,更为太子娶他女。宣公得齐女,生子寿、子朔,令左公子傅之。太子伋母死,宣公正夫人与朔共谗恶太子伋。宣公自以其夺太子妻也,心恶太子,欲废之。及闻其恶,大怒,乃使太子伋于齐而令盗遮界上杀之,与太子的白旄,而告界盗见持白旄者杀之。且行,子朔之兄寿,太子异母弟也,知朔之恶太子而君欲杀之,乃谓太子曰:'界盗见太子白旄,即杀太子,太子可毋行。'太子曰:'逆父命求生,不可。'遂行。寿见太子不止,乃盗其白旄而先驰至界。界盗见其验,即杀之。寿已死,而太子伋又至,谓盗曰:'所当杀乃我也。'盗并杀太子伋,以报宣公。宣公乃以子朔为太子。十九年,宣公卒,太子朔立,是为惠公。左右公子不平朔之立也,惠公四年,左右公子怨惠公之谗杀前太子伋而代立,乃作乱,攻惠公,立太子伋之弟黔牟为君,惠公奔齐。卫君黔牟立八年,齐襄公率诸侯奉王命共伐卫,纳卫惠公,诛左右公子。卫君黔牟奔于周,惠公复立。惠公立三年出亡,亡八年复入,与前通年凡十三年矣。二十五年,惠公怨周之容舍黔牟,与燕伐周。周惠王奔温,卫、燕立惠王弟穨为王。二十九年,郑复纳惠王。"② 可见,公子黔牟不是被流放,而是亡命于周天子处,卫惠公为了报周容留公子黔牟之恨,甚至不惜犯上作乱。

又如《史记·卫康叔世家》载,晋文公流亡期间,过卫,卫文公无礼。及晋文公即位,卫成公三年,"晋欲假道于卫救宋,成公不许。晋更从南河度,救宋。征师于卫,卫大夫欲许,成公不肯。大夫元咺攻成公,成公出奔。晋文公重耳伐卫,分其地予宋,讨前过无礼及不救宋患也。卫成公遂出奔陈。二岁,如周求

---

① 《春秋穀梁传注疏》卷二〇,《十三经注疏》,第 5320 页。
② 《史记》卷三七,第 1593 页。

入,与晋文公会。晋使人鸩卫成公,成公私于周主鸩,令薄,得不死。已而周为请晋文公,卒入之卫,而诛元咺,卫君瑕出奔。"① 卫成公与卫君瑕之流放,实际上也是逃亡。

可以说,在春秋时期,除非是两国敌对的状况下,战败者中有代表性的人物,在偶然的状况下,有被流放的可能性。其他情况下,流放刑罚并不多见。

三、《史记》所记流放刑罚

《史记》也记录了一些流放的例子,绝大部分是在春秋以前,应是太史公取材于上古典籍之中的记载。如:

《五帝本纪》:"于是舜归而言于帝,请流共工于幽陵,以变北狄;放驩兜于崇山,以变南蛮;迁三苗于三危,以变西戎;殛鲧于羽山,以变东夷:四罪而天下咸服。"②

《夏本纪》:"汤修德,诸侯皆归汤,汤遂率兵以伐夏桀。桀走鸣条,遂放而死。"③

《殷本纪》:"帝太甲既立三年,不明,暴虐,不遵汤法,乱德,于是伊尹放之于桐宫。三年,伊尹摄行政当国,以朝诸侯。"④

《周本纪》:"成王少,周初定天下,周公恐诸侯畔周,公乃摄行政当国。管叔、蔡叔群弟疑周公,与武庚作乱,畔周。周公奉成王命,伐诛武庚、管叔,放蔡叔。"⑤

《秦楚之际月表》:"昔虞、夏之兴,积善累功数十年,德洽百姓,摄行政事,考之于天,然后在位。汤、武之王,乃由契、后稷修仁行义十余世,不期而会孟津

---

① 《史记》卷三七,第 1595 页。
② 同上书卷一,第 28 页。
③ 同上书卷二,第 88 页。
④ 同上书卷三,第 99 页。
⑤ 同上书卷四,第 132 页。

八百诸侯，犹以为未可，其后乃放弑。"①

《鲁周公世家》："管、蔡、武庚等果率淮夷而反。周公乃奉成王命，兴师东伐，作大诰。遂诛管叔，杀武庚，放蔡叔。"②

《管蔡世家》："武王既崩，成王少，周公旦专王室。管叔、蔡叔疑周公之为不利于成王，乃挟武庚以作乱。周公旦承成王命伐诛武庚，杀管叔，而放蔡叔，迁之，与车十乘，徒七十人从。"③

《卫康叔世家》："杀武庚禄父、管叔，放蔡叔。"④

《外戚世家》："夏之兴也以涂山，而桀之放也以末喜。"⑤

《孙子吴起列传》："夏桀之居，左河济，右泰华，伊阙在其南，羊肠在其北，修政不仁，汤放之。"⑥

《苏秦列传》："封侯贵戚，汤武之所以放弑而争也。"⑦

《匈奴列传》："后十有余年，武王伐纣而营雒邑，复居于酆鄗，放逐戎夷泾、洛之北，以时入贡，命曰'荒服'。"⑧

《淮南衡山王列传》："尧舜放逐骨肉，周公杀管蔡，天下称圣。"⑨

《儒林列传》："清河王太傅辕固生者，齐人也。以治诗，孝景时为博士。与黄生争论景帝前。黄生曰：'汤武非受命，乃弑也。'辕固生曰：'不然。夫桀纣虐乱，天下之心皆归汤武，汤武与天下之心而诛桀纣，桀纣之民不为之使而归汤武，汤武不得已而立，非受命为何？'黄生曰：'冠虽敝，必加于首；履虽新，必关于足。何者，上下之分也。今桀纣虽失道，然君上也；汤武虽圣，臣下也。夫主有失行，臣下不能正言匡过以尊天子，反因过而诛之，代立践南面，非弑而何也？'辕

---

① 《史记》卷一二，第759页。
② 同上书卷三三，第1518页。
③ 同上书卷三五，第1565页。
④ 同上书卷三七，第1589页。
⑤ 同上书卷四九，第1967页。
⑥ 同上书卷六五，第2166页。
⑦ 同上书卷六九，第2245页。
⑧ 同上书卷一一〇，第2881页。
⑨ 同上书卷一一八，第3080页。

固生曰：'必若所云，是高帝代秦即天子之位，非邪？'于是景帝曰：'食肉不食马肝，不为不知味；言学者无言汤武受命，不为愚。'遂罢。是后学者莫敢明受命放杀者。"①

《太史公自序》："夏桀淫骄，乃放鸣条。"②

属于秦汉之际的，只有下面几条：

《秦始皇本纪》丞相周青臣上书："他时秦地不过千里，赖陛下神灵明圣，平定海内，放逐蛮夷，日月所照，莫不宾服。……"③

《项羽本纪》："及羽背关怀楚，放逐义帝而自立，怨王侯叛已，难矣。"④

《高祖本纪》："今项羽放杀义帝于江南，大逆无道。寡人亲为发丧，诸侯皆缟素。"⑤

所谓秦始皇放逐蛮夷，实际上是赶走了原来侵扰中国的胡人。而项羽放义帝，实际上是篡权，然后伺机杀害。这里的放，都与刑罚的流放无关。

《史记》不载战国时期作为刑罚意义的流放事件，而司马迁在运用流放的概念的时候，也并未限定在刑罚意义之中。这些事例说明，我们不一定要将司马迁说的屈原放流理解为是一种刑罚。

到了汉代，随着复古思潮的发展，开始有恢复流放之刑的迹象。如《汉书·天文志》："（哀帝）二年二月，彗星出牵牛七十余日。传曰：'彗所以除旧布新也。'牵牛，日、月、五星所从起，历数之元，三正之始。彗而出之，改更之象也。其出久者，为其事大也。其六月甲子，夏贺良等建言当改元易号，增漏刻。诏书改建平二年为太初元年，号曰陈圣刘太平皇帝，刻漏以百二十为度。八月丁巳，悉复蠲除之，贺良及党与皆伏诛流放。其后卒有王莽篡国之祸。"⑥《汉书·眭两夏侯京翼李传》："仲舒下吏，夏侯囚执，眭孟诛戮，李寻流放，此学者

---

① 《史记》卷一一八，第 3122—3123 页。
② 同上书卷一三〇，第 3301 页。
③ 同上书卷六，第 254 页。
④ 同上书卷七，第 339 页。
⑤ 同上书卷八，第 370 页。
⑥ 《汉书》卷七五，第 1312 页。

之大戒也。京房区区,不量浅深,危言刺讥,枢怨强臣,罪辜不旋踵,亦不密以失身,悲夫!"①《汉书·佞幸传》:"一朝帝崩,奸臣擅命,董贤缢死,丁、傅流放,辜及母后,夺位幽废,咎在亲便嬖,所任非仁贤。"②《汉书·元后传》京兆尹王章上书:"陛下以皇太后故不忍诛废,臣犹自知当远流放,又重自念,兄弟宗族所蒙不测,当杀身靡骨死辇毂下,不当以无益之故有离寝门之心,诚岁余以来,所苦加侵,日日益甚,不胜大愿,愿乞骸骨,归自治养,冀赖陛下神灵,未埋发齿,期月之间,幸得瘳愈,复望帷幄,不然,必置沟壑。"③《汉书·五行志》:"帝崩,王莽擅朝,诛贵戚丁、傅,大臣董贤等皆放徙远方。"④ 则放流也可以称为"放徙",但流徙与放徙的意义似乎不能混用。《史记·酷吏列传》:"会浑邪等降,汉大兴兵伐匈奴,山东水旱,贫民流徙,皆仰给县官,县官空虚。"⑤ 显然,这里的流徙和放徙的意思并不同。

四、屈原的放流不是流放

屈原生活在战国时期的楚国,就我们今天所知,楚国尚没有将流放作为刑罚的律令及实例。而屈原也并无需要用流放的刑罚来惩处的重大罪行。更何况,屈原放流后所活动的汉北、江南这样的区域,并不是人迹罕至的恶劣地区。假如放流到这里是一种刑罚,那么这个刑罚的实际意义就不能显现。我们认为,屈原的遭遇中并不存在一个刑罚意义的"流放"问题。所谓"王怒而疏屈平","屈平既绌","屈平既疏",所指乃是被疏远而不受重视,故而可继续出使齐国,进谏于王。"虽放流","迁之",可能是罢官归食邑,也可能是对疏远而不受重视的一个描述而已。

当然,屈原离开朝廷以后,到各个地方行走,却是有可能的。如《涉江》云:

---

① 《汉书》卷二六,第3195页。
② 同上书卷九三,第3741页。
③ 同上书卷九八,第4022页。
④ 同上书卷二七中之下,第1421页。
⑤ 《史记》卷一二二,第3140页。

"哀南夷之莫吾知兮,且余济乎江湘。乘鄂渚而反顾兮,欸秋冬之绪风。步余马兮山皋,邸余车兮方林。乘舲船余上沅兮,齐吴榜以击汰。船容与而不进兮,淹回水而凝滞。朝发枉陼兮,夕宿辰阳。"《哀郢》云:"去故乡而就远兮,遵江夏以流亡。出国门而轸怀兮,甲之晁吾以行。发郢都而去闾兮,荒忽其焉极?……过夏首而西浮兮,顾龙门而不见。……顺风波以从流兮,焉洋洋而为客。……将运舟而下浮兮,上洞庭而下江。……登大坟以远望兮,聊以舒吾忧心。哀州土之平乐兮,悲江介之遗风。当陵阳之焉至兮,淼南渡之焉如?"屈原的这些周游旅程,虽然可以看作是为形势所迫的流离,但毕竟与刑罚意义的放流有很大差别,这是我们应该注意的。

第四章 《楚辞》所收屈原作品的作者问题

《楚辞》是与屈原的名字联系在一起的，屈原的作品都收录在《楚辞》之中。屈原在被谗放逐过程中，以创作来发泄其不满情绪，表现自己眷顾楚国、心系怀王的忠君之情，希望能以此感悟君主。这些作品，加上宋玉、景差及汉朝其他一些作家的作品，被汉朝刘向辑为《楚辞》。刘向在编辑《楚辞》时，依照《诗序》体例，还给每篇作品前加了序，说明作者及创作缘由、主题等。今本《楚辞章句》诸序中除王逸《九思》之序不是刘向所作外，其余皆有可能出自刘向。

一、《楚辞》与《楚辞释文》目录

《楚辞》的成书应晚于"楚辞"一词的出现。《史记·酷吏列传》载："始长史朱买臣，会稽人也，读《春秋》。庄助使人言买臣，买臣以楚辞与助俱幸，侍中，为太中大夫。"[①] 又《汉书·朱买臣传》曰："会邑子严助贵幸，荐买臣。召见，说《春秋》，言《楚词》，帝甚悦之。"[②]《汉书·王褒传》曰："宣帝时修武帝故事，讲论六艺群书，博尽奇异之好，征能为《楚辞》九江被公，召见诵读。"[③] 在刘向之前，虽然未必存在"楚辞""楚词"这样的书名，但"楚辞"指屈原所创作的诗歌，应该是没有疑问的。

会稽人朱买臣，读《春秋》，"楚辞"，被汉武帝召见，以"楚辞"与庄助俱幸，侍中，为太中大夫。这说明在西汉初年，"楚辞"可以是进身之阶了。而汉宣帝效

---

① 《史记》卷一二二，第 3143 页。
② 《汉书》卷六四上，第 2791 页。
③ 同上书卷六四下，第 2821 页。

法汉武帝,征能为"楚辞"的九江被公,召见诵读。这说明"楚辞"已传入宫廷。

今本《楚辞》的作品除标明是屈原所作的《离骚》《九歌》《天问》《九章》《远游》《卜居》《渔父》以外,还有宋玉《九辩》和《招魂》,以及《楚辞》编者不能肯定作者的《大招》,可能是贾谊所写的《惜誓》,淮南小山《招隐士》,东方朔《七谏》,严忌《哀时命》,王褒《九怀》,刘向《九叹》,王逸《九思》等。

关于屈原作品的数量,《汉书·艺文志》曰:"屈原赋二十五篇。"[①]其根据是刘向父子的《七略》,而《七略》又依刘向所编《楚辞》,而《楚辞章句》所依据的也正是刘向所编《楚辞》。因此可以说,"屈原赋二十五篇",即《楚辞章句》所载,包括《离骚》一篇、《九歌》十一篇、《天问》一篇、《九章》九篇、《远游》一篇、《卜居》一篇、《渔父》一篇。又有《大招》一篇,王逸在屈原与景差两人之间,委决不下,阙而不究。因此,《大招》不在二十五篇之数。编辑《楚辞》的标准,王逸说得非常清楚,《楚辞章句·九辩章句》序曰:"宋玉者,屈原弟子也。闵惜其师,忠而放逐,故作《九辩》以述其志。至于汉兴,刘向、王褒之徒,咸悲其文,依而作词,故号为'楚词'。"[②]《楚辞》一书的成名,在于该书所收作品,或者是楚人屈原的作品,或者是自宋玉以至刘向、王褒等后代作家因悲屈原之志,而依屈原之文的"代言"作品,即《楚辞》中《九辩》《招魂》以下的作品都是宋玉等人假托屈原所作。正因此,诸如贾谊《吊屈原赋》、扬雄《反离骚》并不是代屈原立言,所以不能收入《楚辞》。所以,"楚辞"实际上是屈原及假托屈原作品的全集名称,而假托屈原的作品实际就是代屈原立言。

《楚辞章句》叙云:"屈原履忠被谮,忧悲愁思,独依诗人之义而作《离骚》,上以讽谏,下以自慰。遭时暗乱,不见省纳,不胜愤懑,遂复作《九歌》以下凡二十五篇。楚人高其行义,玮其文采,以相教传。至于孝武帝,恢廓道训,使淮南王安作《离骚经章句》,则大义粲然。后世雄俊,莫不瞻慕,舒肆妙虑,缵述其词。逮至刘向,典校经书,分为十六卷。孝章即位,深弘道艺,而班固、贾逵复以所见,改易前疑,各作《离骚经章句》。其余十五卷,阙而不说。又以壮为状,义

---

① 《汉书》卷三〇,第1747页。
② 《楚辞补注》卷八,第182页。

多乖异,事不要括。今臣复以所识所知,稽之旧章,合之经传,作十六卷章句。虽未能究其微妙,然大指之趣,略可见矣。"① 这段文字非常清楚地指出了屈原的创作动机,以及屈原作品的流传和《楚辞》的成书线索,并说明了他为什么和怎么完成《楚辞章句》。

《楚辞章句》的其他序言也多次提及屈原著作的流传问题,《天问序》:"楚人哀惜屈原,因共论述。"②《九章序》:"楚人惜而哀之,世论其词,以相传焉。"③《渔父序》:"楚人思念屈原,因叙其辞以相传焉。"④《汉书·地理志》曰:"始楚贤臣屈原被谗放流,作《离骚》诸赋以自伤悼。后有宋王、唐勒之属慕而述之,皆以显名。汉兴,高祖王兄子濞于吴,招致天下之娱游子弟,枚乘、邹阳、严夫子之徒兴于文、景之际。而淮南王安亦都寿春,招宾客著书,而吴有严助、朱买臣,贵显汉朝,文辞并发,故世传《楚辞》。"⑤ 编辑记录屈原作品的"楚人",大抵就是宋玉、唐勒之徒,由他们而后,严助、朱买臣把《楚辞》传播到广大的中国。汉初学人所见,便是严助、朱买臣所传《楚辞》,贾谊、淮南小山、东方朔、严忌、王褒、刘向等人,都纷纷仿而作文。至刘向编辑,则把楚人屈原、宋玉等人的辞作及汉人仿屈原楚辞的作品辑在一起,成今本《楚辞》。

洪兴祖的《楚辞补注》目录后,有《楚辞释文》的目录,该目录与今本目录篇次不同。洪兴祖《楚辞补注·楚辞目录》曰:"按《九章》第四,《九辩》第八,而王逸《九章》注云:'皆解于《九辩》中。'知《释文》篇第盖旧本也。后人始以作者先后次序之尔。"⑥

刘永济《屈赋通笺》以为《楚辞章句》序文惟《九辩》释"九",而《九歌》《九章》俱未释"九",也可证明《楚辞章句》中《九辩》一篇在《九歌》《九章》之前。⑦

---

① 《楚辞补注》卷一,第47—48页。
② 同上书卷三,第85页。
③ 同上书卷四,第121页。
④ 同上书卷七,第179页。
⑤ 《汉书》卷二八下,第1668页。
⑥ 《楚辞补注》目录,目录第3页。
⑦ 刘永济:《屈赋通笺》,人民文学出版社1961年版,第63页。

《楚辞释文》的目录篇次也见于宋人晁公武《郡斋读书志》,以及陈振孙《直斋书录解题》。晁公武云:"《楚辞释文》一卷,未详撰人。其篇次不与世行本同。盖以《离骚经》《九辩》《九歌》《天问》《九章》《远游》《卜居》《渔父》《招隐士》《招魂》《九怀》《七谏》《九叹》《哀时命》《惜誓》《大招》《九思》为次。按今本《九章》第四,《九辩》第八,而王逸《九章》注云:'皆解于《九辩》中。'知《释文》篇第盖旧本也,后人始以作者先后次第之耳。或曰天圣中陈说之所为也。"① 又陈振孙曰:"《楚辞释文》一卷。古本,无名氏。洪氏得之吴郡林虑德祖,其篇次不与今本同……朱侍讲按:天圣十年陈说之序以为旧本篇第混并,乃考其人之先后,重定其篇第,然则今本说之所定也。"②

余嘉锡认为,《楚辞释文》的作者应该是唐人王勉,③ 因为《宋史·艺文志》有王勉《楚辞章句》二卷,《楚辞释文》一卷,《离骚约》二卷。不过,因为《楚辞章句》是王逸所作,所以,我们相信这里的王勉应该是王逸之误。如此,关于《楚辞释文》的作者存在三种可能性,一种是王勉作《楚辞章句》《楚辞释文》《离骚约》,一种是王逸作了《楚辞章句》后,又作了《楚辞释文》和《离骚约》,一种就是《楚辞释文》与《离骚约》的作者已经佚名。

《宋史·艺文志八》曰:"王勉《楚辞章句》二卷,《楚辞释文》一卷,《离骚约》二卷。徐锴《赋苑》二百卷,《目》一卷,《广类赋》二十五卷,《灵仙赋集》二卷,《甲赋》五卷,《赋选》五卷。江文蔚《唐吴英秀赋》七十二卷,《桂香赋集》三十卷。"④ 按《崇文总目》有《薛氏赋集》九卷,《唐吴英隽赋集》七十卷,《赋苑》二百卷,《赋选》五卷,《灵仙集赋》二卷,《诸家甲赋》一卷,《典丽赋集》六十四卷,《杂赋》一卷,《广类赋》二十五卷,《类史赋集》一卷。⑤ 其中《唐吴英隽赋集》与《唐吴英秀赋》,《灵仙赋集》与《灵仙集赋》所指应该是一致的。《通志》载

---

① 《郡斋读书志校证》卷一七,第 805 页。
② [宋]陈振孙:《直斋书录解题》卷一五《楚辞类》,上海古籍出版社 1987 年版,第 433—434 页。
③ 余嘉锡:《四库提要辨证》卷二〇,中华书局 1980 年版,第 1228 页。
④ 中华书局排印本《宋史》已经改王勉为王逸了。[元]脱脱等:《宋史》卷二〇九,中华书局 1985 年版,第 5393 页。又光绪元年版,卷二百九,第 1 页。
⑤ 《崇文总目》卷一一,文渊阁四库全书本。《崇文总目附补遗》卷五,中华书局 1985 年版,第 331 页。

有《薛氏赋集》九卷,唐薛廷珪集;《唐吴英隽赋集》七十卷,吴杨氏撰;《赋苑》二百卷,吴徐锴、欧阳集唐人及近代律赋;《赋选》五卷,李鲁集唐人律赋;《广类赋》二十五卷,采唐人杂赋;《典丽赋集》六十四卷,宋朝杨翱集古今律赋;《灵仙集赋》二卷,采唐人赋灵仙神异事。① 而《福建通志·建宁府》云:"五代……江文蔚《吴英秀赋集》《桂香赋集》三十卷。"② 这些资料中,如果仅就《福建通志》的记载看,因为《吴英秀赋集》《桂香赋集》的作者是一人,所以,《楚辞章句》《楚辞释文》《离骚约》的作者也存在一个人的可能性,而这个人最可能的就是王逸。按照《宋史·艺文志八》的记载,《赋苑》《广类赋》《灵仙赋集》《甲赋》《赋选》应皆出自徐锴之手,但根据《通志》等,似又不是出自一人之手。

在《宋史·艺文志》中,集部包括楚辞类、别集类、总集类、文史类,楚辞类包括"《楚辞》十六卷(楚屈原等撰),《楚辞》十七卷(后汉王逸章句),晁补之《续楚辞》二十卷,又《变离骚》一卷,黄伯思《翼骚》一卷,洪兴祖《补注楚辞》十七卷、《考异》一卷,周紫芝《竹坡楚辞赘说》一卷,朱熹《楚辞集注》八卷、《辨证》一卷,黄铢《楚辞协韵》一卷,《离骚》一卷(钱杲之集传)",共"楚辞十二部,一百四卷",③ 而奇怪的是《楚辞章句》《楚辞释文》《离骚约》并不在楚辞类,而在总集类。又楚辞类中有王逸的《楚辞章句》了,如此,总集类的《楚辞章句》,作者究竟应该是谁? 而在别集类著作中,作者对不知道作者的著作,常注"不知作者""不著名,题唐人""以上不知名""不知名"之语,在总集类著作中,对于不知名的著作,作者都注了"集者并不知名""集者不知名"等语,则《楚辞章句》《楚辞释文》《离骚约》的作者,似乎不属于不知名之列。那么,我们认为《楚辞章句》《楚辞释文》《离骚约》这三本书的作者就是王逸,也应该不会错了。

我们推测,之所以会更改《楚辞》的篇次,大约是因为《楚辞释文》所根据的旧本《楚辞》先后篇第不以作者为先后,而后遂有人改成今天《楚辞补注》所呈现的篇第面貌。这说明今天的《楚辞》篇第,是与作者的次第紧密联系在一起

---

① [宋]郑樵:《通志》卷七〇,中华书局1987年版,第826页。
② 《福建通志》卷六八,史部十一,地理类三,文渊阁四库全书本。
③ 《宋史》卷二〇八,第5327页。

的。而《楚辞章句》的结构篇次，是经过后人篡改过的。

《楚辞释文》是我们今天所知最早的《楚辞》版本。由于《楚辞释文》与今本《楚辞》存在差异，汤炳正根据《楚辞释文》的目录次第，认为《楚辞》编辑经多人之手：首先的编辑者可能是宋玉，他编辑的《楚辞》包括《离骚》和《九辩》，为第一组；《九歌》《天问》《九章》《远游》《卜居》《渔父》《招隐士》为第二组，编辑者应该是淮南小山或者淮南王刘安；第三组包括《招魂》《九怀》《七谏》《九叹》，编辑者应该是刘向；《哀时命》《惜誓》《大招》为第四组，汤炳正教授认为这一组既不成于一个时代，编辑者也不是一个人；《九思》为第五组，编辑者就是《楚辞章句》的作者王逸。①

毫无疑问，汤炳正认为刘向所编辑《楚辞》只有十三卷的说法，是很有道理的，因为洪兴祖《楚辞补注》目录附考引鲍钦止云班固《离骚序》及《离骚赞序》，"旧在《天问》《九叹》之后"②。正像汤炳正所言，班序在《天问》后不可解，但在《九叹》后，则说明《九叹》作为刘向编辑之《楚辞》最后一篇，当有一定根据。

不过，汤炳正的说法仍有漏洞，按照他的思路，第三组当一分为二，即《招魂》《九怀》为一组，编辑者应该是王褒，《七谏》《九叹》为一组，编辑者应该是刘向。因为王褒的时代在东方朔之后，断然没有刘向把王褒的作品放在东方朔《七谏》之前的道理。同时，《哀时命》《惜誓》《大招》的编者，也以刘向为最可能。刘向见到这几篇作品的可能性很大。再者，我们也找不出编订《楚辞》的合适人选。《楚辞》早期传本次序的混乱，可能与编辑者并无关系。

二、质疑屈原作品的两种倾向

《楚辞》各篇的作者，在今日传世的《楚辞章句》中说得非常清晰。但近代以来，出现了广泛的疑古思潮，这种思潮也贯穿在近一百多年的屈原及楚辞研究领

---

① 汤炳正：《屈赋新探》，第108页。
② 《楚辞补注》目录，第3页。

域。影响广远的观点是怀疑屈原存在的真实性，认为屈原是汉代人虚构出来的人物。当然，一切怀疑屈原是否真实存在的观点的逻辑起点就极其荒唐。对于中国这样一个有丰富典籍存世的文明而言，传世文献的价值并不低于考古资料。有的时候，传世文献的记载可能更加清晰。不能因为没有出土文献的佐证，就否定传世文献的可靠性。更何况，如果要否定屈原的存在，就必须首先否定《史记》和司马迁的存在。当然也有人试图这样做，不过，这样做的人已经不是在研究真的问题了。

质疑屈原是否真的存在，实际上不是一个有逻辑意味的见解，因此，这种行为并不普遍。不过，否定屈原作品真实性的观点，却一直存在。这种观点，表现出两种倾向：一是否定部分或者全部屈原作品不是屈原所作；另外一种观点则提出《楚辞》中部分不是屈原的作品为屈原所作。前一种观点和屈原否定论相关，后一种观点也客观上承认了屈原否定论的合理性。因为质疑屈原写作真实性，或者质疑《楚辞》中其他屈原作品的真实性，都是以建立在想象力基础上的逻辑推断，来否定两千多年前《楚辞》编辑者刘向的可靠性。如果刘向编辑《楚辞》的可靠性可以质疑，那《楚辞》最早编辑者的一切记载都可能面临怀疑的陷阱。屈原的人生经历和作品，共同构成了他的文化价值，因此，颠覆屈原的书写内容本身，就有可能颠覆屈原的文化价值体系。

《楚辞》一书为汉刘向所编辑，王逸《楚辞章句》所依据的蓝本，便是刘向所辑之书。刘向距离屈原的时代不算太远，其间的《楚辞》学者都传承有序，而刘向父子居于金匮石室，校经传诸子诗赋，其编《楚辞》，所依必然可靠。王逸《楚辞章句》所载《楚辞》各篇序言所述作者，本自刘向，其准确性本是不容怀疑的。

近代学术界，几乎对屈原的所有作品都发生过质疑，不过，这些质疑的提出者都没有办法让自己比《楚辞》的编辑者刘向更接近屈原的时代。因此，即使抛出再多证据，因为研究的是一个伪命题，无论研究路径看起来多么严密和无懈可击，其结论却必然是错误的。他们的研究并不可能动摇刘向在《楚辞》中所确认的各篇作者的可靠性。

与怀疑屈原作品作者问题相联系的，还有另一种现象，就是把《楚辞》里非屈原的作品看成是屈原的，特别是认为《九辩》《招魂》《大招》的作者都是屈原。这些倾向虽表现为或全面或部分地怀疑宋玉等人的著作权，或为扬屈而抑宋，把宋玉的某些或全部著作权归于屈原，但都是直接或间接地否定刘向依据上自宋玉、唐勒、景差，下及严助、朱买臣的可靠传授系统而得出的结论。对于反对否定屈原的学者来说，如果推翻了《楚辞》中某些本应属于宋玉的作品著作权，也就等于说《楚辞》中关于屈原的作品著作权是值得怀疑的。这显然与否定屈原存在而否定屈原作品的"屈原否定论"殊途同归。这种观点同样也是挑战刘向编辑《楚辞》的可靠性，因此，这与那些质疑屈原作品著作权的研究者所得出的结论一样不可靠，同样是有害的。不过，这种观点在热爱屈原的旗帜下，具有很大的迷惑性。

对《九辩》《招魂》《大招》诸篇作者的怀疑，常常以《楚辞释文》的次序为一个重要证据。如前文所言，《楚辞释文》所依据的旧本《楚辞》的篇次不以作者为先后，而今本《楚辞》篇第是与作者的次第紧密联系在一起的。《楚辞释文》以《九辩》为第二，《招魂》为第九，《大招》为第十六，今本《楚辞章句》则以《九辩》为第八，《招魂》为第九，《大招》为第十。洪兴祖曰："屈原赋二十五篇，《渔父》以上是也。"①《渔父》以上包括《离骚》《天问》《远游》《卜居》《渔父》各一篇，《九歌》十一篇，《九章》九篇，凡二十五数。《九辩》以下，则非屈原所作。《九辩》《招魂》《大招》三篇在《楚辞》中先后次序的改变，乃是有人依据刘向所编《楚辞》而重新确定了篇次。这说明重编《楚辞》篇次的人，并不以《九辩》《招魂》《大招》为屈原所作。

《楚辞章句·九辩章句》序指出："《九辩》者，楚大夫宋玉之所作也。"②《招魂章句》序云："《招魂》者，宋玉之所作也。"③《大招章句》序曰："《大招》者，屈原之所作也。或曰景差，疑不能明也。"④《九辩》《招魂》的作者，《楚辞》的编辑者说得很清楚，自然，后代人无由生歧义。但《大招》的作者，《楚辞》的编辑者也

---

① 《楚辞补注》卷一〇，第216页。
② 同上书卷八，第182页。
③ 同上书卷九，第197页。
④ 同上书卷十，第216页。

没有搞清楚,如果重编《楚辞》的人较倾向于屈原,则应把《大招》放在屈原作品之后,宋玉作品之前。现在却置于宋玉作品之后,这实际暗示《楚辞》的编者并不倾向《大招》为屈原所作的看法。

我们说,刘向编辑《楚辞》,必然依据汉代最为权威的资料,因此,刘向的说法无疑是最可靠的,但这并不等于说刘向的看法是绝对真理,不可以有丝毫怀疑。不过,任何怀疑都必须建立在有可靠证据的基础之上。关于屈原及其作品著作权的否定论因证据不足,并不为学界的大部分人所接受。惟对宋玉著作权,所持怀疑论者影响既大且怀疑范围最广。研究屈原及《楚辞》,不可以不有所辨别。

三、《九辩》与屈原

依据《楚辞章句》,《九辩》的作者是宋玉,本不应该有异议。不过,认为《九辩》是屈原作品的观点,起源也不晚。宋晁补之《离骚新序》云:"《九辩》《招魂》皆宋玉作,或曰《九辩》原作,其声浮矣。"① 这说明宋代就有人提出了无根之论,认为《九辩》是屈原所作。但是,虽有晁补之的批评,但明代认为屈原作《九辩》的观点仍然很有市场。明人焦竑著《〈九辩〉〈九歌〉皆屈原自作》一文,指出:"《离骚经》'启《九辩》与《九歌》兮',即后之《九歌》《九辩》,皆原自作无疑。……《九辩》谓宋玉哀其师而作。熟读之,皆原自为悲愤之言,绝不类哀悼他人之意。"② 又说:"近览《直斋书录解题》,载《离骚释文》一卷,其篇次与今本不同。首《离骚》,次《九辩》,而后《九歌》……以此观之,决无宋玉所作揽入原文之理。"③

焦竑的观点也得到了他同时代人的呼应。明陈第《屈宋古音义·又题九辩》说:"《九辩》从古相传,皆谓宋玉所作。王逸章句具在,可考也。……愚读《九辩》,久窃怪其过于含蓄,意谓其惧不密之祸也。近弱侯谓余曰:'《九辩》非宋玉

---

① [宋]晁补之:《鸡肋集》卷三六,文渊阁四库全书本。又见《济北晁先生鸡肋集》卷三六吴郡顾凝远诗瘦阁,明崇祯八年刻本。
② [明]焦竑:《焦氏笔乘》卷三,上海古籍出版社1986年版,第101页。
③ 《焦氏笔乘·续集》卷四,第303页。

作也。反覆九首之中,并无哀师之一言可见矣。夫自悲与悲人,语自迥别,不可诬也。'愚于是熟复之,内云'有美一人兮心不绎',颇似指其师,然《离骚》《九章》中,原所自负者不少,以是而信弱侯之见,卓绝于今古也。"① 焦竑字弱侯,"有美一人兮心不绎"见于《九辩》。陈第把《九辩》分成九个部分,所以说"反覆九首之中,并无哀师之一言可见矣"。

明末人吴景旭也声称特别佩服焦竑的观点,认为"晁无咎谓《大招》古奥,疑是原作。焦弱侯谓《九辩》皆自为悲愤之言,绝无哀悼其师之意,即原自作。余殊服此二言"②。晁补之字无咎。

曾经创办过桐城学堂且为桐城派重要作家的吴汝纶,在评点《古文辞类纂》时,对焦竑的观点大加赞赏,还增加了一新证据,曰:"《楚辞释文》本《离骚》第一,《九辩》第二。……是旧本次此篇于《离骚》之后,《九章》之前,吾疑固屈子之文。……《九辩》《九歌》两见《离骚》《天问》,皆取古乐章为题,明是一人之作。又曰:曹子建《陈审举表》引屈平曰:"'国有骥'云云,洪《补注》亦载此语,则子建固以《九辩》为屈子作……宜用曹子建说,定为屈子之词。"③

与焦竑和陈第同在万历时代的张京元《删注楚辞·离骚》曰:"篇中'启《九辩》与《九歌》',焦太史谓即后《九歌》《九辩》是也。启字当属虚字。因指《九辩》语以自伤,必为原作无疑。愚谓《九辩》即出原手,恐未必作于《离骚》之先。且上下句文义不属,故仍依逸注,并存此说,俟读者详焉。"《删注楚辞·九辩序》曰:"宋玉,原弟子也。悲师忠而见放,故作此词。焦太史谓篇中语气类自伤者,当出自屈原自作,读者辩焉。"浙江图书馆藏明万历四十六年刻本《删注楚辞》前有焦竑《删注楚辞序》,焦竑在序中说:"余更有屈宋辩为人之所未有言者,语在《笔乘》中。"可见焦竑对自己观点的自信。张京元《删注楚辞引首》也说"偶乐焦氏《笔乘》,独取两篇谓与《离骚》同出原手。焦先生具千秋只眼,足以证余言之非妄矣。"④ 焦竑是万历十七年(公元1589年)的会试状元,曾经做过翰林院修

---

① [明]陈第:《屈宋古音义》卷三,中华书局2008年版,第236页。
② [明]吴景旭:《历代诗话》卷十乙集《楚辞·宋玉宅》,中华书局1958版,第109—110页。
③ [清]姚鼐编,[清]吴汝纶评点:《古文辞类纂》,中国书店1986年版,第1121页。
④ [明]张京元:《删注楚辞》,明万历四十六年刊本,国家图书馆出版社影印线装本,2014年版。

撰,所以称为焦太史。张京元很是尊重焦竑,焦竑也在《删注楚辞序》中称张京元为"世侄",足见二人之间的关系不薄。不过,张京元虽然称赞焦竑的见识,却并不采信焦竑关于《九辩》作者的观点,说明张京元并不认为焦竑的观点是可以站得住脚的。

焦竑等人认为《九辩》为屈原所作,有四条理由:其一,《离骚》《天问》提及《九辩》时与《九歌》联系在一起;其二,《九辩》之内容是屈原自为悲愤之言;其三,《楚辞释文》次序《九辩》在《离骚》之后,《九歌》之前,而《离骚》《九歌》是屈原作品,因而《九辩》也应当是屈原著作;其四,曹植《陈审举表》引屈原"国有骥而不知乘兮,焉皇皇而更索",此语出自《九辩》。

《九辩》《九歌》是古乐名,焦竑认为《离骚》《天问》所言《九辩》《九歌》,就是《楚辞》之《九辩》《九歌》,这个可能需要更多的证据来证明。《周礼·春官·宗伯》曰:"(太卜)掌三易之法,一曰《连山》,二曰《归藏》,三曰《周易》,其经卦皆八,其别皆六十有四。"①《玉函山房辑佚书》有《归藏》佚文,其中《归藏·启筮篇》载:"昔彼九冥,是与帝《辩》同宫之序,是为《九歌》。"又说:"不得窃《辩》与《九歌》,以国于下。"②《山海经·大荒西经》载:"西南海之外,赤水之南,流沙之西,有人珥两青蛇,乘两龙,名曰夏后开。开上三嫔于天,得《九辩》与《九歌》以下。此天穆之野,高二千仞。开焉得始歌《九招》。"③根据上述记载可知,夏后启时代就有《九歌》《九辩》,这些记载虽然不一定代表着真相,但这却是屈原时代应该熟知的知识。所以,认为《离骚》的"启《九歌》与《九辩》兮,夏康娱以自纵",《天问》的"启棘宾商,《九辩》《九歌》"与启无关,"启"不是指夏后启,估计很难让人信服。当然,如果再溯源,夏禹时代的《九歌》比夏后启当然更早。《尚书·大禹谟》曰:"禹曰:'於,帝念哉!德惟善政,政在养民。水、火、金、木、土、谷,惟修;正德、利用、厚生,惟和。九功惟叙,九叙惟歌。戒之用休,董之用威,劝之以《九歌》,俾勿坏。'"④这个记载也见于《左传·文公七

---

① [汉]郑玄注,[唐]贾公彦疏:《周礼注疏》卷二四,《十三经注疏》,第1733页。
② [清]马国瀚:《玉函山房辑佚书》,广陵书社2005年版,第39页。
③ 袁珂:《山海经校注》,上海古籍出版社1980年版,第414页。
④ 《尚书正义》卷四,《十三经注疏》,第283页。

年》，晋郤缺对赵宣子说："《夏书》曰：'戒之用休，董之用威，劝之以《九歌》，勿使坏。'九功之德，皆可歌也，谓之《九歌》。六府三事，谓之九功。水、火、金、木、土、谷，谓之六府；正德、利用、厚生，谓之三事。"①这说明《九歌》的历史很古老。当然，这个记载在夏后启之前就有，而《归藏》提到的帝《辩》，当即指《九辩》。虽说《九歌》《九辩》二乐歌未必是夏后启偷之于天的音乐，但是，《九歌》《九辩》的存在早于屈原、宋玉，却是无疑的。

褚斌杰先生在《九歌论》一文中指出："楚《九歌》之名，来源于《九歌》，这似已不成问题。"②《楚辞》的《九歌》《九辩》得名，应该与古乐《九歌》《九辩》有关系，只是我们现在不知道细节了。《离骚》《涉江》《哀郢》《抽思》《怀沙》等辞皆有"乱"，显然是入乐诗章。而《九歌》《九辩》原本就是乐章，屈原、宋玉只是以旧有乐章作新歌而已。

游国恩先生在《楚辞〈九辩〉的作者问题》一文中评价焦竑等人的观点说："这是一个如何脆弱的理由呢？他想凭这样脆弱的理由来推翻这文学史一件重大的公案，恐怕没有人敢相信吧。不料清末吴挚甫却偏偏附和此说。"吴汝纶字挚甫，或作挚父。游国恩又说："他们这些话，或失之武断，或失之粗疏，并无坚强的证据，足以推翻旧说。"③

我们认为，屈原能以旧乐章作《九歌》，宋玉又未尝不可以《九辩》旧题作《九辩》新歌；屈原既作《九歌》，却未必需要再作《九辩》，这其中并不存在必然性的联系。至于《九辩》内容，既可以是屈原自悲，又何尝不可以是宋玉之悲屈原或自悲呢？《楚辞释文》次序不以作者为次，所以才需要改成今日之貌，其编辑，或以收集到各篇目的先后为序，如汤炳正先生《楚辞成书之探索》一文所指出的那样，"反映出了《楚辞》一书的纂辑过程和纂辑者的主名。它证明了《楚辞》一书是由战国至东汉这一漫长的历史时期中经过很多人的陆续编纂辑补而成的"④。但这并不意味着旧本《楚辞》次序可以反映作者问题。更何况《楚辞》

---

① 《春秋左传正义》卷一九上，《十三经注疏》，第4007—4008页。
② 褚斌杰：《楚辞要论》，北京大学出版社2003年版，第301页。
③ 《游国恩楚辞论著集》第四卷，中华书局2008年版，第46页。
④ 汤炳正：《屈赋新探》，第85页。

成形,以刘向为最有贡献,刘向整理校勘《楚辞》,以《九歌》为第二,却仍以《九辩》为宋玉之作,一定有其充分理由。而曹子建以《九辩》之言为屈原语,只可能是曹植误记。游国恩指出:"在古人的文章里,因误记而错引的话太多了,随便举个例子,'死生有命,富贵在天',在《论语》里明明是子夏说得吗,而王充《论衡·问孔篇》则直以为是孔子的话。常读易见的书尚且如此,何况《楚辞》?《楚辞》中包括作者很多,在古时书不易得,或但凭记忆,偶然引证错误,是极平常的事。"①

近世以来,梁启超《楚辞解题及其读法》②、刘永济《屈赋通笺》③等,仍然主张《九辩》为屈原所作。这种观点注意到了《九歌》《九辩》之间的联系,但也不过是推测之词,并未有任何值得信赖的新证据。因而可以说,以《九辩》为屈原之作的证据并不值得注意。

四、《招魂》与屈原

《楚辞章句》虽然对《招魂》《大招》的作者都有说明,但后世对这两篇的作者问题,也有争论。《招魂章句》序曰:"宋玉怜哀屈原,忠而斥弃,愁懑山泽,魂魄放佚,厥命将落,故作《招魂》,欲以复精神,延其年寿,外陈四方之恶,内崇楚国之美,以讽谏君王,冀其觉悟而还之也。"④ 这里表述得很清楚,认为《招魂》的作者为宋玉。但是,司马迁在《史记·屈原贾生列传》中说,读《离骚》《天问》《招魂》《哀郢》而"悲其志",则说明《招魂》与《离骚》《天问》《哀郢》诸篇一样,都表现出屈原之志气。虽然司马迁并没有明确说《招魂》是屈原的作品,但后人依据司马迁之言,纷纷肯定《招魂》作者乃是屈原。如宋人吴开说:"杜子美《今夕行》:'凭陵大叫呼五白,袒跣不肯成枭卢。'学者谓杜用刘毅、刘裕东府樗

---

① 《游国恩学术论文集》,第 191 页。
② 梁启超:《楚辞解题及其读法》,《饮冰室合集·专集》第七十二,中华书局 1989 年版,第 75—78 页。
③ 刘永济:《屈赋通笺》,第 63 页。
④ 《楚辞补注》卷九,第 197 页。

捕事。虽杜用此，然屈原《招魂》已尝云：'成枭而牟呼五白。'"① 吴开此言并未提及以《招魂》为屈原著作的理由，而黄文焕《楚辞听直》、林云铭《楚辞灯》却补充了一些理由。

明黄文焕《楚辞听直·听二招》说："余谓二《招》之概似属原有数端焉：《大招》之终曰'尚三王只'，如此大本领，超夏、商、周而欲为二帝之治，非原不能道也。原之作《怀沙》曰'孟夏'，使诸弟子招之，必当从死月以立言。今二《招》之辞俱在，《大招》发端曰'青春受谢''春气奋发'，《招魂》之殿末曰'献岁发春，汨吾南征'，曰'目极千里兮伤春心'，均不及夏月。读《九章》曰'愿春日'，曰'开春发岁'，曰'仲春东迁'，原之被放，实以春候。盖当出门之日，即为决死之期，魄存而魂散久矣，夫是以指春而两自招也。是则以时日证之，而何可定其为原作也。……因《九辩》之言夏秋，而愈知二《招》之言春，似属原所自作也。《离骚》共二十五篇，今合首《骚》《远游》《天问》《卜居》《渔父》《九歌》《九章》，只二十三耳。《九歌》虽十一，而当日定之以九，无由拆为十一。则于二十三之中，再合二《招》，恰是二十五之数焉。是又以篇计之，而愈似乎原之自作也。必曰二《招》属其弟子所作，将招之于死后耶？何以不遡死月属夏而概言春？将曰招之于生前耶？既疑招魂为不祥之语，非原所肯自道，乃以弟子事师，于师之未死而遽招其魂，以死事之耶？其为不祥，又岂弟子之所敢出口耶？"②

清林云铭《楚辞灯》曰："古人招魂之礼，为死者而行。嗣亦有施之生人者。屈原以魂魄离散而招，尚在未死也。但是篇自千数百年来皆以为宋玉所作。王逸茫无考据，遂序于其端。试问太史公作《屈原传》赞云：'余读《招魂》，悲其志。'谓悲原之志乎？抑悲玉之志乎？此本不待置辨者，乃后世相沿不改。"③

黄文焕以《大招》《招魂》为屈原所作，其理由包括四个方面：一是说"尚三王只"此大气魄的话不是屈原之外的人所可以说的；二是屈原以春日被放，春为屈原决死之期。《怀沙》又为屈原绝笔，其曰"孟夏"，所以宋玉招屈原之魂，则应

---

① [宋]吴开：《优古堂诗话》，丁福保：《历代诗话续编》，中华书局1983年版，第255页。
② [明]黄文焕：《楚辞听直》，上海古籍出版社2019年版，第259—265页。
③ 《楚辞灯》卷四，第170页。

在夏月。至于宋玉《九辩》只言夏秋,《招魂》《大招》言春,而不及夏月,因此,以节候推测,《招魂》《大招》似屈原自招。三是说招魂为不祥之语,未死而招其魂,不合于弟子事师之道。四是以篇目证之,屈原赋二十五,《九歌》九篇,合《离骚》《天问》《九章》《远游》《卜居》《渔父》凡二十三,合《招魂》《大招》则成二十五之数。林云铭的根据则仅仅是《史记·屈原贾生列传》司马迁读《招魂》而悲屈原之志一语。

黄文焕的理由都不能算直接证据,而且都靠不住。崇尚三王是春秋战国时期士人们的共识。不论是儒家,还是道家,都以自己的领会歌颂三王,屈原可以推崇三王,宋玉也未尝不可以推崇三王。《九辩》曰:"尧舜之抗行兮,瞭杳杳而薄天。""尧舜皆有所举兮,故高枕而自适。"五帝时代的尧、舜,三王时代的禹、汤、文、武,是圣王的代表,宋玉赞颂尧舜,屈原《离骚》也屡屡称述尧舜,其气魄未必有多大差别。

根据《史记·屈原贾生列传》的记载,屈原作《怀沙》以后,"怀石自投汨罗以死"。但《怀沙》究竟是否为屈原的绝笔诗,后人多有分歧。如明人汪瑗《楚辞集解》曰:"此云《怀沙》者,盖原迁至长沙,因土地之沮洳,草木之幽蔽,有感于怀,而作此篇,故题之曰《怀沙》。怀者,感也。沙,指长沙。题'怀沙'者,犹'哀郢'之类也。屈原之死,自秦之前无所考,而贾谊作《吊屈原赋》曰:'侧闻先生兮,自沉汨罗。'东方朔作《沉江》之篇曰:'怀沙砾以自沉。'太史公亦曰:'屈原作《怀沙》之赋,抱石自投汨罗以死。'盖东方朔误解'怀沙'为怀抱沙砾以自沉,而太史公又承其讹而莫之正也。"① 张京元《删注楚辞》说:"原以仲春去国,今且孟夏矣。怅焉恋国,爰赋《怀沙》。"② 他们都不认为《怀沙》是屈原绝笔之词。《怀沙》曰:"知死不可让,愿勿爱兮;明告君子,吾将以为类兮。"这个声明似乎与屈原在其他场合所表现出的必死决心并无二致。

---

① [明]汪瑗:《楚辞集解》,北京古籍出版社1994年版,第193—194页。
② 《删注楚辞·九章·怀沙序》。

至于屈原去世具体时间虽然并不见记载,但在口传历史中,仍然有痕迹可寻。南朝梁吴均《续齐谐记》曰:"屈原以五月五日投汨罗而死,楚人哀之,每于此日以竹筒贮米投水祭之。"①唐人沈亚之《屈原外传》说屈原"于五月五日遂赴清冷之水"②。可见,后人推测屈原蹈水时间乃是在五月五日。而其时正是"孟夏"。

黄文焕依此认为《招魂》《大招》不及夏秋,故二篇不是招屈原之魂,而是屈原自招之词。这个说法有一些道理。但他可能忽视了《招魂》所招的也有可能是生人之魂,而未必一定是死者之魂。人之死,魂魄离散;而人生在世,也有失魂落魄之时。一个失魂落魄之人,当然精神散失,而无法凝聚思虑自招其魂。所以,为死者招魂当然是由活人完成,而不可能是死者自己。为活人招魂也必然是由未失魂之人完成。屈原在被疏放逐之后,行为大异平常,《渔父》说屈原"游于江潭,行吟泽畔,颜色憔悴,形容枯槁";《卜居》说屈原"心烦虑乱,不知所存";《史记·屈原贾生列传》说屈原"被发行吟泽畔"。这些行为与屈原一向好修仪容的风格格格不入。而被发行吟,无异于狂人。《韩诗外传》曰:"纣杀王子比干,箕子被发佯狂。"③《论语·微子》曰:"楚狂接舆歌而过孔子。"邢昺疏云:楚人陆通,字接舆,在楚昭王时,因"政令无常,乃披发佯狂,不仕,时人谓之楚狂也。"④披发和边走边唱,都是狂人的特征。屈原当然不会是真发狂,而是佯狂,但外人不知,以为他真狂,疯癫而失常性、丢魂魄。同情他的人便要为他召回已失去的魂魄,以使他恢复常性常形。屈原佯狂,当然不好自招其魂,同时他又自认为世人沉浊醉迷,失去本心,而他清醒独立,是不会承认自己失魂的。为失魂之人或死者招魂,原是一种出自善心的习俗,并不存在不祥之意。

招魂是民俗文化内容,今存招魂习俗,皆为招生人之魂。先秦时的习俗应与今日之俗大体相类。招生人之魂,其目的在于附体,而人死后魂魄应离窍升天,

---

① [南朝梁]吴均:《续齐谐记》,文渊阁四库全书本,中国书店2013年版。
② [清]蒋骥:《山带阁注楚辞》,上海古籍出版社1984年版,第21页。
③ [汉]韩婴撰,许维遹校释:《韩诗外传集释》卷七,中华书局1980年版,第257页。
④ 《论语注疏》卷一八,《十三经注疏》,第5495页。

若招回人间,游离人世,岂非游魂一般!因此,招魂的习俗,并不适用于亡人。《招魂》外陈四方之恶,内崇楚国之美,招魂返楚,必因失魂之人在楚,而非有楚人死而招魂附体,这是很简单的道理。所以,黄文焕的第二与第三条理由似缺乏坚固的逻辑推理。

至于《汉书·艺文志》所云屈原二十五篇赋的说法,实际上不可以用来论证王逸的错误。因为《汉书·艺文志·诗赋略》本出自刘向父子辑录诗赋的成果,而《楚辞》又编于刘向之手,二者不应有任何矛盾。刘向既然说《招魂》是宋玉所作,《汉书·艺文志》说屈原赋二十五篇,自然不应包含《招魂》在内。而《汉书·艺文志》又言"宋玉赋十六篇",其中必然包括《招魂》在内。

关于《招魂》为屈原作品的最有力的证据,当然是《史记·屈原贾生列传》中司马迁读《招魂》而悲屈原之志的说法。然而,事实上这也不足以成为证据。因为司马迁只说"余读……《招魂》,悲其志",并未明言《招魂》是屈原所作,而宋玉为招屈原之魂而作的《招魂》当然也可体现屈原之志。清人王邦采《屈子杂文笺略·离骚汇订卷首》说:"夫《史记》之文,疏而不密。宋玉《招魂》一篇,以其为屈子而作也,遂连类及之,则所谓悲其志,即谓读玉之文而悲原之志,何不可者?"[①] 宋玉招屈原之魂,乃是怜悯屈原遭遇,同情屈原之志,所以在《招魂》时,呼唤屈原魂兮归来,恢复神志。今人金式武说:"王逸认为《招魂》是宋玉代屈原为词,即宋玉拟屈原之所著,因而同司马迁说的读《招魂》悲屈原之志毫不相违。"[②]

刘向是一位博学的学者,王逸是《楚辞》专家,他们二人当然都读过《史记·屈原贾生列传》,而且也应注意到司马迁"余读《离骚》《天问》《招魂》《哀郢》,悲其志"一语,却并不改正《招魂》的作者。这只能说明他们有可靠根据证明《招魂》是宋玉所作,也知道宋玉《招魂》体现了屈原之志,因而对司马迁的话不置一词。因此,我们实在没有必要怀疑刘向、王逸等楚辞专家之言。

---

① [清]王邦采:《屈子杂文笺略》,南京大学出版社 2019 年版,第 5 页。
② 金式武:《关于〈招魂〉作者之考辨》,《上海师范大学学报》(哲学社会科学版)1992 年 1 期。

五、《大招》与屈原

据《楚辞释文》,《大招》一篇原在第十六之位置,后于刘向《九叹》。汤炳正在《楚辞成书之探索》一文中认为"增辑的时期当在班固以后,王逸以前"[1],如果这个说法可靠,则或非刘向所辑。《楚辞释文》在《九叹》之后,所录《惜誓》《大招》两篇,而其作者皆不明确。《楚辞章句·大招章句》序曰:"《大招》者,屈原之所作也,或曰景差,疑不能明也。"《楚辞章句·惜誓章句》序曰:"《惜誓》者,不知谁所作也。或曰贾谊,疑不能明也。"[2] 与《大招序》两相比较,可以得出这样的结论,即《惜誓》的作者可能是贾谊,或其他某个人,而《大招》的作者则必定在屈原或景差之中。

应该说,在《楚辞》的编者那里,《大招》作者的有关证据已足可以排除屈原与景差以外的人了。因此,我们应辨明的便是《大招》究竟是屈原所作,还是景差所作的问题。《大招序》云:"屈原放流九年,忧恩烦乱,精神越散,与形离别,恐命将终,所行不遂,故愤然大招其魂,盛称楚国之乐,崇怀、襄之德,以比三王,能任用贤,公卿明察,能荐举人,宜辅佐之,以兴至治,因以风谏,达己之志也。"[3]《楚辞》的编者此序,显然是从屈原自招其魂的角度来讨论《大招》内容的。然而《大招》未必是屈原所作,所以此说不一定可靠。

林云铭虽袭屈原所作之说,却并不以自招其魂视之。《楚辞灯》曰:"王逸虽知为原作,又言作于放流九年,自招其魂。宋晁补之决其为原作无疑,但不知其招何人耳。皆非确论。余谓原自放流以后念念不忘怀王。冀其生还楚国,断无客死归莽,寂无一言之理。骨肉归于土,魂魄无不之。人臣以君为归,升屋履危,北面而皋,自不能已。特谓之大,所以别于自招,乃尊君之词也。"[4] 后来吴世尚

---

[1] 汤炳正:《屈赋新探》,第91页。
[2] 《楚辞补注》卷第一一,第227页。
[3] 同上书卷第一〇,第216页。
[4] 《楚辞灯》卷四,第180页。

《楚辞疏》说:"《大招》本是原作,林西仲以为招怀,尤属细心巨眼。"① 蒋骥《山带阁注楚辞》曰:"《章句》谓此篇系原自作,又云景差。后之论者,互有异同。惟林西仲以为原招怀王之辞,最为近理,今从之。"② 屈复《楚辞新注》曰:"《大招》,三闾痛怀王之文也。"③ 陈本礼《屈辞精义》曰:"怀王卒于秦,秦归其丧,此灵车未临,而屈子赋以招之也。"④ 林云铭以《大招》为屈原招怀王之说一出,得到了吴世尚、蒋骥、屈复、陈本礼等人的响应。

然而也有学者认为《大招》非屈原所作。朱熹《楚辞集注》首先肯定《大招》为景差所作,他说:"今以宋玉'大、小言赋'考之,则凡差语皆平淡醇古,意亦深靖闲退,不为词人墨客浮夸艳逸之态,然后乃知此篇决为差作无疑也。"⑤ 朱熹以宋玉《大言赋》《小言赋》中景差之言类比《大招》之言,而找出其中的一致性,这种论证逻辑虽不一定可靠,但朱熹认为《大招》的作者不是屈原,可能是正确的。

朱熹以后,以《大招》非屈原所作之学者,提出了一些屈原不可能作《大招》的证据。清王夫之《楚辞通释》曰:"今按此篇亦招魂之辞。略言魂而系之以大,盖亦因宋玉之作而广之。其意以《招魂》盛称服食居游声色之美,而不及王伯之道,未足以慰贤士之心。故仍其旨而广之。则为绍玉之作,非屈子倡而玉和明矣。景差与宋玉齿,均为楚之词客,颉颃踵武,互相扬榷。而昭、屈、景为楚三族,屈子旧所掌理,受教而知深。哀其誓死,而欲招之,宜矣。则景差之说为长。"⑥

王邦采《屈子杂文笺略·离骚汇订卷首》曰:"且二《招》文采虽极绚烂可观,而靡丽闳衍,有不免焉。使屈子秉笔,自招招君,必有一种忠爱激楚之意,溢

---

① [清]吴世尚:《楚辞疏》,清雍正五年上友堂刻本。
② 《山带阁注楚辞》,第178页。
③ [明]屈复:《楚辞新注》卷八,黄灵庚主编:《楚辞文献丛刊》第49册,国家图书馆出版社2014年版,第351页。
④ [清]陈本礼:《屈辞精义》,清嘉庆十七年襄露轩刻本。又吴平主编:《楚辞文献集成》第十五册,广陵书社2008年版,第10423页。
⑤ [宋]朱熹:《楚辞集注》卷一〇,上海古籍出版社2001年版,第145页。
⑥ [明]王夫之:《楚辞通释》卷一〇,《船山全书》第十四册,岳麓书社2011年版,第417页。

于笔墨之外,而不徒侈陈饮食宴乐之丰,始冶歌舞之盛,堂室苑囿之娱,为此劝百讽一,如扬子云之所讥也。具明眼人,自能鉴人。"① 这是说《大招》《招魂》若是屈原自招或招客死秦国的怀王,必然有愤激狂狷之态、爱国之志,而《大招》《招魂》并没有这些内容。那么《大招》《招魂》当不是屈原所作。

吴汝纶《古文辞类纂评点》在说《大招》之时指出:"此宜为招屈子之辞。起言顷襄初政方明,魂无遥远,此讽君之婉辞也。后言三圭重侯,聪听,极于幽隐,无不雪之。冤魂可归而辅治也。文字古质,而义则视《招魂》为俭,奇丽亦少逊之。殆依仿《招魂》而为之者。"② 吴汝纶肯定《大招》为召屈原魂而作,并说《大招》似仿《招魂》,故非屈原所作,而其中内容,也应为招屈原而非招怀王。

《大招》的作者为景差的可能性更大。《大招》曰:"魂无逃只。"又曰:"无东无西,无南无北。"灵魂所居,即在中央,中央是什么地方呢?曰:"自恣荆楚,安以定只。"若以此篇为屈原招怀王之魂,怀王之魂遗在西秦,不当说四方,此为其一。其二,楚怀王客死秦国,而死魂归还楚,饮食之丰,音乐之盛,美人之色,苑囿之娱,又如何可欣赏?而饮食、音乐、美人、苑囿,也是屈原辞中所乐道的。其三,怀王已死,新君嗣位,处理政事,自有其人,而《大招》曰:"美冒众流,德泽章知;先威后文,善美明只;名声若日,照四海只;德誉配天,万民理只。"尚贤士,禁苛暴,行赏罚,尚三王,这显然是屈原的"美政"蓝图,而与已死的怀王并不相关。其四,《大招》云:"永宜厥身,保寿命只;室家盈廷,爵禄盛只;……居室定只。"保寿命当然是针对活人而言,室家盈廷,爵禄丰厚当然是指臣子而言,居室则是行吟人的期盼。③

晋人习凿齿《襄阳耆旧传》曰:"宋玉者,楚之鄢人也。……始事屈原,原既放逐,求事楚友景差。"④ 景差与宋玉两人同时,但宋玉曾事景差,景差地位略高,所以同时如果假设宋玉和景差同时属文招魂,以景差文为《大招》,以宋玉文为《招魂》,似乎也可以解释得通。

---

① 《屈子杂文笺略》,第5页。
② 《古文辞类纂》,第1139页。
③ 《楚辞补注》卷一〇,第224页。
④ [晋]习凿齿撰,舒焚、张临川校注:《襄阳耆旧记校注》,湖北人民出版社1999年版,第15页。

第五章 《离骚》分章及主题问题述论

《离骚》是一首规模宏伟的抒情长诗,是屈原最重要的作品。根据现有的历史记载,《离骚》应该是屈原传世作品中创作最早的一篇。《离骚》也被认为是中国文学史上最长的抒情诗。已故苏雪林教授说:"俞樾引陈深的计算,谓《离骚》一共有2470字,我也曾逐字数过,共有2483字,删去'曰黄昏以为期兮,羌中道而改路'十三字,与陈深的数目正合。"[①]《离骚》是理解屈原人生境界和价值观最重要的资料,也是《楚辞》中最具代表性的作品。

一、《离骚》的写作时间与命名

根据《史记·屈原贾生列传》,《离骚》的创作时间,应该是屈原生活的早期,是他在遭受上官大夫举报而被楚怀王疏远以后所作。屈原被楚怀王"怒而疏"是在张仪使楚离间齐楚关系之前。张仪使楚在楚怀王十六年,那么《离骚》写作的时间应该是在此以前。按照前文的推断,屈原如果出生在公元前331年,那么在楚怀王十六年,他差不多十九岁。他对上官大夫的态度,以及对楚怀王的态度,都是一个充满理想主义色彩的年轻人的正常反应。

有学者认为《离骚》中流露出屈原愤懑绝望的情绪,故其不可能是屈原初次在政治上失意时的作品,而应该创作于怀王末年或者是顷襄王初年。因为在这两个时期不仅屈原受到多次政治打击,而且楚国也陷入危亡境地,屈原内心自然充满忧愤。也只有在这样的时期,屈原才能写出《离骚》这样磅礴的作品。这样

---

① 苏雪林:《楚骚新诂》,武汉大学出版社2007年版,第9页。

的看法看起来虽然有一定道理，但并不是有充分说服力，似与《史记·屈原贾生列传》的记载不符。一般而言，随着年龄的增长，人对现实的无奈就更多一些，《论语·为政》载孔子曰："吾十有五而志于学，三十而立，四十而不惑，五十而知天命，六十而耳顺，七十而从心所欲，不逾矩。"①《论语·季氏》载孔子曰："君子有三戒：少之时，血气未定，戒之在色；及其壮也，血气方刚，戒之在斗；及其老也，血气既衰，戒之在得。"②因此，推断《离骚》写于屈原生活的后期，既缺乏历史记载，又不符合人生不同阶段的精神面貌。

关于《离骚》的创作动机，《史记·屈原贾生列传》说得非常清楚，所谓"屈平疾王听之不聪也，谗谄之蔽明也，邪曲之害公也，方正之不容也，故忧愁幽思而作《离骚》。'离骚'者，犹离忧也。夫天者，人之始也；父母者，人之本也。人穷则反本，故劳苦倦极，未尝不呼天也；疾痛惨怛，未尝不呼父母也。屈平正道直行，竭忠尽智以事其君，谗人间之，可谓穷矣。信而见疑，忠而被谤，能无怨乎？屈平之作《离骚》，盖自怨生也。"③《楚辞》的编者《楚辞章句·离骚经序》言屈原创作《离骚》的动机和《离骚》篇名大义："《离骚经》者，屈原之所作也。……同列大夫上官、靳尚妒害其能，共谮毁之。王乃疏屈原。屈原执履忠贞而被谗衺，忧心烦乱，不知所愬，乃作《离骚经》。离，别也；骚，愁也；经，径也。言己放逐离别，中心愁思，犹依道径，以风谏君也。故上述唐、虞、三后之制，下序桀、纣、羿、浇之败。冀君觉悟，反于正道而还己也。"④司马迁和《楚辞》的编者都认为《离骚》是在屈原遭受不公之后的抒愤之作。这个看法，是我们理解《离骚》的钥匙。

关于《离骚》篇名，在历史上曾产生过各种各样的解释。游国恩先生《离骚纂义》罗列甚详。⑤事实上，《史记·屈原贾生列传》"'离骚'者，犹离忧也"与王逸"离，别也。骚，愁也"，已经说得非常清晰，即"离"是离别之意，"骚"是

---

① 《论语注疏》卷二，《十三经注疏》，第5346页。
② 同上书卷一六，《十三经注疏》，第5479页。
③ 《史记》卷八四，第2482页。
④ 《楚辞补注》卷一，第1—3页。
⑤ 游国恩主编：《离骚纂义》，中华书局1980年版，第3—7页。

忧愁之意,"离骚"即"离别的忧愁"。王逸认为"经,径也",此处"径",可以理解为常道。不过,王逸解释"经,径也",显然是画蛇添足了。明汪瑗《楚辞集解·离骚序》说:"篇内曰:'余既不难夫离别兮,伤灵修之数化',此《离骚》之所以名也。王逸曰:'离,别也。骚,愁也。言已放逐离别,中心愁思',其说是矣。然篇末虽有悲怀旧乡之语,而乱辞随继之曰:'国无人莫我知兮,又何怀乎故都。既莫足与为美政兮,吾将从彭咸之所居',又终示以去楚之意。是屈子虽未尝去楚,而实未尝不去楚也。其不去楚者,固不舍楚而他适;其终去楚者,又将隐遁以避祸也。孰谓屈子昧《大雅》明哲之道,而轻身投水以死也哉?学者即《楚辞》熟读而遍考之,可见矣。旧注牵强支离之说,世俗流传无征之言,何足信哉?"①汪瑗的这个辨析是非常有力的。晚于汪瑗的明人黄文焕《楚辞听直·听离骚》曰:"王逸曰:'离,别也。骚,愁也。'班固曰:'离,遭也。'义与王异。读《骚》所言,自当从'离别'之义。"②

《离骚》开篇回顾了自己高贵的出身以及自觉地培养美好的品质和干练的才能,进而讲述自己为了楚国的富强而先后奔走的经历。但理想在现实面前破灭了,君王听信小人的谗言而疏远自己。愤怒的诗人猛烈地抨击群小,指责君王,并表示要坚持理想不放弃。在现实中找不到出路的诗人将目光转向非现实的世界,向天帝与神灵求助,并萌生去国的想法。作者在离别与不离别之间矛盾徘徊。所以,《离骚》实际上是一首"离别之歌"。诗人在历史与现实,天上与地下种种画面的交织之中,反复地述说远大的政治理想,批判黑暗的现实,表达自己不妥协的斗争精神。以"离别的忧愁"来解释《离骚》的题名,是最为恰当的。

《离骚》篇名解释的混乱,自班固始。洪兴祖《楚辞补注》引班固《离骚赞序》:"《离骚》者,屈原之所作也。屈原初事怀王,甚见信任。同列上官大夫妒害其宠,谗之王,王怒而疏屈原。屈原以忠信见疑,忧愁幽思而作《离骚》。离,犹遭也;骚,忧也。明己遭忧作辞也。是时周室已灭,七国并争。屈原痛君不明,

---

① 《楚辞集解》,第35页。
② 《楚辞听直》,第238页。

信用群小，国将危亡，忠诚之情，怀不能已，故作《离骚》。上陈尧、舜、禹、汤、文王之法，下言羿、浇、桀、纣之失，以风。"①班固把"离"解释为"遭"，"离骚"就是遭遇忧伤的事情。虽然屈原的确遭遇了无尽的忧伤，但以遭遇忧伤来解释《离骚》的篇名，显然并不是最好的解释。

《汉书·扬雄传上》载："先是时，蜀有司马相如，作赋甚弘丽温雅，雄心壮之，每作赋，常拟之以为式。又怪屈原文过相如，至不容，作《离骚》，自投江而死，悲其文，读之未尝不流涕也。以为君子得时则大行，不得时则龙蛇，遇不遇命也，何必湛身哉！乃作书，往往摭《离骚》文而反之，自岷山投诸江流以吊屈原，名曰《反离骚》；又旁《离骚》作重一篇，名曰《广骚》；又旁《惜诵》以下至《怀沙》一卷，名曰《畔牢愁》。"②清人戴震从中引出"离骚"即"牢骚"之义。他在《屈原赋注初稿》称："离骚，即牢愁也。盖古语，扬雄有《畔牢愁》。离、劳一声之转，今人犹言'牢骚'。"③不过，《屈原赋注·音义》则说："离，犹隔也，骚者，动扰有声之谓。盖遭谗放逐，幽忧而有言，故以《离骚》名篇。"④如果这两部著作都出自戴震之手，足见其关于《离骚》篇名的解释，也是有所变化的。

《大招》有"伏戏《驾辩》，楚《劳商》只。"《楚辞章句》说："伏戏，古王者也。始作瑟。《驾辩》《劳商》，皆曲名也。言伏戏氏作瑟，造《驾辩》之曲。楚人因之作《劳商》之歌。皆要妙之音，可乐听也。或曰：《伏戏》《驾辩》，皆要妙歌曲也。劳，绞也。以楚声绞商音，为之清激也。"⑤游国恩先生认为"离骚"和"劳商"是双声叠韵词，"离骚"可能是楚国歌曲"劳商"。⑥这个观点把《离骚》的命名与《九辩》《九歌》的命名联系在一起，认为《离骚》也是歌曲名，充满了解释空间。这个观点虽然未必准确，但可以给我们理解《离骚》提供新的思路，这无疑是有意义的。

---

① 《楚辞补注》卷一，第51页。
② 《汉书》卷八七上，第3515页。
③ [清]戴震：《屈原赋注初稿》，《戴震全书》第三册，黄山书社1994年版，第535页。
④ [清]戴震：《屈原赋注》，中华书局1999年版，第101页。
⑤ 《楚辞补注》卷一〇，第221页。
⑥ 游国恩主编：《离骚纂义》，第6—7页。

二、《离骚》的分章问题

屈原独特的抒情方式使《离骚》的分段成为一件困难的事情。宋明以来，有不少学者试图给《离骚》分段。苏雪林教授在《楚骚新诂》中说："至于《离骚》的分段，则钱杲之《离骚集传》分为十四节，陈本礼《离骚精义》分为十节，节即段之意。王邦采的《离骚汇订》分为三大段；戴震的《离骚注》分为十段；屈复的《楚辞新注》分为五段；方廷珪的《楚辞集成》分为六段；陆侃如的《屈原》分为两大段；日本儿岛献吉郎的《毛诗楚辞考》分为五大段。当然还有别的楚辞研究家作为别样的分法，未暇一一引证。"① 早期的楚辞学者如王逸等，并未见为《离骚》分段。宋明以后学者们热衷给楚辞分段，并且出现了各种各样的分段方式。这说明有关《离骚》的研究在不断走向深入，但同时，也说明寻找到一个令人信服的《离骚》分段路径，的确是困难的。

明人陈第在《屈宋古音义·题离骚》中说，《离骚》应该由七个部分组成，从"帝高阳之苗裔兮"到"余不忍为此态也"为第一节，言"己之不得于君也"。自"鸷鸟之不群兮"至"岂余心之可惩"为第二节，"言己之不遇，而不改其素也"。自"女媭之婵媛"至"沾余襟之浪浪"为第三节，"盖托敷词于重华，言己于善败之迹，尝三复于王所也"。自"跪敷衽以陈词"至"哀高丘之无女"为第四节，"言欲轻举远去，忽哀故国之无人也"。自"溘吾游此春宫"至"焉能忍与此终古"为第五节，"言党人众多，贤人不可见，难与之久处也"。自"索藑茅以筳篿"至"吾将远逝以自疏"为第六节，"言卜筮皆勉其远遁，将从之以远适四方也"。自"遭吾道夫昆仑兮"至"蜷局顾而不行"为第七节，"言逍遥娱乐，庶几藉以自遣，然眷顾楚国，终不能离也。""'乱'则总结前意，谓义无可往，惟以死自誓而已矣。"② 陈第的分类很细致，对每一部分的内容概括，也很有说服力。不过，陈第所分七个部分，如果再加上"乱辞"，就是八个部分。毕竟"乱辞"是《离骚》

---

① 苏雪林：《楚骚新诂》，第10页。
② 《屈宋古音义》卷二，第201—202页。

的一个独立组成部分。

明末的李陈玉是一位有见识的楚辞研究者,同时也是一位有民族气节的爱国主义学者。《吉水县志》说李陈玉是崇祯时进士,正直敢言,不避权贵,官至监察御史。明亡后"避乱于湖南山中",披发隐居,从者十余人,生病后"歌哭无时,然其心未尝一日忘明"①。

据清佚名《研堂见闻杂录》载:"我朝之初入中国也,衣冠一仍汉制,凡中朝臣子,皆束发顶进贤冠,为长袖大服,分为满汉两班。有山东进士孙之獬,阴为计,首剃发迎降,以冀独得欢心,乃归满班。则满以其为汉人也,不受。归汉班,则汉以其为满饰也,不容。于是羞愤上疏,大略谓:'陛下平定中国,万事鼎新,而衣冠束发之制,独存汉旧,此乃陛下从中国,非中国从陛下也。'于是削发令下,而中原之民,无不人人思挺螳臂,拒蛙斗,处处蜂起,江南百万生灵,尽膏野草,皆之獬一言激之也。原其心,止起于贪慕富贵,一念无耻,遂酿荼毒无穷之祸。至丁亥岁,山东有谢迁奋起,攻破州县,入淄川城,首将之獬一家杀死,孙男四人,孙女孙妇三人,皆备极淫惨以毙,而之獬独缚至十余日,五毒备下,缝口支解。嗟乎!小人亦枉作小人尔,当其举宗同尽,百口陵夷,恐聚十六州铁铸不成一错也。"②明崇祯皇帝即位,清理宦官集团,计划焚毁宦官魏忠贤诬陷东林党人的《三朝要典》,翰林院侍讲孙之獬在朝廷大哭阻止,被列入阉党,免官。明朝灭亡后,满洲人入主中原,召用孙之獬。孙为巴结入侵者,于是剃发易服,在朝廷里想和满洲人站在一班,满洲人因孙是汉人,不接受,孙只好返回汉班,但降清的明朝官员也不容他。因此,孙之獬深谙让"中国从陛下"就要在"衣冠束发之制"上去"中国",清朝皇帝心领神会,颁布"薙发令",命汉人去发易服,所谓"留发不留头,留头不留发"。数以百万计的汉人因不愿受去发之辱而被杀。身体发肤受之父母,去发和留发,在周礼及儒家价值观中具有重要象征意义。清朝皇帝颁布"薙发令",通过逼迫汉人去发,彻底破坏了汉人信奉的孔子及原始儒

---

① [清]彭际盛、胡宗元:《吉水县志》卷二二,清光绪元年刻本。
② 车吉心主编:《中华野史》第11卷,泰山出版社2000年版,第772页。又参见张伯驹编《春游社琐谈》,北京出版社1998年版,第92页。

家所提倡的孝道的严肃性，使苟活的人丧失了维护中国传统价值观的自信心，也击溃了汉人对自己几千年文明的荣誉感。因此，清廷"薙发令"的背后有着深远的象征意义。所以，清代皇帝只针对汉人推介"薙发令"。嗣后，清朝皇帝不断赴孔庙祭孔，表面上看他们希望融入汉人的文化体系中，但他们为了让满洲人长久统治中国，通过"薙发令"的推行，已经彻底地改变了汉人对孔子与原始儒家思想信奉的忠诚度。因此，清朝统治者尊孔，只不过是他们统治术的一部分，侮辱圣人、改造中国文化、颠覆中国文化的本来面貌，才是他们野心的真实内容。从明朝遗民的反抗以及孙之獬一家的遭遇，都可以看出中国人对"薙发令"所隐含的象征意义的愤怒。而孙之獬本人因在崇祯时陷入阉党案，竟然荼毒如此，正是缺少文明底线意识的行为表现。而在中国历史上，类似的人远远不止孙之獬一人。

李陈玉的遭遇和经历比之屈原要残酷得多，面对明朝之亡和来源于异质文化并带有明显的侮辱性质的"薙发令"，李陈玉选择隐居山林，并以披发来应对，这本身就宣示了他的不屈服。而李陈玉选择给《楚辞》作注，也是他反抗满洲人入侵的一个表现形式。也正因此，李陈玉对屈原作品的体味非常深入和细致。

在《楚辞笺注》中，李陈玉把《离骚》分为14段。"帝高阳之苗裔兮，朕皇考曰伯庸。摄提贞于孟陬兮，惟庚寅吾以降。皇览揆余初度兮，肇锡余以嘉名。名余曰正则兮，字余曰灵均"8句为第一段，"言其为同姓亲臣，恩深义重，本非可离之人。且受天之气，禀父之教，自堕地来，便以正直为则"。"纷吾既有此内美兮，又重之以修能。扈江离与辟芷兮，纫秋兰以为佩"4句为第二段，"言其才行自负，一味修洁，焉有可离之端，然其致妒之由即在此"。"汨余若将弗及兮，恐年岁之不吾与。朝搴阰之木兰兮，夕揽洲之宿莽。日月忽其不淹兮，春与秋其代序。惟草木之零落兮，恐美人之迟暮"8句为第三段，"言欲乘时效用，赞助吾君，早建大业。所以速人致妒之由即在于此"。自"不抚壮而弃秽兮"至"夫唯灵修之故也"共24句为第四段，"言其谏君之诚，不畏人妒，乃謇所由起"。"曰黄昏以为期兮，羌中道而改路！初既与余成言兮，后悔遁而有他。余既不难夫离别兮，伤灵修之数化"6句为第五段，"言君不见信，始则暂听，终则回惑，始知妒已入矣"。自"余既滋兰之九畹兮"至"虽九死其犹未悔"共36句为第六段,"言为君树芳去秽,作许多事,而为众妒所夺。然我所自信法前修而无悔也。到此衅已成矣"。自"怨灵修之浩荡兮"至"固前圣之所厚"共20句为第七段,"言众妒已起,衅已成,忠臣受困矣。然明知而生性不能改也"。自"悔相道之不察兮"至"岂余心之可惩"共24句为第八段,"言妒衅既深,便有抽身引退之思,然犹豫徘徊踟蹰不忍去,尚冀觉悟,不然退亦自乐矣"。自"女媭之婵媛兮"至"夫何茕独而不予听"共12句为第九段,"托女媭之詈,见众妒之必不容"。自"依前圣以节中兮"至"溘埃风余上征"共44句为第十段,"历举前世善败,非好为婢直以犯人之情,直是事君之当然耳"。自"朝发轫于苍梧兮"至"余焉能忍而与此终古"共72句为第十一段,"言既不为众所容,则因往叩重华,将游于四表上下,求索一遇,岂便无相合者"。自"索藑茅以筳篿兮"至"周流观乎上下"共76句为第十二段,"言求女如此其难,人事全不可问,请决之神,灵氛既告以远逝,心尚狐疑,又决之巫咸、百神,确然告余不可淹留。一如灵氛所言则吉,自此决意与世长别矣"。自"灵氛既告余以吉占兮"至"蜷局顾而不行"共36句为第十三段,"言从此便割绝矣。人间不可住,且以天游自疏。党人必不见妒,我从此逝矣。然而天路虽阔,周流虽适,从云霄之上,回见故乡,又不胜仆悲马怀。言念及此,安能恝然舍此长往邪?写到此,满肚皮忠君爱国之怀,无处可挥泪矣"。"乱曰:已矣哉!国无人莫我知兮,又何怀乎故都!既莫足与为美政兮,吾将从彭咸之所居!"共5句为第十四段,"收结一篇之意。从彭咸所居,盖将誓以一死自明也。"[1]

李陈玉的分段和陈第的分段大有不同,除了段落数目不同以外,起止的字句几乎没有重合之处,而他们的分段依据也都可以成立。这说明给《离骚》分段,并不是一件容易的事情。

游国恩先生在《屈原作品介绍·离骚》中说:"《离骚》全篇共分为三大段,自'帝高阳之苗裔'至'岂余心之可惩'为第一大段;自'女媭之婵媛'至'余焉能忍与此终古'为第二大段;自'索藑茅以筳篿'至'蜷曲顾而不行'为第三大

---

[1] [明]李陈玉:《楚辞笺注》,南京大学出版社2017年版,第9—33页。

段。每一大段之中又分若干小节,而以'乱'辞总结全篇。"游国恩先生认为《离骚》的第一大段屈原"首先叙述自己的世系、祖考、生辰和名字",在第二大段中,屈原"首先假设一个老婆婆责备他不应该那么刚强太过,教人难堪,像鲧那样弯扭的人,固执己见,与众不同,这是取祸之道。屈原听了,不敢相信,于是'依前圣以节中','就重华而陈词',希望得到正确的指示"。在第三大段,"屈原先假设去求灵氛问卜:'思九州之博大兮,岂惟是其有女?'灵氛对他说:'勉远逝而无狐疑兮,孰求美而释女(汝)?何所独无芳草兮,尔何怀乎古都,尔何怀乎故宇。'但他犹豫不决,就又乘着巫咸降神的机会去求神的启示,神又告诉他暂时不要走,等待时机,可能有一天会同傅说、吕望、甯戚一样,遇到武丁、周文王、齐桓公那样的明君。他再三考虑的结果,楚国再不能留了,不得已只有依照灵氛的劝告,选择吉日起程去国了。"最后,因为在神游过程中看到了楚国,仆人和马都不愿意前进了,"这样,《离骚》的正文也就结束了"。正文结束以后,"以下便是令人不忍卒读的'乱'辞,作为全篇的总结。"①

游国恩先生所分的第一大段包括陈第所分的第一节和第二节,第二大段包括陈第所分的第三、四、五节,第三大段包括陈第所分的第六节和第七节。假如把二人的分段相结合,把游先生的分段看作是《离骚》事实上存在的三个层次,而陈第的分类,让我们明白在这三个层次里面,还可以细分:游先生所分第一段中又有两个段落,第二段中则又有三个段落,第三段中则又有两个段落。这样,《离骚》的整体感和层次感就凸显出来了。

苏雪林《楚骚新诂》把《离骚》分为3大段,每一大段8组,共24组;每一组4小节,共计96小节;每小节4句,共384句。② 苏雪林的所分3大段大体同于游国恩先生的分段,只是他为使每一大段都是8组,所以,把"乱辞"归入第三大段,并计为4句。又因为3大段24组96小节应为384句,如果把乱辞计为4句,《离骚》仍有386句。《楚辞补注》认为"曰黄昏以为期兮,羌中道而改路"两句可能为衍文,曰:"一本有此二句,王逸无注,至下文'羌内恕己以量人',始释

---

① 《游国恩楚辞论著集》第四卷,第91—94页。
② 苏雪林:《楚骚新诂》,第23—40页。

'羌'义,疑此二句后人所增耳。《九章》曰:'昔君与我诚言兮,曰黄昏以为期。羌中道而回畔兮,反既有此他志。'与此语同。"① 因此,苏雪林主张把"曰黄昏以为期兮,羌中道而改路。初既与余成言兮,后悔遁而有他。余既不难夫离别兮,伤灵修之数化"六句中去掉被洪兴祖怀疑为衍文的"曰黄昏以为期兮,羌中道而改路"两句。这个分段虽然不能完全和《离骚》的意义层次相匹配,但对我们分段阅读或者诵读无疑是有意义的。

　　周秉高《楚辞解析》一书,对《楚辞》各篇进行了详尽的层次分析。他认为《离骚》正文前128句是回顾,中128句是求索,后112句是矛盾,最后是"乱辞"5句。第一层次共由四部分构成。这个分析与游国恩先生的分段大体一致。在分别了《离骚》的第一层次以后,又继续分解,其中回顾部分则又分解为志向24句、遭遇52句、决心52句三部分,求索则分为女媭劝诫12句、陈辞重华40句、上下求索76句三部分,矛盾则分为灵氛劝离20句、巫咸劝留24句、初念去国32句、终觉不忍36句四部分。在第二层次以后,他还分了第三层次,认为志向则分为身世8句,志愿16句;遭遇则分为灵修数化24句,众芳污秽28句;决心则分为正面表达28句,反面表达24句;陈词重华则分为过渡4句,陈词32句,过渡4句;上下求索则分为过渡4句,求索72句;灵氛劝离则分为屈原问卜6句,灵氛劝词14句;巫咸劝留则分为过渡8句,巫咸之语16句;初念去国则分为否定巫咸之词4句,分析楚国形势20句,决定去国远游8句;终觉不忍则分为准备去国8句,想象去国24句,不忍去国4句。第四层次则把志愿分为修身8句和治国8句;陈词分为反面16句,正面4句,并有小结12句;求索分为神女28句,宓妃20句,简狄12句,二姚8句,并有总结原因4句。② 周秉高的层次分析落实到了《离骚》的每一个句子,因此,这种分类方法是非常扎实和有说服力的。

　　《离骚》的篇幅过大,分段可以帮助我们有效阅读。因此,无论是明人陈第、李陈玉,还是今人游国恩、苏雪林、周秉高等人所作的工作,都非常有意义。但是,《离骚》的叙述结构,就是反复说明自己的高尚情操,表达自己的忠君爱国之

---

① 《楚辞补注》卷一,第10页。
② 周秉高:《楚辞解析》,内蒙古大学出版社2003年出版,第18—27页。

诚,指责楚王的昏聩,痛斥小人的卑鄙,最后表明自己不能继续在楚国待下去了,需要离开。这个离开包括远游和蹈水。因此,为了把握《离骚》的主旨,最恰当的方式还是把《离骚》看作一个不可切割的整体。结构和内容的特殊性,决定了很难有一个清晰的逻辑线索来给《离骚》分段。所以,一切试图对《离骚》进行分段的努力,最终都可能导致碎片化地理解《离骚》。

三、《离骚》内容解析

屈原在《离骚》中,首先陈述自己的才能,接着批评楚国谗佞当道,楚王不觉悟,不但不能近君子而远小人,反倒是远君子而近小人。屈原虽然知道楚国政治氛围黑暗阴险,但决不妥协,"宁溘死以流亡兮,余不忍为此态也"。屈原试图改变在楚国的处境,曾经"上下而求索",但所有的努力都失败了。屈原求灵氛占卜,灵氛说:"勉远逝而无狐疑兮,孰求美而释女?何所独无芳草兮,尔何怀乎故宇?"认为以屈原的才能,可以周游任何国家。而巫咸则认为屈原在楚国的机会尚多,"及年岁之未晏兮,时亦犹其未央"。屈原忖度自己在楚国不可能有任何前途,因此告别楚国出游,但"忽临睨夫旧乡","仆夫悲余马怀兮,蜷局顾而不行"。《离骚》最后说:"已矣哉!国无人莫我知兮,又何怀乎故都!既莫足与为美政兮,吾将从彭咸之所居!"屈原虽然最终不能离去,但对楚国的政治已经失望了。《离骚》整首诗所要表达的,就是这种不得不去,又不愿意离去的"离别的忧愁"。

《离骚》开端讲明了屈原的身世和出生,在得天独厚的"内美"之外,屈原又注重修能:"帝高阳之苗裔兮,朕皇考曰伯庸。摄提贞于孟陬兮,惟庚寅吾以降。皇览揆余初度兮,肇锡余以嘉名。名余曰正则兮,字余曰灵均。纷吾既有此内美兮,又重之以修能。扈江离与辟芷兮,纫秋兰以为佩。汨余若将不及兮,恐年岁之不吾与。朝搴阰之木兰兮,夕揽洲之宿莽。日月忽其不淹兮,春与秋其代序。惟草木之零落兮,恐美人之迟暮。不抚壮而弃秽兮,何不改此度?乘骐骥以驰骋兮,来吾道夫先路!"屈氏的先祖屈瑕是楚王之子,因此,他深觉自己和楚国是一个利益共同体,对楚国的兴亡负有责任,这也是他具有忠君爱国情怀的社会基础。所以，他希望自己能为楚国的复兴和发展做出贡献。

屈原生日、名字的不平凡，预示了他不同于一般人的人生期许。他也因此特别重视培养自己高洁的人格和杰出的才能，让自己有能力辅佐君王，振兴国家。夏禹、商汤、周文王、周武王、周成王、周公等三代圣王的"纯粹"，以及他们容纳"众芳"的胸怀，唐尧、虞舜的"耿介"，以及他们天下为公，以"道"治国的正"路"，是屈原"美政"理想的内容。"昔三后之纯粹兮，固众芳之所在。杂申椒与菌桂兮，岂维纫夫蕙茝！彼尧舜之耿介兮，既遵道而得路。何桀纣之猖披兮，夫唯捷径以窘步。惟夫党人之偷乐兮，路幽昧以险隘。岂余身之惮殃兮，恐皇舆之败绩！忽奔走以先后兮，及前王之踵武。荃不揆余之中情兮，反信谗而齌怒。余固知謇謇之为患兮，忍而不能舍也。指九天以为正兮，夫唯灵修之故也。"遗憾的是，楚国的执政者不是唐尧、虞舜，也不是夏禹、商汤、周文、周武，而很可能是夏桀、商纣一类的暴君昏君。同时，楚国的朝廷中又充满了小人。可见，现实中屈原并未有实现其理想的途径。他只能徒生叹息。面对党人的谗言、楚王的不信任，他仍然希望有机会为国家服务。但是，楚王变化无常，"初既与余成言兮，后悔遁而有他。余既不难夫离别兮，伤灵修之数化"。最终他不得不选择离开。

屈原为了楚国的复兴，曾做了很多准备："余既滋兰之九畹兮，又树蕙之百亩。畦留夷与揭车兮，杂杜衡与芳芷。冀枝叶之峻茂兮，愿俟时乎吾将刈。虽萎绝其亦何伤兮，哀众芳之芜秽。众皆竞进以贪婪兮，凭不厌乎求索。羌内恕己以量人兮，各兴心而嫉妒。忽驰骛以追逐兮，非余心之所急。老冉冉其将至兮，恐修名之不立。"楚王曾对屈原非常信任，但后来改变了主意，这让屈原很是痛心。他不担心自己被驱逐出楚国，却痛心君王的反复无常和众人的趋炎附势。楚国的君臣都争做小人，这让处于其中的屈原感到绝望。屈原并不考虑个人利益，他担心的是楚王将老，死了之后会落下一个昏君的名声。

诗中有"老冉冉其将至兮，恐修名之不立"一句，一般被认为是屈原担心自己没有美名。我们知道，屈原说："忽驰骛以追逐兮，非余心之所急"，即追逐富贵不是他的目标。而《离骚》写于屈原年轻之时，"老冉冉"只能指楚怀王。屈原人品高洁，不用担心自己没有美名，而且就主观而言，他也不需要美名。但楚王的所作所为,非常接近一个昏君的行为,所以屈原才这么着急。屈原指九天以为正,说他的行为都是"唯灵修之故也",除了担心皇舆败绩以外,还担心楚王能不能成为一代明君。"朝饮木兰之坠露兮,夕餐秋菊之落英。苟余情其信姱以练要兮,长顑颔亦何伤。擥木根以结茝兮,贯薜荔之落蕊。矫菌桂以纫蕙兮,索胡绳之纚纚。謇吾法夫前修兮,非世俗之所服。虽不周于今之人兮,愿依彭咸之遗则。"屈原自己本来就不合于世俗,世俗人的认同并不在他考虑的范围内,他的眼光望向尧舜禹汤文武,是要以殷贤人彭咸为榜样的。

屈原《离骚》两次提到彭咸,其他作品中也多次提及彭咸,如《九章·抽思》说:"望三五以为像兮,指彭咸以为仪。"《九章·思美人》说:"独茕茕而南行兮,思彭咸之故也。"《九章·悲回风》说:"夫何彭咸之造思兮,暨志介而不忘!"又说:"孰能思而不隐兮,照彭咸之所闻。"又说:"凌大波而流风兮,讬彭咸之所居。"关于彭咸的事迹,虽然没有更多的传世文献记载,但屈原既然多次提到彭咸,也就意味着,在战国末期,彭咸的事迹是被大家所熟知的。王逸说彭咸是殷贤大夫,因忠直而蹈水自杀。王逸是汉代人,距离屈原的时代不算太远,我们相信,他应该清晰地知道彭咸的事迹和传说。《楚辞章句》说:"彭咸,殷贤大夫,谏其君不听,自投水而死。遗,余也。则,法也。言己所行忠信,虽不合于今之世,愿依古之贤者彭咸余法,以自率厉也。"王逸的这个说法应该比较可靠。洪兴祖《楚辞补注》也说:"颜师古云:彭咸,殷之介士,不得其志,投江而死。按屈原死于顷襄之世,当怀王时作《离骚》,已云'愿依彭咸之遗则。'又曰'吾将从彭咸之所居。'盖其志先定,非一时忿怼而自沈也。《反离骚》曰:'弃由、聃之所珍兮,摭彭咸之所遗。'岂知屈子之心哉。"①《反离骚》是扬雄所作。宋代以后,不断有人质疑彭咸是否水死,以通过否定彭咸水死,来证明屈原并没有蹈水。还有人认为彭咸是孔子提到的"老彭"——彭铿,也有人认为彭咸是巫彭、巫咸的合称。这些观点都属于无根游谈,谈不上有什么价值。潘啸龙曾有《〈离骚〉彭咸辨》一文,所论甚详,可资参考。②

---

① 《楚辞补注》卷一,第 13 页。
② 潘啸龙:《屈原与楚辞研究》,安徽大学出版社 1999 年版,第 99—103 页。

第五章 《离骚》分章及主题问题述论

屈原"信而见疑，忠而被谤"，在这样的环境中，他自恃才能，生性忠直，必定找不到施展才能的机遇。他内心充塞着不平的苦闷，不愿趋炎附势，和邪恶势力同流合污。"长太息以掩涕兮，哀民生之多艰。余虽好修姱以鞿羁兮，謇朝谇而夕替。既替余以蕙纕兮，又申之以揽茝。亦余心之所善兮，虽九死其犹未悔。"他内心守贞，外不同流，不诌事君主而改节，不随俗显荣而媚人。他要坚持自己的理想。屈原知道人生的艰难，并做好了"九死"的准备。

屈原对楚王和楚国群臣的不明充满了愤恨，并且也坚定信心不和小人同流合污，不向邪恶势力投降。"怨灵修之浩荡兮，终不察夫民心。众女嫉余之蛾眉兮，谣诼谓余以善淫。固时俗之工巧兮，偭规矩而改错。背绳墨以追曲兮，竞周容以为度。忳郁邑余侘傺兮，吾独穷困乎此时也。宁溘死以流亡兮，余不忍为此态也。"楚国社会的堕落是一种常态化的存在，而像他这样品德高洁、坚守底线的人被楚国社会所不容也是正常的现象。

楚国社会如此堕落，屈原既然不能与这样的社会和解，更不会与小人同流合污，那他就需要坚守自己的理想，不断提升自己的修养。"鸷鸟之不群兮，自前世而固然。何方圜之能周兮，夫孰异道而相安？屈心而抑志兮，忍尤而攘诟。伏清白以死直兮，固前圣之所厚。悔相道之不察兮，延伫乎吾将反。回朕车以复路兮，及行迷之未远。步余马于兰皋兮，驰椒丘且焉止息。进不入以离尤兮，退将复修吾初服。制芰荷以为衣兮，集芙蓉以为裳。不吾知其亦已兮，苟余情其信芳。高余冠之岌岌兮，长余佩之陆离。芳与泽其杂糅兮，唯昭质其犹未亏。忽反顾以游目兮，将往观乎四荒。佩缤纷其繁饰兮，芳菲菲其弥章。民生各有所乐兮，余独好修以为常。虽体解吾犹未变兮，岂余心之可惩。"为了保持自己高洁的品性，屈原把眼光投向了兰皋、椒丘、芰荷、芙蓉、四荒，他可以离开污浊的楚国，也愿意为自己的正直而选择死亡，但决不会苟且偷生。

"女媭之婵媛兮，申申其詈予。"女媭是屈原尊重的人，也是关心屈原的人。她劝诫屈原放弃自己的坚持与理想，"鲧婞直以亡身兮，终然殀乎羽之野。汝何博謇而好修兮，纷独有此姱节？薋菉葹以盈室兮，判独离而不服。"屈原也知道坚持理想是艰难的选择，"众不可户说兮，孰云察余之中情？世并举而好朋兮，夫何茕独而不予听？"屈原彷徨无助，所以渡过湘水往南走，来到舜帝的墓前，向他倾诉衷肠。

在帝舜的墓前，屈原列举了历史上大量的事例："汤禹俨而祗敬兮，周论道而莫差。举贤而授能兮，循绳墨而不颇。皇天无私阿兮，览民德焉错辅。夫维圣哲以茂行兮，苟得用此下土。瞻前而顾后兮，相观民之计极。夫孰非义而可用兮，孰非善而可服？"尧、舜耿介，遵道而得路；禹、汤俨而祗敬；周文、周武二王论道不差，选贤授能，循绳墨不颇，无私阿。这代表了屈原理想中的君主模式。而夏后启沉浸在《九辩》与《九歌》之中，夏朝的君主康娱自纵。"不顾难以图后兮，五子用失乎家巷"，这是亡国之君的典型。"羿淫游以佚畋兮，又好射夫封狐。固乱流其鲜终兮，浞又贪夫厥家。浇身被服强圉兮，纵欲而不忍。日康娱而自忘兮，厥首用夫颠陨。夏桀之常违兮，乃遂焉而逢殃。后辛之菹醢兮，殷宗用而不长。"善射的羿因夏之乱而夺取政权，荒淫佚乐，不理政事。羿相寒浞派羿的学生逢蒙射死后羿，并霸占了羿的妻子，生子过浇。浇自恃强力，杀死夏后相。夏后相是太康之弟仲康之子，后来，少康杀浇为父相报仇，并复其国。夏桀违背常道，因此为商汤所灭，商纣王帝辛对臣民残暴，因此殷朝很快灭亡。

这些真正发生过的历史事件表明，启、羿、浇、桀、纣失道则亡，商汤、夏禹、文王、武王得道则兴。屈原希望楚王能像尧舜一样坚守美政，而不是放纵自己，变成桀、纣、羿、浇那样的昏君，但楚王并没有领悟到这个道理。屈原说："阽余身而危死兮，览余初其犹未悔。不量凿而正枘兮，固前修以菹醢。曾歔欷余郁邑兮，哀朕时之不当。揽茹蕙以掩涕兮，霑余襟之浪浪。跪敷衽以陈辞兮，耿吾既得此中正。"屈原尝试过改变楚国的现状，在现实中，他劝导楚王，但楚王执迷不悟，众人蝇营狗苟，趋炎附势。屈原愿意像前贤一样，不惧邪恶势力的打击，但他也知道生不逢时，一切可能都是徒劳。

在现实中找不到出路，屈原决定继续前行，"驷玉虬以乘鹥兮，溘埃风余上征。朝发轫于苍梧兮，夕余至乎县圃。欲少留此灵琐兮，日忽忽其将暮。吾令羲和弭节兮，望崦嵫而勿迫。路曼曼其修远兮，吾将上下而求索。"屈原首先去"求女"。他先是乘凤鸟，驾飞龙，历昆仑，上扣天门，求高丘之神女。求而不得之后,他又转而求下界的宓妃、简狄和二姚。虽然原因不尽相同,但都以失败告终。屈原上叩天门,却因天帝的守门人倚着门不理会而没有成功见到天帝。这是比喻国君之不可再得,又认为国君之所以不知道自己,是因为社会混乱黑暗,小人嫉妒贤能。所以,屈原幻想自己"求女",就是游国恩说的求"通君侧"的人。那种认为美人象征着屈原的政治理想,故而"求女"就是希望实现美好的政治理想的观点,可能并不正确。

"索藑茅以筳篿兮,命灵氛为余占之"。"求女"失败后,诗人满腔悲愤,迷茫绝望,只好求神问卜:"两美其必合兮,孰信修而慕之?思九州之博大兮,岂惟是其有女?曰勉远逝而无狐疑兮,孰求美而释女?何所独无芳草兮,尔何怀乎故宇?"灵氛卜卦的结果是屈原适合去国远逝,理由是楚国朝野好坏不分,贤愚莫辨。"欲从灵氛之吉占兮,心犹豫而狐疑。巫咸将夕降兮,怀椒糈而要之。"屈原想听从灵氛占卜的结果,但还是有所犹豫。所以,乘巫咸降神之时,他又请巫咸占卜。

如果说在"上下求索"的道路上,屈原曾经消沉过、怀疑过,那么这个时候他又振作起来,坚定起来。他决定冲出楚国,前往九州这个更广大的世界。"和调度以自娱兮,聊浮游而求女。及余饰之方壮兮,周流观乎上下。灵氛既告余以吉占兮,历吉日乎吾将行。折琼枝以为羞兮,精琼爢以为粻。为余驾飞龙兮,杂瑶象以为车。何离心之可同兮?吾将远逝以自疏。邅吾道夫昆仑兮,路修远以周流。扬云霓之晻蔼兮,鸣玉鸾之啾啾。朝发轫于天津兮,夕余至乎西极。凤皇翼其承旂兮,高翱翔之翼翼。忽吾行此流沙兮,遵赤水而容与。"屈原的出行队伍豪华壮观,行程也是腾云驾雾,天马行空,虽有艰难,但充满了快乐。可是当屈原驾飞龙,乘瑶车,在天空翱翔行进的时候,他忽然看到了自己的故乡,"仆夫悲余马怀兮,蜷局顾而不行。"看见了故乡,不仅仆人悲怆,连马也露出怀恋的神情,蜷缩起身体不肯前行。仆夫和马尚对楚国有所不舍,屈原当然更是如此。即使是在神游之中,屈原对楚国也有深刻的眷恋。

《离骚》最后以"已矣哉,国无人莫我知兮,又何怀乎故都?既莫足与为美政兮,吾将从彭咸之所居"的乱辞结束全文。屈原认为怀念"故都"是没有意义的,楚国的人不了解他，楚国的君主也不会实现"美政"。他既不能离开楚国，在楚国又没有任何光明前途，所以，选择彭咸"所居"就是顺理成章的了。

四、《离骚》的骚体诗书写特征

在西方的文学体系中，诗歌有所谓抒情诗、叙事诗的区别，但在中国古代诗歌中，虽然也有偏重叙事的诗歌，但其基本特点，都是把抒情、叙事、议论、描写融合在一起，以"言志"为终极目的。《诗大序》说："诗者，志之所之也，在心为志，发言为诗。情动于中而形于言，言之不足，故嗟叹之，嗟叹之不足，故永歌之，永歌之不足，不知手之舞之、足之蹈之也。情发于声，声成文谓之音。"① 诗人因志而生情，因情而发声，声成文就是诗。"志"是诗的发动机，因"志"生"情"，才能产生写诗的需要。所以，"言志"就是"抒情"。陆机《文赋》说："诗缘情而绮靡。"《文选》李善注曰："诗以言志，故曰缘情。"五臣注李周翰曰："诗言志故缘情。"② 这是明确说明"言志"与"缘情"之间的因果关系，而且是一体化的，也就是说，因为"言志"，才需要"缘情"。诗是通过文字来抒发感情，而这里的感情，正是"志"的体现。但某些现代学者不顾"言志"与"缘情"之本义，将"言志"与"缘情"割裂开来，认为"情"就是"情欲"，把"情"与"欲"混为一谈。因此得出结论说从"言志"到"缘情"是一场重要革命，并以此论证所谓"魏晋文学自觉说"这个命题的正确性。③ 这样的观点，可能是毫无意义的。

屈原创作的《离骚》，是最能代表中国诗歌兼顾抒情、叙事、议论、描写特色的诗歌。同时，它又与《诗经》以来的诗歌表现出极大的差异性。《文心雕龙·辨骚》曰："自风雅寝声，莫或抽绪，奇文郁起，其《离骚》哉。"④ 刘勰认为，屈原所作的《离骚》，是继《诗经》以后出现的一篇"奇文"。之所以是"奇文"，

---

① [汉]毛亨传，[汉]郑玄笺，[唐]孔颖达正义：《毛诗正义》卷一，《十三经注疏》，第563页。
② [唐]李善等注：《六臣注文选》卷十七，浙江古籍出版社1999年版，第293页。
③ [晋]陆机著，张少康集释：《文赋集释》，人民文学出版社2002年版，第107—112页。
④ 《文心雕龙义疏》，第61页。

就在于屈原以荒诞谲狂、跌宕变幻而富于激情的文字,创造了一种全新的骚体诗歌形式。之所以被称为"骚体",就是因为这种诗体风格是屈原《离骚》开创的,并以《离骚》最具有典型性。

《离骚》奇特的书写方式,首先表现为对《诗经》所开辟的比兴手法的发展。《楚辞章句·离骚序》指出:"《离骚》之文,依《诗》取兴,引类譬谕,故善鸟香草,以配忠贞;恶禽臭物,以比谗佞;灵修美人,以媲于君;宓妃佚女,以譬贤臣;虬龙鸾凤,以托君子;飘风云霓,以为小人。其词温而雅,其义皎而朗。"①《离骚》取《诗经》的比兴之义,借助自然物象以喻人事,而自然物象自身所具有的自然属性,如美、恶、香、臭,分别象征忠、佞、君子、小人。屈原以灵修美人、宓妃佚女等譬喻君臣,则是《诗经》所不曾有的,如"恐美人之迟暮","众女嫉余之蛾眉兮,谣诼谓余以善淫"。屈原既以美女自比,又把谗人比作众女,并以美人比君。其服饰好香草奇服修饰,也类似女子。其诗中常出现作为男女婚姻媒介的媒理之人,如"理弱而媒拙","苟中情其好修兮,又何必用夫行媒"。屈原埋怨媒理,是把自己当成一位遭人遗弃的美丽女子。他在《离骚》中上下求索,"哀高丘之无女","相下女之可诒","求宓妃之所在","见有娀之佚女",而"令蹇修以为理","令鸩为媒",便是要寻求一位可以为他向楚王说好话的女子,因为他"欲自适而不可"。

求女活动,是《离骚》叙述的一个重要场景,游国恩先生说:"其实,屈原之所谓求女者,不过是想求一个可以通君侧的人罢了。因为他既自比弃妇,所以想要重返夫家,非有一个能在夫主面前说得到话的人不可。又因他既自比女子,所以通话的人当然不能是男人,这是显然的道理。"屈原作品所表现,"无往而非女子的口吻",所以,游国恩先生提出"以女性为中心的楚辞观",认为《诗经》比兴材料虽多,却没有"人",更没有"女人"。又说:"文学用'女人'来做'比兴'的材料,最早是《楚辞》。他的'比兴'材料虽不限于'女人',但'女人'至少是其中重要材料之一。所以我国文学首先与'女人'发生联系的是《楚辞》,而在表现技

---

① 《楚辞补注》卷一,第2—3页。

巧上崭新的一大进步的文学也是《楚辞》。"①游国恩先生多少受到二十世纪北京大学按照西方分科设立的文学门界限的局限,所以把先秦文学只局限在诗歌一类中,但认为《楚辞》把女性当作比兴材料,却是很有启发性的观点。刘勰曾说:"楚襄信谗,而三闾忠烈,依诗制骚,风兼比兴。"②比兴手法,是屈原表现其忠烈之情的媒介,他自比弃妇,因而能够以一个弃妇细腻丰富的感触,把对君主的热情、关怀、思念,乃至怨恨、愤怒表现得淋漓尽致。

比兴是一种形象化的联想,通过某一特定的具体形象来暗示另一事物或某种较为普遍的意义,利用象征物与被象征物在特定经验条件下的类似和联系,使被象征物的内容得到强烈的表现。中国古代的夫妻关系、夫妾关系,确实与专制社会的君臣关系有着深刻的一致性,即都表现为一种人身依附关系,以丈夫与妻妾的关系比拟君臣关系,以弃妇的形象象征怀才不遇的贤臣,的确是恰当的。

强烈的善恶、美丑对比方法的广泛运用,是屈原作品《离骚》书写的又一独创性。在《诗经》中,当然也有美丑对比,如《郑风·出其东门》一诗中"如云""如荼"之美女与"缟衣綦巾""缟衣茹藘"③之女子相对比,以显示主人公对爱情的执着。又《邶风·新台》曰:"燕婉之求,蘧篨不鲜","燕婉之求,得此戚施","渔网之设,鸿则离之"。④宣姜美丽,原许嫁卫宣公太子伋,不想被卫宣公占为己有,美好的配偶变成了一个丑陋的丈夫。不过,《诗经》的美丑对比并不普遍。至屈原,则把强烈的美丑、善恶对比贯彻在诗句中,林明华指出:"在这里,幽花芳草出自艾萧粪土之中,更为鲜妍、芬馨。人格峻洁的自我,尖锐地指斥卑劣的侏儒群小。光辉、庄重的尧舜,睥睨着恣纵、昏庸的桀纣和'灵修'。真实的历史事件和虚幻的神话传说同演;美与丑,善与恶,真与伪,光明与黑暗,新生与腐朽,理想与现实,在对立激战。"⑤

强烈的美丑、善恶对比,实际上是一种夸饰手法。在屈原笔下,诗人芳香正

---

① 《游国恩学术论文集》,第151页。
② 《文心雕龙义疏》,第434页。
③ 《毛诗正义》卷四,《十三经注疏》,第730页。
④ 同上书卷二,《十三经注疏》,第656页。
⑤ 林明华:《论离骚的对照艺术》,《文学遗产》1991年2期。

直高贵美丽多能,而群小、众人奸佞贪婪恶臭卑劣丑陋,圣王耿介,昏主猖披,清者醒者惟我一人,浊者醉者比比皆是。社会之中,只存在极端的两极,或者丑陋,或者美丽;或者善良,或者暴恶;或者正直,或者奸邪;或者忠君,或者贪婪;或者高贵,或者卑贱。这显然是一种夸张了的对比。夸张是一种艺术变形,可以更加精确地表达诗人的倾向性,刘勰之言"神道难摹,精言不能追其极;形器易写,壮辞可得喻其真","因夸以成状,沿饰而得奇",① 正是精确地看到了夸张的作用。用一种夸张的强烈对比,来表现诗人的爱憎,则可以使感情表现得更强烈,更有震撼人心的力量。

《楚辞》在语言运用方面的奇特性,古人早已注意。宋人黄伯思《新校楚辞序》指出:"盖屈宋诸骚,皆书楚语,作楚声,纪楚地,名楚物,故可谓之'楚辞'。若些、只、羌、谇、蹇、纷、侘傺者,楚语也;顿挫悲壮,或韵或否者,楚声也;湘、沅、江、澧、修门、夏首者,楚地也;兰、茝、荃、药、蕙、若、蘋、蘅者,楚物也。"② 在屈原作品语言中,大量出现楚地方言,而其声韵、地名、草木,也多为楚产。屈原作品明显地具有楚地地域特征。

屈原作品语言的地域特征,以大量运用语助词"兮"为最有代表性。《诗经》也有不少"兮"字作为语助词出现,而且也不限于某一地域,十五国风和大小雅、颂中都有用"兮"字的例子,这说明"兮"并不是一地之方言,更不为楚国所独有。"兮"字以《国风》中为最多,《小雅》次之,《大雅》及《颂》最少,这说明"兮"对于营造诗歌轻松活泼的气氛是有帮助的。《诗经》甚至也有句句用"兮"字之诗,如《齐风·猗嗟》诗曰:

猗嗟昌兮,颀而长兮。
抑若扬兮,美目扬兮。
巧趋跄兮,射则臧兮。

---

① 《文心雕龙义疏》,第 443、450 页。
② [宋]黄伯思:《新校楚辞序》,[明]贺复征编:《文章辨体汇选》卷二百九十四,文渊阁四库全书本。

猗嗟名兮，美目清兮。
　　仪既成兮，终日射侯。
　　不出正兮，展我甥兮。
　　猗嗟娈兮，清扬婉兮。
　　舞则选兮，射则贯兮。
　　四矢反兮，以御乱兮。①

又如《陈风·月出》诗曰：

　　月出皎兮，佼人僚兮。
　　舒窈纠兮，劳心悄兮。
　　月出皓兮，佼人懰兮。
　　舒忧受兮，劳心慅兮。
　　月出照兮，佼人燎兮。
　　舒夭绍兮，劳心惨兮。②

　　这两首诗，几乎每一句皆以"兮"为语助词，以增长气韵，调剂音节。至屈原，则几乎在所有的作品中都用"兮"字，而"兮"字可代表"之""而""然""于"等意③，用途更加广泛。而《离骚》中的"兮"字，则主要是表达感叹之意，如曰："怨灵修之浩荡兮，终不察夫民心。""兮"的大量使用，增强了《离骚》的沧桑感和悲剧氛围。
　　《诗经》一般以四言为主，至《楚辞》产生，则出现了丰富多彩的句式，即骚

----
　　① 《毛诗正义》卷五，《十三经注疏》，第751页。
　　② 《毛诗正义》卷七，《十三经注疏》，第805页。
　　③ 闻一多：《怎样读九歌》，《闻一多全集·楚辞编》，湖北人民出版社1993年版，第381页。闻一多认为《九歌》之"采芳州兮杜若"，"兮"类似"之"字；"带长剑兮挟秦弓"，"兮"为"而"意；"传芭兮代舞"，"兮"有"以"之意；"芳菲菲兮满堂"，此"兮"有"然"的作用；"采薜荔兮水中"，"兮"可解为"于"字。

体诗句,句法参差错落,灵活变化。《离骚》的句式主要是七言和六言结构,兼有长短句。屈原打破了四言诗那种较为固定的句式结构,以适应表达内容的需要,句式结构富于变化,而句子之长短又随时变通,因而增强了作品的表现力,是对诗歌形式的一次革命。这也是屈原作品语言独创性的重要特征。

屈原以华美的外表和好修为炫耀,其作品语言也表现出追求华艳的倾向。其诗句好铺陈、对偶,其遣词又多有色彩艳丽、芳香扑鼻的草木之名及形容词,并大量运用"耿介""謇謇""冉冉""菲菲""歔欷"之类的叠音词或联绵词,其所描写者又多华贵、繁富、豪华的场景。刘勰《文心雕龙·辨骚》云:"故《骚经》《九章》,朗丽以哀志;《九歌》《九辩》,绮靡以伤情;《远游》《天问》,瑰诡而慧巧;《招魂》《大招》,耀艳而深华;《卜居》标放言之致,《渔父》寄独往之才。故能气往轹古,辞来切今,惊采绝艳,难与并能矣。"① 刘勰在这里虽然提到了屈原和宋玉的众多作品,但这些作品的朗丽、绮靡、瑰诡、慧巧、放言、独往、轹古、切今,都是《离骚》所具有的特点。而《离骚》作为最早的骚体作品,无疑影响了后来者。

屈原作品的绮丽与其哀怨的情绪是相统一的,因而其语言愈是华艳,其情感愈加感伤。因此,《离骚》也创造了一种绮丽而哀婉的意境。《离骚》通过如丰隆求宓妃,鸩鸟媒娀女等情节,以荒诞虚构来抒发他对现实世界的强烈不满,并烘托他超凡卓绝、不同俗人的个性及才能。屈原作品大量运用虚构的神世界,以传说为素材,建立一种人与神共存于同一空间的氛围。龙、凤、日、月、风伯、雷师都幻化为神,并为诗人所驱使,诗人同神对话、交流,把神仙界当作自己倾诉衷肠、寻求支持的对象。当他遭受打击时,去九嶷山向帝舜倾吐衷肠;他上天求女,寻求媒理之时,月神前驱,风神卫后,凤凰警戒,飘风、云霓相迎。上界寻女不成,转而又入春宫,折琼枝,分求宓妃、简狄、二姚,而媒人则是雷神丰隆,以及传说中的人物蹇修。诗人在求女失败后,又托言问灵氛,求巫咸决疑,灵氛以吉占劝诗人远游,诗人遂"折琼枝以为羞兮,精琼靡以为粻",驾飞龙、杂瑶象为车,向

---

① 《文心雕龙义疏》,第70页。

昆仑进发。昆仑山是古代传说中西方的神山，代表了诗人的向往。仙境的美好，促使诗人脱离尘世，摆脱现实的烦恼，但对旧乡的依恋，又时时刻刻把他吸引到人间来，使他不能不面对现实的不幸。

《离骚》是诗人不断徘徊于现实与幻想世界之中，出与处，逃避与关怀等多种矛盾激烈斗争的情绪表现。《离骚》以高贵的诗人诞生为始，以失望的诗人决定蹈水为结尾，诗人在现实中得不到理解，便只能驰骋想象，以白日梦的虚构境象求得暂时的栖息。虚构世界在屈原这里是一种意境的新创造，是他抒发感情的必要方式。光怪陆离，缤纷多彩的神话世界与混浊丑陋贪婪虚伪的现实世界的交错出现，使诗人一时兴高采烈而欲飞，一时意气低迷而欲死，一时上天入地无疲倦，一时徘徊人世多凄楚。《离骚》的境象是荒诞的，而其情致却是悲怆的，这就构成了一种荒诞而哀婉的意境。清人鲁笔说《离骚》"下半篇纯是无中生有，一派幻境突出"[①]。此幻境，正是指《离骚》虚构的"虚无""怪妄"，即一种非实在意境。

屈原在他生活的时代，以他的人生经历，书写了一个具有奇特行为、奇特情感的奇人人格，而他所创作的《离骚》，也是实现他奇人人格的一个有机组成部分。《史记·屈原贾生列传》引刘安《离骚传》论《离骚》的写作特征云："《国风》好色而不淫，《小雅》怨诽而不乱。若《离骚》者，可谓兼之矣。上称帝喾，下道齐桓，中述汤武，以刺世事。明道德之广崇，治乱之条贯，靡不毕见。其文约，其辞微，其志絜，其行廉，其称文小而其指极大，举类迩而见义远。其志絜，故其称物芳。其行廉，故死而不容。自疏濯淖污泥之中，蝉蜕于浊秽，以浮游尘埃之外，不获世之滋垢，皭然泥而不滓者也。推此志也，虽与日月争光可也。"[②]刘安称屈原"文约""辞微""志洁""行廉"，称文小指大，举类迩而义远，其形象性的比喻、象征，精美的语言，无不是其行为、人格、情感的艺术化折射。他忠君而行洁，九死而不悔，一心向所善，顾君门而掩涕；他自傲自负，恃才傲物，不容苟且，

---

① [清]鲁笔：《楚辞达》，嘉庆九年小停云山馆刻《二余堂丛书》本，又吴平主编：《楚辞文献集成》第十册，7221页。

② 《史记》卷八四，第2482页。

伏清白而蹈水。这都体现了其行为、人格、情感之奇。陈子龙曾把屈原与庄子相提并论,曰:"故二子所著之书用心恢奇,逞辞荒诞,其宕逸变幻,亦有相类。"[1] 庄子以其恢诡谲怪、汪洋恣肆之奇文为文学奇观。屈原遗世独立,出淤泥而不染,胸怀理想,志气高邈,不合于俗,因而人奇、行奇、情奇。有奇人而有奇行、奇情,因而便有用心恢奇、荒诞谲怪、跌宕变幻的骚体诗奇文。

---

[1] [明]陈子龙:《陈卧子先生安雅堂稿》卷四《谭子庄骚二学序》,上海时中书局1910年原版,辽宁教育出版社2003年影印版,第66页。

第六章 《九歌》构成及主旨发微

《九歌》是《楚辞》之中具有独特风格的一组诗歌,《史记·屈原贾生列传》没有提《九歌》,所以也就无由从司马迁那里考察《九歌》的创作时间。不过,《楚辞章句序》指出,"昔者孔子睿圣明哲,天生不群,定经术,删诗书,正礼乐,制作《春秋》,以为后王法,门人三千,罔不昭达,临终之日,则大义乖而微言绝。其后周室衰微,战国并争,道德陵迟,谲诈萌生,于是杨、墨、邹、孟、孙、韩之徒各以所知,著造传记,或以述古,或以明世。而屈原履忠被谮,忧悲愁思,独依诗人之义而作《离骚》。上以讽谏,下以自慰。遭时暗乱,不见省纳,不胜愤懑,遂复作《九歌》以下凡二十五篇。"① 按照王逸的意见,屈原先作《离骚》,而后才作《九歌》及其他作品。《九歌》的创作时间,应该在《离骚》之后、《九章》等其他作品之前。王逸的看法无疑是有道理的。屈原被疏以后,先作《离骚》,激活了发愤抒情的动力,而不复在位,又给他充足的写作空间和时间。根据《九歌》诸篇的特点看,这一组诗,虽写于《离骚》之后,但也未必作于同一时间、同一地点。不过,《国殇》为最后的作品,大概是没有问题的。

一、《九歌》的命名和构成

《九歌》与《九辩》一样本来是古代的乐歌名,是在夏代就存在的乐歌。传为三《易》之一的《归藏·启筮篇》载:"昔彼九冥,是与帝《辩》同宫之序,是

---

① 《楚辞补注》卷一,第48页。

为《九歌》。"又说："不得窃《辩》与《九歌》，以国于下。"①而《山海经·大荒西经》载："西南海之外，赤水之南，流沙之西，有人珥两青蛇，乘两龙，名曰夏后开。开上三嫔于天，得《九辩》与《九歌》以下。此天穆之野，高二千仞。开焉得始歌《九招》。"②根据以上记载可知，《九歌》《九辩》应该是夏后启时代就存在的乐歌。当然，说此二乐歌是夏后启偷之于天的音乐，显然缺乏足够的证据，但是，《九歌》《九辩》的存在早于屈原、宋玉，却是无疑的。《楚辞》的《九歌》《九辩》得名，应该是从这里开始的。褚斌杰先生指出："楚《九歌》之名，来源于夏《九歌》，这似已不成问题。"③《离骚》《涉江》《哀郢》《抽思》《怀沙》等辞皆有"乱"，显然是入乐诗章。而《九歌》《九辩》原本就是乐章，屈原、宋玉只是以旧有乐章作新歌而已。

在《尚书》和《左传》中都有关于《九歌》的记载。《尚书·大禹谟》曰："禹曰：'於，帝念哉！德惟善政，政在养民。水、火、金、木、土、谷，惟修；正德、利用、厚生，惟和。九功惟叙，九叙惟歌。戒之用休，董之用威，劝之以《九歌》，俾勿坏。'"④《左传·文公七年》晋郤缺对赵宣子说："《夏书》曰：'戒之用休，董之用威，劝之以《九歌》，勿使坏。'九功之德，皆可歌也，谓之《九歌》。六府三事，谓之九功。水、火、金、木、土、谷，谓之六府；正德、利用、厚生，谓之三事。"⑤所谓《九歌》，实际上是夏朝歌颂"六府三事"九功的宫廷音乐。六府惟修，三事惟和，六府三事分别代表了中国上古社会人们对物质世界与社会、人生的观念，夏人歌颂九功，把六府三事幻化为神祇，也就等于把抽象具象化，可以与人更有亲近感和亲切感。歌颂之时，先有迎神曲，诸神的扮演者粉墨登场，然后九神各有一歌，最终送神为结。这大约就是屈原作《九歌》时所依据的蓝本。

---

① 《玉函山房辑佚书》有《归藏》佚文。上海古籍出版社1990年版。《周礼·春官·宗伯》曰："太卜掌三易之法，一曰《连山》，二曰《归藏》，三曰《周易》，其经卦皆八，其别皆六十有四。"《周礼注疏》卷二四，《十三经注疏》，第1733页。
② 袁珂：《山海经校注》，第414页。
③ 褚斌杰：《楚辞要论》，第301页。
④ 《尚书正义》卷四，《十三经注疏》，第283页。
⑤ 《春秋左传正义》卷一九上，《十三经注疏》，第4007—4008页。

一般认为《九歌》是屈原作品中具有浓郁祭祀特征的一组诗歌。《楚辞章句·九歌序》说:"《九歌》者,屈原之所作也。昔楚国南郢之邑,沅湘之间,其俗信鬼而好祠。其祠,必作歌乐鼓舞以乐诸神。屈原放逐,窜伏其域,怀忧苦毒,愁思沸郁。出见俗人祭祀之礼,歌舞之乐,其词鄙陋,因为作《九歌》之曲。上陈事神之敬,下见己之冤结,托之以风谏,故其文意不同,章句杂错,而广异义焉。"①王逸认为,楚地南郢之邑、沅湘之间,有信鬼而好祠之俗,每当祭祀之时,必作鼓舞歌乐,以乐诸神,屈原在放逐过程中,有机会深入到南郢之邑、沅湘之间,接触到当地的鼓舞歌乐,改其鄙陋风格,而成《九歌》新曲,以此表达事神、舒冤、讽谏三个目的。

王逸之说,为朱熹所继承,其《楚辞集注》指出:"荆蛮陋俗,词既鄙俚,而其阴阳人鬼之间,又或不能无亵慢淫荒之杂。原既放逐,见而感之,故颇为更定其词,去其泰甚。而又因彼事神之心,以寄吾忠君爱国、眷恋不忘之意。"②王逸与朱熹都指出了《九歌》与旧乐章的关系,但却没有说明屈原《九歌》与旧有《九歌》乐章的关系;又说楚俗信鬼,事神之词鄙俗,而没有强调旧《九歌》乐章实际上是一种宫廷音乐,非楚民间歌谣,也非楚国所独有。

通过屈原的作品,我们知道《九歌》《九辩》是古代乐歌名,屈原也多次提到了《九辩》《九歌》与夏后启的关系,如《离骚》云:"启《九辩》与《九歌》兮,夏康娱以自纵。"又云:"奏《九歌》而《舞》《韶》兮,聊假日以媮乐。"又《天问》云:"启棘宾商,《九辩》《九歌》。"在这些地方,屈原所说的《九辩》《九歌》,与《楚辞》中的《九辩》《九歌》虽然不能同指,但之间的联系绝不应该仅仅限于名字的雷同,只是这种联系我们现在已经不清楚了。

王逸《楚辞章句》云:"《九歌》,《九德》之歌,禹乐也。《韶》,《九韶》,舜乐也。《尚书》:箫韶九成。言己德高智明,宜辅舜禹,以致太平。奏《九德》之歌,《九韶》之舞,而不遇其时,故假日游戏媮乐而已。"③此处"舞"不当为

---

① 《楚辞补注》卷二,第55页。
② 《楚辞集注》卷二,第29页。
③ 《楚辞补注》卷一,第46页。

动词,而应该是《论语·卫灵公》之云"颜渊问为邦。子曰:'行夏之时,乘殷之辂,服周之冕,乐则《韶》《舞》。放郑声,远佞人,郑声淫,佞人殆'"①一句中提到的《舞》乐,《舞》即《武》。"奏《九歌》而《舞》《韶》"即奏《九歌》与《舞》《韶》。

《九歌》《九辩》原本是夏代的乐章,而屈原又在自己的诗歌中多次提到《九歌》《九辩》,并且把《九歌》《九辩》与《韶》《舞》等乐并列在一起,说明在屈原时代,夏禹的《九歌》《九辩》乐章还存在,并且是宫廷音乐,而不是民间音乐。另外,如果说屈原和宋玉分别作《九歌》《九辩》,而与夏后启的乐歌完全没有干系,显然是不能让人信服的。《九歌》描述的音乐场面极其盛大。20世纪以来发掘的春秋战国时期楚国贵族墓葬中的乐器,有编钟、编磬、鼓、瑟、琴、竽、篪、排箫等,与《九歌》所载乐器大体相同,由此可推测《九歌》至少曾经在宫廷演奏过。所以,屈原的《九歌》与宋玉的《九辩》理应与夏后启的宫廷音乐《九辩》《九歌》有关系,只是其间究竟什么关系,我们就不得而知了。

《楚辞·九歌》包括《东皇太一》《云中君》《湘君》《湘夫人》《大司命》《少司命》《东君》《河伯》《山鬼》《国殇》《礼魂》等作品十一篇。《楚辞章句·九歌序》没有对《九歌》的"九"给予解释,《楚辞章句·九辩序》则指出:"九者,阳之数,道之纲纪也。故天有九星,以正机衡;地有九州,以成万邦;人有九窍,以通精明。屈原怀忠贞之性,而被谗邪,伤君暗蔽,国将危亡,乃援天地之数,列人形之要,而作《九歌》《九章》之颂,以讽谏怀王。明己所言,与天地合度,可履而行也。"② 王逸认为,"九"是一个体现纲纪的数字,天有九星,地有九州,人有九窍,屈原之所以选择"九"作为他的诗歌篇名,是为了体现效法天地的意思。按照王逸所说,《九歌》的"九",不一定要按照实数或者虚数来理解,表示的应该是天地的道理。因为很明显,即使是王逸,也没有把《九辩》当作九篇作品来处理。这样,如果认为《九歌》的十一篇与《九章》的九篇,都不过是数字的巧合而已,其中的"九"与篇名关系不大,也未尝不可。

---

① 《论语注疏》卷一五,《十三经注疏》,第5468页。
② 《楚辞补注》卷二,第182页。

但是，王逸关于"九"的解释，显然比较牵强。既然同样作为屈原作品的《九章》是九篇，《九歌》当然也存在着九篇的可能性。林云铭《楚辞灯·九歌总论》认为，《九歌》十一篇，实际应该是九篇，《山鬼》《国殇》《礼魂》实际是一篇。①但他同时也指出，不必对《九歌》是否实数的问题太过认真追究，这似乎表明林云铭对自己提出的建议方案并没有足够的信心。

蒋骥《山带阁注楚辞》曰："《九歌》本十一章，其言九者，盖以神之类有九而名，两《司命》类也，《湘君》与《湘夫人》亦类也。神之同类者，所祭之时与地亦同，故其歌合言之。"②蒋骥认为《九歌》十一篇，应该是两《司命》为一篇，二《湘》为一篇，因为这几篇作品所祀神有类似处，并且祭祀的时间、地点也相同。

近代以来，如郑振铎、孙作云、闻一多等人，都主张九篇说，《九歌》十一篇，所祀九神而已，因为《九歌》的第一篇和最后一篇不应算在内，第一篇《东皇太一》是迎神曲，最后一篇《礼魂》是送神曲。③他们以此来解释为什么《九歌》有十一篇，也不算没有道理。

实际上，就《九歌》内容来看，除《国殇》外，其他诸篇都是有关神的内容，而《礼魂》篇幅极短，可能不能独立存在。所以，明人陆时雍《楚辞疏》认为"《国殇》《礼魂》不属《九歌》"④。清李光地《离骚经九歌解义》⑤、徐焕龙《楚辞洗髓》⑥、王闿运《楚辞释》都认为《国殇》《礼魂》不在《九歌》之中。王闿运指出："此《九歌》十一篇。《礼魂》者，每篇之乱也。《国殇》旧祀所无，兵兴以来新增之，故不在数。"⑦他认为在《九歌》十一篇中，前九篇和最后的《礼魂》是《九歌》九篇的内容，而《国殇》不是本来就有的，《礼魂》虽然是《九歌》的组成部分，但

---

① 《楚辞灯》卷二，第31—32页。
② 《山带阁注楚辞》，第195页。
③ 郑振铎：《插图本中国文学史》，人民文学出版社1957年版；孙作云：《九歌非民歌说》，《孙作云文集》之《楚辞研究（上）》，河南大学出版社2003年版；闻一多：《什么是九歌》，《闻一多全集》，开明书店1948年版。
④ ［明］陆时雍：《楚辞疏》，明缉柳斋本，清康熙四十四年有文堂刻本。
⑤ ［清］李光地《离骚经九歌解义》不解释《国殇》《礼魂》。见清光绪四年李光廷刻《榕园丛书》乙集本。
⑥ ［清］徐焕龙《楚辞洗髓》认为《国殇》《礼魂》不在九篇之中。见清康熙三十七年无闷堂刊本。
⑦ ［清］王闿运：《楚辞释》，清光绪十二年成都尊经书院刊本，岳麓书社2013年版，第35页。

不是九篇的构成部分，而是辅助的"乱辞"，不能独立成篇。关于《国殇》的归属，刘永济先生提出《国殇》是司马迁《史记·屈原贾生列传》中所提到的他所读的屈原作品《招魂》①，《礼魂》为送神曲，为前面九篇的"乱辞"。②谭介甫则认为《国殇》为屈原所作《招魂》，而《礼魂》为《国殇》之"乱辞"。③

《九歌》之中，把《国殇》和《礼魂》排除在外的说法，是有道理的，因为《国殇》的确与《九歌》其他各篇不同，而《国殇》作为屈原所作《招魂》之说，显然缺乏足够的证据。《礼魂》一篇，应该看作是《国殇》的乱辞。褚斌杰认为，《九歌》这组由屈原撰写的祭事诗，其内容是祭祀上帝、诸神，而最主要目的是为祭祀死于国事的楚将士亡魂而作。在此基础上，他认为，《礼魂》紧接于《国殇》之后，"国殇"是指为国捐躯的人，那么所谓"礼魂"，也恰应是礼"国殇"之魂。因此，《礼魂》即礼"国殇"之魂，它原本的确是"乱辞"，但它本为《国殇》所有，实际上就是《国殇》的"乱辞"。④

虽然这样，我们关于《九歌》结构的认识，仍然不过是推测而已，今天研究《九歌》，还是应该把《九歌》十一篇看作是一个整体。

明张京元《删注楚辞·九歌》指出："沅湘之间信鬼而好祀，原见其祝辞鄙俚，为作《九歌》，亦文人游戏，聊散怀耳。篇中皆求神语，与时事绝不相涉。旧注牵合附会，一归怨愤，何其狭也。"⑤张氏此言，仍袭旧说，以为楚地原始之祀神祝辞必定鄙俚，同时，又认为《九歌》皆为求神虚语，与现实之事不关联，而王逸等人以屈原流放怨怒牵强附会，是其狭隘执见，这种观点显然并不符合《九歌》的实际情况。金开诚教授认为，"《九歌》绝不可能是屈原流放在沅湘之间时所作，《九歌》的内容也绝无诉冤、讽谏的意思。……从《九歌》的整体情况和具体内容看，它不可能是沅湘地区的祭歌；它只能是楚国朝廷所掌管，用于国定祀典

---

① 《史记·屈原贾生列传》："太史公曰：余读《离骚》《天问》《招魂》《哀郢》，悲其志。"《史记》卷八四，第2503页。有人认为此处《招魂》即指《楚辞》中署名宋玉的《招魂》。
② 刘永济：《屈赋音注详解》卷三《九歌》《国殇》，上海古籍出版社1983年版，第114页。
③ 谭介甫：《屈赋新编·本论》，中华书局1978年版，第73页。
④ 褚斌杰：《楚辞要论》，第302—310页。
⑤ 《删注楚辞》，第11页。

的乐神之歌"①,这个观点显然也是太过武断了。

《九歌》一定是创作在《离骚》之后的一组诗歌,而其中的内容也与冤讽有一定联系。《九歌》的写作之时代,应该是在屈原被疏后"自疏",不复在位时期所写。因为《九歌》的内容相对平和,所以可能的写作时间,应该是在屈原自疏以后,楚怀王派屈原出使齐国以后,重新回到封邑所写。如果屈原的封邑在汉北一带,则王逸所说屈原在沅、湘一带见到《九歌》俗歌而作的观点可能就需要有一个解释了。《楚辞章句》说屈原放逐后,"窜伏"楚国南郢之邑,沅湘之间,可能这就意味着屈原在被疏不复在位以后,在汉北做邑大夫的过程中,曾自己跑到沅湘之间行走,因此作《九歌》。这个推测应该是合理的。

二、芳菲兰汤——《东皇太一》《云中君》述论

《东皇太一》是《九歌》的第一篇。诗云:

> 吉日兮辰良,穆将愉兮上皇。
> 抚长剑兮玉珥,璆锵鸣兮琳琅。
> 瑶席兮玉瑱,盍将把兮琼芳。
> 蕙肴蒸兮兰藉,奠桂酒兮椒浆。
> 扬枹兮拊鼓,疏缓节兮安歌,陈竽瑟兮浩倡。
> 灵偃蹇兮姣服,芳菲菲兮满堂。
> 五音纷兮繁会,君欣欣兮乐康。

太一神是天神中最尊贵的一个,居东方,所以称为东皇太一。"皇"为尊贵之意。战国文献中,常常提到"太一",如《庄子·列御寇》云:"太一形虚。"②《庄子·天下》云:"建之以常无有,主之以太一。"③《文子·自然》云:"天气为魂,地

---

① 金开诚:《屈原辞研究》,江苏古籍出版社1992年版,第157页。
② 《庄子集释·列御寇》,第453页。
③ 《庄子集释·天下》,第472—473页。

气为魄,反之玄妙,各处其宅,守之勿失,上通太一。太一之精,通合于天。天道嘿嘿,无容无则,大不可极,深不可测。常与人化,智不能得。"①《文子·下德》引老子之言云:"帝者体太一,……体太一者,明于天地之情,通于道德之伦,聪明照于日月,精神通于万物,动静调于阴阳,喜怒和于四时,覆露皆道,溥洽而无私,蜎飞蠕动,莫不仰德而生,德流方外,名声传乎后世。"②《吕氏春秋·仲夏纪第五·大乐》云:"音乐之所由来者远矣。生于度量,本于太一。太一出两仪,两仪出阴阳。"又云:"万物所出,造于太一,化于阴阳。"③《吕氏春秋·审分览第五·勿躬》云:"神合乎太一。"④《韩非子·饰邪》云:"初时者,魏数年东乡攻尽陶、卫,数年西乡以失其国,此非丰隆、五行、太一、王相、摄提、六神、五括、天河、殷抢、岁星,非数年在西也,又非天缺、弧逆、刑星、荧惑、奎台,非数年在东也。故曰:龟策鬼神不足举胜,左右背乡不足以专战。然而恃之,愚莫大焉。"⑤

东皇太一神是最尊贵的神,但并不是楚地之神。东皇太一又是天子的祭祀对象,不是诸侯可以祭祀的,大约楚王奄王坐大后,模仿周天子,开始祭祀太一神,也未可知。作为《九歌》的第一篇,《东皇太一》所祀的是最尊贵的天神,但对于神的功德,并没有作正面歌颂,只是从环境气氛的渲染里表达出敬神之心,娱神之意。诗歌最初四句,简洁而又明了地写出了祭祀的时间与祭祀者对东皇太一神的恭敬与虔诚。接着描述了祭祀所必备的祭品、瑶席、玉瑱,以及迎太一神的鲜花、美酒和佳肴。这期间,乐师们举槌击鼓,奏起舒缓悠扬的音乐,预示着神将要降临了。末尾四句描述的是祭祀的高潮,神穿着美丽的衣服跳着动人的舞姿来到了人间。这时候钟鼓齐奏、笙箫齐鸣,欢乐气氛达到最高潮。末句"君欣欣兮乐康",描绘了东皇太一神安康欣喜的神态。全诗紧紧围绕着"祭神以祈福"这个中心问题,以"穆将愉兮上皇"统摄全文,以"君欣欣兮乐康"作结,一呼一应,贯穿着人们祭神时的精神活动,所以诗歌虽篇幅短小精悍,但层次清晰,

---

① 王利器:《文子疏义》卷八,中华书局 2000 年版,第 361 页。
② 同上书卷九,第 421 页。
③ 《吕氏春秋集释》卷五,第 108 页。
④ 同上书卷一七,第 451 页。
⑤ 《韩非子集解》卷一九,第 88—89 页。

生动展现了祭神的整个过程和场面,气氛热烈,给人一种既庄重又欢快的感觉,充分表达了人们对太一神的敬重与祈望。

《云中君》是《九歌》第二篇,其诗云:

> 浴兰汤兮沐芳,华采衣兮若英。
> 灵连蜷兮既留,烂昭昭兮未央。
> 蹇将憺兮寿宫,与日月兮齐光。
> 龙驾兮帝服,聊翱游兮周章。
> 灵皇皇兮既降,猋远举兮云中。
> 览冀州兮有余,横四海兮焉穷。
> 思夫君兮太息,极劳心兮忡忡。

《楚辞章句》以为云中君乃"云神丰隆也"①。按《史记·封禅书》云:"(高祖)后四岁,天下已定,诏御史,令丰谨治枌榆社,常以四时春以羊彘祠之。……晋巫,祠五帝、东君、云中君、司命、巫社、巫祠、族人、先炊之属。"② 可见,云中君是汉代重要的神祇,由晋巫祭祀。《九歌》中的云中君,未必就是楚地之神,也不必为楚所独有。有人主张云中君是云梦泽之水神,也有人认为是月神。这些说法虽然也有一定道理,但都是建立在推测的基础上。在汉代,云中君虽然为晋巫所祭祀,但我们也不能把云中君看作仅为晋地之神。《汉书·地理志》云:"云中郡,户三万八千三百三,口十七万三千二百七十。"③ 云中郡在今山西省境内,长城以北。战国时属赵,秦汉时仍沿袭此名。今山西忻县西北有云中山,下有谷,云中水发源于此。又山西河津县西北亦有云中山,上有云中城。王夫之《楚辞通释》云:"此云之神也。言中者,云气也,其聚散之灵,则神也。神行于气之中,君者其主宰。《汉书·郊祀志》有云中君,古盖特祀之,今从祀圜丘。"④ 作为云神的云

---

① 《楚辞补注》卷二,第 59 页。
② 《史记》卷二八,第 1378—1379 页。
③ 《汉书》卷二八下,第 1620 页。
④ 《楚辞通释》卷二,《船山全书》第十四册,第 248 页。

中君,其居住地应该就是云中郡,所以,诗中才会有"焱远举兮云中"之语。

综上,《云中君》所祀之神可能是云神、云梦泽之水神、月神、云中郡地方神,故而其确指仍需进一步研究。近年,出土文物为研究这个问题带来新的证据。1977年江陵天星观一号墓出土战国祭祀竹简有"云君",显然是"云中君"的简称,可证云中君就是云神。汤漳平先生由楚墓竹简祭祀"云君"的记录并结合《云中君》一诗的分析,认为《云中君》应该就是写祭云神的。其中以一系列象征云彩形象的诗句描写云中君形象,如"灵连蜷兮既留","连蜷"即象征云彩在空中回环宛曲;"翱游周章"则是喻云在空中往来翱翔时的疾速之状。"灵皇皇兮既降,焱远举兮云中,览冀州兮有余,横四海兮焉穷"四句,集中描绘了云朵的来去无定时,翱翔无定处,茫茫宇宙,自由驰骋的情状。①

《云中君》乃祭天上云神的诗歌,高度颂扬了云神的神威无边,泽及四海。前两句写神降临前人们所作的准备——香汤沐浴、华衣着身,虔诚之意毕现,表达人们对云神的祈求,从侧面也可看出云神的威严。接下四句写云中君"降临"祭堂,安然快乐地出现于神堂之上,颂其德泽,"与日月兮齐光"。后六句写云神乘着龙车,身着彩服,逍遥遨游。"览冀州兮有余"正说明云神的恩德是遍及九州四海的。最后两句写祭者对神的依恋,云神既降而去,所以思之太息。

三、洞庭木叶下——《湘君》《湘夫人》述论

《湘君》和《湘夫人》是《九歌》的第三篇和第四篇,是为楚国境内最大河流湘江水神而写的祭歌。湘君是湘水男神,湘夫人是湘水女神。后世一般认为湘君为死于苍梧的舜,湘夫人为投湘水殉情的舜之二妃。《礼记·檀弓上》:"舜葬于苍梧之野,盖二妃未之从也。"郑玄注云"《离骚》所歌湘夫人,舜妃也"。② 郦道元《水经·湘水注》:"大舜之陟方也,二妃从征,溺于湘水,神游洞庭之渊,出

---

① 汤漳平:《从江陵楚墓竹简看〈楚辞·九歌〉》,《出土文献与〈楚辞·九歌〉》,中国社会科学文献出版社2004年版,第30页。

② 《礼记正义》卷七,《十三经注疏》,第2774页。此处《离骚》代指屈原的作品。

入潇湘之浦。"① 张华《博物志》云:"尧之二女,舜之二妃,曰湘夫人。舜崩,二妃啼,以涕挥竹,竹尽斑。"又曰:"洞庭君山,帝之二女居之,曰湘夫人。"② 也有主张湘君指舜与二妃的,如刘向《古列女传·有虞二妃传》:"舜陟方死于苍梧,二妃死于江、湘之间,俗谓之湘君。"③ 也有认为湘君是舜的二妃的说法,如《史记·秦始皇本纪》载始皇南巡,至湘山祠。遇大风,"上问博士曰:'湘君何神?'博士对曰:'闻之,尧女,舜妻,而葬此。'"④ 洪兴祖《楚辞补注》认为:"尧之长女娥皇,为舜正妃,故曰君。其二女女英,自宜降曰夫人也。故《九歌》词谓娥皇谓君,谓女英帝子,各以其盛者,推言之也。礼有小君、君母,明其正,自得称君也。"⑤ 朱熹《楚辞集注》引韩非子语曰:"娥皇正妃,故称君,女英自宜降为夫人。"⑥ 我们认为,还是以湘君为湘水男神,湘夫人为湘水女神较合理。

《湘君》诗云:

> 君不行兮夷犹,蹇谁留兮中洲?
> 美要眇兮宜修,沛吾乘兮桂舟。
> 令沅湘兮无波,使江水兮安流!
> 望夫君兮未来,吹参差兮谁思!
> 驾飞龙兮北征,邅吾道兮洞庭。
> 薜荔柏兮蕙绸,荪桡兮兰旌。
> 望涔阳兮极浦,横大江兮扬灵。
> 扬灵兮未极,女婵媛兮为余太息。
> 横流涕兮潺湲,隐思君兮陫侧。
> 桂棹兮兰枻,斲冰兮积雪。

---

① 《水经注校证》卷三八,第896页。
② [晋]张华撰,[晋]范甯校证:《博物志校证》,中华书局1980年版,第93、74页。
③ [汉]刘向:《古列女传》,中华书局1985年版,第1页。
④ 《史记》卷六,第248页。
⑤ 《楚辞补注》卷二,第64页。
⑥ 《楚辞集注》卷二,第35页。

采薜荔兮水中,搴芙蓉兮木末。
心不同兮媒劳,恩不甚兮轻绝。
石濑兮浅浅,飞龙兮翩翩。
交不忠兮怨长,期不信兮告余以不闲。
鼌骋骛兮江皋,夕弭节兮北渚。
鸟次兮屋上,水周兮堂下。
捐余玦兮江中,遗余佩兮醴浦。
采芳洲兮杜若,将以遗兮下女。
时不可兮再得,聊逍遥兮容与。

《湘君》为祭湘水神的诗歌,表达了湘夫人由希望到失望再到怀疑、哀伤以至怨恨的复杂感情。该诗首先描写湘夫人对湘君热烈的等待和期望:湘君啊,你还犹豫什么呢,你是为了谁还逗留在那个小岛之上呢?我还是打扮一下,驾起小舟来迎接你吧。江水啊,不要掀起波澜,安静地流淌吧,让我的湘君早一些到来。可她始终未能如愿,于是失望地吹起了哀怨的排箫,倾吐对湘君的无限思念,希望湘君听到熟悉的曲调后闻声赶来。洪兴祖补注引《风俗通》云,"舜作箫,其形参差,象凤翼",并认为"此言因吹箫而思舜也"[①]。

千百年来,这幅佳人望断秋水的画面打动着无数人的心,"驾飞龙兮北征"至"隐思君兮陫侧"描写了湘夫人的急切心情。由于湘君久等不至,湘夫人便驾着轻舟向北往洞庭湖去寻找,忙碌地奔波在湖中江岸。她从湘江北上,转道洞庭,西望涔阳极浦,而后进入大江,走遍了洞庭湖及周围的主要江河,仍然不见湘君的踪影。湘夫人执着的追求使身边的侍女也为她叹息。旁人的叹息,深深地触动和刺激了湘夫人,她更加悲伤与委屈,因而伤心痛哭以至泪如泉涌。接着十句写由失望至极而生的哀怨之情。诗中连用几个比喻来描写其失望的痛苦:兰桂制成的桨、舵,怎能敲开坚冰积雪?水中如何采得生长在山上的薜荔?树梢上又

---

① 《楚辞补注》卷二,第60页。

怎能摘到生长于水中的芙蓉花？湘君"心不同""恩不甚""交不忠""期不信"，自己的追求不过是一种徒劳。所谓爱之愈深，责之愈切，湘夫人的愤激之语，把一个大胆追求爱情的女子的内心世界表现得淋漓尽致。

由"鼂骋骛兮江皋"至结束为诗歌的最后部分，表达了湘夫人再次回到约会地"北渚"时还是没有见到湘君的痛苦之情，她毅然把代表爱慕和忠贞的信物玉环抛入江中。最后四句则写湘夫人心情平静下来后的失望与不安，她既希望再次见到湘君，又怀疑不再有见面的机会，只得在无聊中往返徘徊，消磨时光。结尾余音袅袅，与篇首的疑问遥相呼应，给人留下想像的空间。

《湘夫人》诗云：

> 帝子降兮北渚，目眇眇兮愁予。
> 嫋嫋兮秋风，洞庭波兮木叶下。
> 白薠兮骋望，与佳期兮夕张。
> 鸟萃兮蘋中，罾何为兮木上。
> 沅有茝兮澧有兰，思公子兮未敢言。
> 荒忽兮远望，观流水兮潺湲。
> 麋何食兮庭中？蛟何为兮水裔？
> 朝驰余马兮江皋，夕济兮西澨。
> 闻佳人兮召予，将腾驾兮偕逝。
> 筑室兮水中，葺之兮荷盖。
> 荪壁兮紫坛，播芳椒兮成堂。
> 桂栋兮兰橑，辛夷楣兮药房。
> 罔薜荔兮为帷，擗蕙櫋兮既张。
> 白玉兮为镇，疏石兰兮为芳。
> 芷葺兮荷屋，缭之兮杜衡。
> 合百草兮实庭，建芳馨兮庑门。
> 九嶷缤兮并迎，灵之来兮如云。

捐余袂兮江中，遗余褋兮醴浦。
搴汀洲兮杜若，将以遗兮远者。
时不可兮骤得，聊逍遥兮容与。

作为《湘君》的姊妹篇，《湘夫人》为祭湘水女神的诗歌，描述了湘君来到约会地北渚却不见湘夫人的惆怅和迷惘，表达了湘君对湘夫人的思念。诗歌从开始到"观流水兮潺湲"描写湘君对湘夫人虔诚的期盼与渴望。第一句"帝子降兮北渚"紧承《湘君》"夕弭节兮北渚"，但湘君望而不见，内心十分忧愁，只觉得秋风吹来阵阵凉意，洞庭湖一片渺茫。忧心忡忡的湘君久候湘夫人不至，心生哀怨之意。"沅有茝兮澧有兰"，我的湘夫人在哪里呢？以水边泽畔的香草兴起对湘夫人的思念，但是又不能说出来，泪眼迷茫，恍恍惚惚似绝望。蒋骥《山带阁注楚辞》云："思而不敢言，几绝望矣。"[①] 下文则以麋食中庭和蛟滞水边两个反常现象隐喻爱而不见的事愿相违。接着与湘夫人一样，在久等不至的焦虑中，湘君也从早到晚乘上车马去寻找，结果则与湘夫人稍有不同：他在急切的求觅中，忽然听到了佳人的召唤，于是与她一起乘车而去。湘君满腔热情地设计着未来的美好生活：奇花异草香木装饰着他们的庭堂，九嶷山的众神热烈地欢迎他们。然而这一切只不过是幻觉。梦很快就醒了，湘君在绝望之余，也像湘夫人那样情绪激动，向江中和岸边抛弃了对方的赠礼，但他最终同样恢复了平静，决定再耐心等待一下。

《湘君》和《湘夫人》是一个完整的整体，表现着同一个主题，生动刻画了热恋中的男女在爱情遭遇挫折时的复杂情感。两诗自始至终充满离别的悲哀与失望的感情，这种悲剧情感可能由舜与二妃故事内容所决定，如果认为这两诗是屈原用以抒发自己与楚王"不遇"的"愁思"，似也有一定可能性。

四、满堂兮美人——《大司命》《少司命》述论

《大司命》《少司命》是《九歌》中的第五和第六首诗，《大司命》诗云：

[①]《山带阁注楚辞》，第56页。

广开兮天门,纷吾乘兮玄云。
令飘风兮先驱,使涷雨兮洒尘。
君回翔兮以下,逾空桑兮从女。
纷总总兮九州,何寿夭兮在予!
高飞兮安翔,乘清气兮御阴阳。
吾与君兮齐速,导帝之兮九坑。
灵衣兮被被,玉佩兮陆离。
壹阴兮壹阳,众莫知兮余所为。
折疏麻兮瑶华,将以遗兮离居。
老冉冉兮既极,不浸近兮愈疏。
乘龙兮辚辚,高驼兮冲天。
结桂枝兮延伫,羌愈思兮愁人。
愁人兮奈何!愿若今兮无亏。
固人命兮有当,孰离合兮可为?

《少司命》诗云:

秋兰兮麋芜,罗生兮堂下。
绿叶兮素枝,芳菲菲兮袭予。
夫人自有兮美子,荪何以兮愁苦!
秋兰兮青青,绿叶兮紫茎。
满堂兮美人,忽独与余兮目成。
入不言兮出不辞,乘回风兮载云旗。
悲莫悲兮生别离,乐莫乐兮新相知。
荷衣兮蕙带,儵而来兮忽而逝。
夕宿兮帝郊,君谁须兮云之际?
与女游兮九河,冲风至兮水扬波。

与女沐兮咸池，晞女发兮阳之阿。
望美人兮未来，临风怳兮浩歌。
孔盖兮翠旍，登九天兮抚彗星。
竦长剑兮拥幼艾，荪独宜兮为民正。

司命神是管理生命的重要神祇，《周礼·春官·宗伯》云："大宗伯之职，掌建邦之天神、人鬼、地祇之礼，以佐王建保邦国。以吉礼事邦国之鬼神祇，以禋祀祀昊天上帝，以实柴祀日、月、星、辰，以槱燎祀司中、司命、飌师、雨师，以血祭祭社稷、五祀、五岳，以貍沈祭山林川泽，以疈辜祭四方百物。"①《礼记·祭法》云："王为群姓立七祀，曰司命，曰中霤，曰国门，曰国行，曰泰厉，曰户，曰灶。王自为立七祀。诸侯为国立五祀，曰司命，曰中霤，曰国门，曰国行，曰公厉。诸侯自为立五祀。大夫立三祀，曰族厉，曰门，曰行。適士立二祀，曰门，曰行。庶士，庶人，立一祀，或立户，或立灶。"②《史记·孝武本纪》云："神君最贵者太一，其佐曰大禁、司命之属，皆从之。"③《史记·天官书》云："斗魁戴匡六星曰文昌宫：一曰上将，二曰次将，三曰贵相，四曰司命，五曰司中，六曰司禄。在斗魁中，贵人之牢。魁下六星，两两相比者，名曰三能。三能色齐，君臣和；不齐，为乖戾。辅星明近，辅臣亲强；斥小，疏弱。"④《史记·封禅书》云："晋巫，祠五帝、东君、云中君、司命、巫社、巫祠、族人、先炊之属。"⑤足见周秦至汉对司命神的祭祀极其普遍。

司命神分大小的原因，在现存文献中没有可以判断的根据。有的学者认为是源于男女的不同，大司命为男神，少司命为女神。有的学者主张大司命总管人类的生死，所以称之为大；少司命则专司儿童的命运，所以称之为少。王夫之认为："大司命统司人之生死，而少司命则司人子嗣之有无。以其所司者婴稚，故曰少。大则统摄之辞也。"⑥《大司命》云"纷总总兮九州，何寿夭兮在予"，《少司

---

① 《周礼注疏》卷一七，《十三经注疏》，第1633—1635页。
② 《礼记正义》卷四六，《十三经注疏》，第2449页。
③ 《史记》卷一二，第459页。
④ 同上书卷二七，第1293页。
⑤ 同上书卷二八，第1378页。
⑥ 《楚辞通释》卷二，《船山全书》第十四册，第259页。

命》云"夫人自有兮美子,荪何以兮愁苦",似乎也不无道理。

《大司命》所祀为寿命之神,表现的是人们对生命无常的看法,人们为了永命延年,虔诚而迫切地向神祈福。从开头到"众莫知兮余所为"淋漓尽致地表现了大司命呼风唤雨、声势夺人的气势。他以龙为马,以云为车,旋风开路,暴雨洒尘,他身着华美的衣服,于九州间传达天帝的命令,掌管众人的夭寿,俨然可以主宰一切。"折疏麻兮瑶华"以下,与前文的威严壮观不同,尽力表现对大司命的怀念。"折疏麻兮瑶华,将以遗兮离居",麻秆折断后皮仍连在一起,故以"折麻"喻藕断丝连之意,此处借以表现对大司命的依依不舍之情,但大司命最终还是"乘龙"而去。"若今无亏"表现了对美好生命的乐观期待,而"固人命兮有当,孰离合兮可为",却让人感觉到人生的无可奈何。

《少司命》中的神执掌人间子嗣及儿童命运,其形象美丽温柔,善良圣洁,充满慈爱。她手挥大帚,横扫奸凶,为民除害。篇中主祭者对少司命敬慕赞美,由此我们可以猜测少司命是一位可爱的女神,其与《大司命》中严肃的男神形象形成鲜明的对比。文章开头"秋兰"四句描述了清雅素净的祭祀现场;接下来两句则安慰少司命不必担忧,人们已在她的护佑下喜得贵子,说明神人间之的相互体贴与关怀;下四句讲少司命降临人间。对"满堂兮美人,忽独与余兮目成"的解释历来有争议。有人认为讲的是男巫与女神的情感,有人则认为"满堂美人"既是女性,那么少司命就应该是男神,还有人肯定少司命为女神,把满堂美人说成是"美男子"。金开诚则认为"美人"是指群巫,她们是代表人世的女性来礼神、乐神的。"目成"是说通过眉目传情来结成友谊。少司命专管子嗣和儿童命运,自然要和女性发生亲密的关系;少司命又是女神,所以她与"满堂美人"结成的是友谊而非爱情。[①]但少司命并没有过多地与这些新的朋友交谈,"入不言兮出不辞","儵而来兮忽而逝",她进来的时候甚至没说一句话,临走也未告别,就要乘车返回了。"悲莫悲兮生别离,乐莫乐兮新相知",字里行间洋溢着感伤、幽怨之情。夜晚群巫问宿于天帝之郊的女神:您在这等候什么人呢?少司命答道:我在天郊等的就

[①] 金开诚:《屈原辞研究》,第184—185页。

是你们啊,我要和你们一起在天池里沐浴,在初升的太阳里晒干头发。但人间的朋友们怎会跑到天上来呢?少司命感到惆怅,临风高歌以抒发她的感情。最后四句诗人想象少司命已经远去,带着全副仪仗登上九天,拿着"扫帚"为人类扫除邪恶与灾祸。所以,洪兴祖《楚辞补注》引《左传》曰:"天之有彗,以除秽也。"①

五、长太息兮将上——《东君》《河伯》述论

《东君》是《九歌》第七篇,诗云:

> 暾将出兮东方,照吾槛兮扶桑。
> 抚余马兮安驱,夜皎皎兮既明。
> 驾龙辀兮乘雷,载云旗兮委蛇。
> 长太息兮将上,心低徊兮顾怀。
> 羌声色兮娱人,观者憺兮忘归。
> 縆瑟兮交鼓,箫钟兮瑶簴。
> 鸣篪兮吹竽,思灵保兮贤姱。
> 翾飞兮翠曾,展诗兮会舞。
> 应律兮合节,灵之来兮蔽日。
> 青云衣兮白霓裳,举长矢兮射天狼。
> 操余弧兮反沦降,援北斗兮酌桂浆。
> 撰余辔兮高驰翔,杳冥冥兮以东行。

一般认为《东君》是祭祀日神的歌辞。《广雅》云:"日名耀灵,一名朱明,一名东君,一名大明,亦名阳乌,日御曰羲和。"②但是,有些学者主张日神就是羲和,实际上羲和本是帝尧时期的大臣。《尚书·尧典》云:"乃命羲和,钦若昊天,

---

① 《楚辞补注》卷二,第73页。
② [唐]徐坚等编:《初学记》第一卷天部上,中华书局1962年版,第5页。

历象日月星辰,敬授人时。"①《尚书·胤征》云:"羲和废厥职,酒荒于厥邑,胤后承王命徂征。"②《吕氏春秋·审分览第五·勿躬》云:"羲和作占日。"③在后世传说中,羲和的身份变成了日御。《文选》左思《三都赋·蜀都赋》李善注引《广雅》云:"日御谓之羲和。"④又《初学记》引《淮南子·天文》云:"爰止羲和,爰息六螭",又引注云:"日乘车,驾以六龙,羲和御之。"⑤屈原《离骚》云:"吾令羲和弭节兮,望崦嵫而勿迫。"又《山海经·大荒南经》云:"东南海之外,甘水之间,有羲和之国。有女子名曰羲和。……羲和者,帝俊之妻,生十日。"⑥在这里,羲和又是太阳的母亲。从这些例子中,我们清楚地看到,日神即东君,但是日神并不是羲和,羲和只是和日神有密切关系的一个人或者神而已。

《东君》是对太阳神的一曲颂歌。诗歌以一轮喷薄而出的红日为开端,将气氛渲染得十分浓烈。紧接着描写了一个日神行天的壮丽场面,他驾着龙车,响声如雷,云旗招展,煞是显赫。后两句笔锋一转,东君发出长长的叹息,慨叹自己将回到栖息之所,而不能长久陶醉在给人类带来光明的荣耀中。从"羌声色兮娱人"到"展诗兮会舞"则描述了一个极其隆重热烈迎祭日神的场面。人们弹起琴瑟,敲起钟鼓,吹起篪竽,翩翩起舞。不过,尽管祭祀是如此隆重,场面是如此热闹,但日神并未降临,仅仅是在高空俯瞰中表示愉悦之意。他之所以不停留,是因为要永不停息地运行,放射光和热,使人们持续不断地生存着。最后八句写太阳神的司职——为人类带来光明,除去侵略的灾难,显示出大公无私的威灵。和其他篇一样,《东君》所塑造的日神形象就是太阳本身的形象。他从吐出光明到渐渐升起,从丽影当空到金乌西坠,始终在勤劳不息地运行,给人以光明的、伟大的、具有永久意义的美感。凡此一切,都是紧紧围绕着一个主题,即对太阳的礼赞。

《河伯》是《九歌》第八篇,诗云:

---

① 《尚书正义》卷二,《十三经注疏》,第251页。
② 同上书卷七,《十三经注疏》,第332页。
③ 《吕氏春秋集释》卷一七,第450页。
④ 《六臣注文选》,第93页。
⑤ 《初学记》第一卷天部上,第5页。
⑥ 袁珂:《山海经校注》,第381页。

与女游兮九河，冲风起兮横波。
乘水车兮荷盖，驾两龙兮骖螭。
登昆仑兮四望，心飞扬兮浩荡。
日将暮兮怅忘归，惟极浦兮寤怀。
鱼鳞屋兮龙堂，紫贝阙兮朱宫。
灵何为兮水中？乘白鼋兮逐文鱼。
与女游兮河之渚，流澌纷兮将来下。
子交手兮东行，送美人兮南浦。
波滔滔兮来迎，鱼邻邻兮媵予。

  河伯是黄河之神，其得名缘于黄河是众河之长。河为四渎之一，是尊贵的地祇，殷、周以来均入祀典。游国恩《论九歌山川之神》曰："窃尝反复玩索，以意逆志，而后知其确为咏河伯娶妇之事也。"[1] 他指出，春秋时有河神之祀，尚无河伯之名。河伯之名源于战国，褚少孙补《史记·滑稽列传》载魏文侯时，西门豹为邺令，当地百姓苦为河伯娶妇，西门豹治理之。[2]《九歌》所祭神祇，不只楚地，河伯也是一例。

  本篇为祭河神的诗歌。从开始至"流澌纷兮将来下"描写了祭祀者想象与河神共游的情景。大风起兮，波浪翻腾，一开头就以开阔的视野描述了黄河的伟大雄壮。河神坐在由飞龙驾驶的水车上，车顶覆盖着荷叶，遨游黄河，它溯流而上，一直飞到黄河的发源地昆仑山。来到昆仑，登高一望，面对浩浩荡荡的黄河，不禁心胸开张，意气昂扬。但是很遗憾天色将晚，忘了归去。他所思念的家在哪里呢？那是一个鱼鳞盖屋，满堂纹龙，紫贝作阙，朱丹垩殿的水中之宫。河伯接下来便乘着白色的灵物大鳖，边上跟随着有斑纹的鱼类[3]，在河上畅游，浩荡的黄河之水缓缓流来。最后四句为第二层，写河伯与女巫的依依惜别。河伯巡视黄河

---

[1]《游国恩学术论文集》，第103页。
[2]《史记》卷一二六，第3211—3212页。
[3] 长沙子弹库楚墓出土的帛画中有神人驾龙车、鱼类在旁边游动的画面。

下游,波涛滚滚而来,热烈地欢迎河伯的莅临,成群结队排列成行的鱼儿也赶来为他护驾。故事到此结束,河伯的水神形象也得到淋漓尽致的展现。

六、长无绝兮终古——《山鬼》《国殇》《礼魂》述论

《山鬼》是《九歌》第九篇,诗云:

若有人兮山之阿,被薜荔兮带女萝。
既含睇兮又宜笑,子慕予兮善窈窕。
乘赤豹兮从文狸,辛夷车兮结桂旗。
被石兰兮带杜衡,折芳馨兮遗所思。
余处幽篁兮终不见天,路险难兮独后来。
表独立兮山之上,云容容兮而在下。
杳冥冥兮羌昼晦,东风飘兮神灵雨。
留灵修兮憺忘归,岁既晏兮孰华予。
采三秀兮于山间,石磊磊兮葛蔓蔓。
怨公子兮怅忘归,君思我兮不得闲。
山中人兮芳杜若,饮石泉兮荫松柏。
君思我兮然疑作。
雷填填兮雨冥冥,猨啾啾兮又夜鸣。
风飒飒兮木萧萧,思公子兮徒离忧。

人死为鬼,但山鬼当指山中之神。称之为鬼,可能由于山鬼是由人转化而成的。楚国神话中有巫山神女的传说,本篇所描写的可能就是早期流传的巫山神女形象。山鬼是女性[①],楚人祭祀时可能是女巫扮山神,男巫迎神。本篇是一首恋

---

① 关于山鬼的性别,第一种是"女性"说,第二种是"男性"说,第三种是"无性别"说,认为山鬼是山中野兽,即山魈。参见刘毓庆《山鬼考》,《中国楚辞学》第五辑,学苑出版社2004年版。

歌,通过美丽善良的山鬼的自述,表达了山鬼对爱人的思恋。从开篇到"折芳馨兮遗所思"为第一部分。起始四句用极其精练的语言正面描绘了女神的意态和姿容,她是那样的空灵缥缈,仪态万方。接着又极力渲染她的车驾随从:火红的豹子,毛色斑斓的花狸,还有开着尖状花朵的辛夷、芬芳四溢的桂枝。自"余处幽篁兮终不见天"以下可看作第二部分,描写山鬼在长时间的期待中产生的细微而复杂的心情变化,通过她的失恋,表现出一种坚贞不渝的情操。作者对心理活动的刻画细致而深微,"岁既晏兮孰华予"蕴函着"美人迟暮"的无限哀怨;"采三秀兮于山间"表现她对爱情的执着追求,而"君思我兮不得闲""君思我兮然疑作""思公子兮徒离忧"则标志着心理变化的三个过程。"思而忧","忧而思",两两交织,互为因果,千回百折,愈折愈深,缠绵无尽。

《国殇》是《九歌》的第十篇,《礼魂》是《九歌》的第十一篇,我们相信这两篇作品本来应该是一篇,也就是说,《礼魂》是《国殇》的"乱辞"。而《国殇》也本来不在《九歌》之中,是在流传过程中加入到《九歌》中的,两诗合并后,变成现在的面貌。诗云:

> 操吴戈兮披犀甲,车错毂兮短兵接。
> 旌蔽日兮敌若云,矢交坠兮士争先。
> 凌余阵兮躐余行,左骖殪兮右刃伤。
> 霾两轮兮絷四马,援玉枹兮击鸣鼓。
> 天时坠兮威灵怒,严杀尽兮弃原野。
> 出不入兮往不反,平原忽兮路超远。
> 带长剑兮挟秦弓,首身离兮心不惩。
> 诚既勇兮又以武,终刚强兮不可凌。
> 身既死兮神以灵,魂魄毅兮为鬼雄。(以上原《国殇》)
> 成礼兮会鼓,传芭兮代舞,姱女倡兮容与。
> 春兰兮秋菊,长无绝兮终古。(以上原《礼魂》)

《楚辞章句》指出，国殇"谓死于国事者。《小尔雅》曰：'无主之鬼谓之殇。'"① 戴震《屈原赋注》云："殇之义二：男女未冠（二十岁）笄（十五岁）而死者，谓之殇；在外而死者，谓之殇。殇之言伤也。国殇，死国事，则所以别于二者之殇也。歌此以吊之，通篇直赋其事。"② 王泗原《楚辞校释》云："祀为国战死者。非考终命，即非正命而死，曰殇。殇而曰国殇，鬼而曰鬼雄，颂扬之极，尊崇之至。"③ 在战场上阵亡的战士为国捐躯，国家是他们的祭主，所以称作"国殇"。

根据《史记·楚世家》，楚怀王十七年（公元前269年），与秦战丹阳。秦大败楚军，斩甲士八万，虏大将屈匄，遂取汉中郡。楚悉国兵复袭秦，大败于蓝田，二十八年，秦与齐、韩、魏共攻楚，杀楚将唐昧，取重丘，二十九年，秦复攻楚，大败楚军，死者二万，杀将军景缺，三十年，秦复伐楚，取八城。楚顷襄王元年（公元前298年），秦攻楚，大败楚军，斩首五万。④ 由于强秦的不断侵袭，楚国在战争中付出了惨痛的代价。

《国殇》是阵亡将士的祭歌，表现出了极其沉痛的心情。诗歌前十句对战争场景的描写颇具历史真实感。"旌蔽日兮敌若云"，这是一场敌众我寡的殊死战斗，但将士们仍个个奋勇争先。当敌人来势汹汹，欲长驱直入时，主帅仍毫无惧色，他举槌擂响了进军的战鼓，一时杀气冲天，苍天也跟着威怒起来。但最终寡不敌众，战场上只留下一具具尸体，静卧荒野。不过十句，却将一场殊死恶战写得栩栩如生，极富感染力。后八句用饱含情感的笔触，讴歌死难将士。出征时不顾路途遥远，前程渺茫，甘愿从军，为国捐躯；战场上虽身首分离却仍然带剑持弓，表情毫无畏惧，将士们英勇刚强，忠魂义魄，永不泯灭！篇中不但歌颂了英雄们的崇高品质和英勇精神，而且最后以"魂魄毅兮为鬼雄"作结，对洗雪国耻寄予了无限希冀，体现了广大人民同仇敌忾的决心。屈原在本篇采取了直赋其事的表现手法，和其他各篇殊异。这种由热烈、慷慨、悲壮的气氛所形成的风格，在

---

① 《楚辞补注》卷二，第83页。
② 《屈原赋注·九歌》，第34页。
③ 王泗原：《楚辞校释·九歌》，人民教育出版社1990年版，第243页。
④ 《史记》卷四〇，第1724页。

《九歌》中独树一帜。

　　旧说以为《礼魂》是致礼于善终者的祭歌。我们认为它应该是《国殇》的"乱辞",是对国殇之魂的赞美。蒋骥《山带阁注楚辞》:"礼魂,盖有礼法之士,如先贤之类,故备礼乐歌舞以享之,而又期之千秋万祀而不祧也。"①《礼魂》的这一部分功能在这里针对的应该只是《国殇》一篇而已。在完成了对阵亡将士的祭祀过程后,重申祭祀时的虔诚,并以祀典终古不绝作结,以表现无尽的怀念之意。

七、哀而艳的书写风格

　　《九歌》是一组带有神话色彩的作品,它的意境瑰丽缥缈,想象优美丰富,语言奇丽清新,描写细腻神妙,再赋以高洁芳香的比兴手法,整个诗篇像一件精美绝伦的艺术佳作。凡读《九歌》者,无不被它巨大的艺术魅力所打动。

　　《九歌》借助描绘神的活动达到抒发个人感情的目的。屈原的书写,总是伴随着神的世界。屈原独特的魅力,既表现在其独特的富于悲剧性的生活经历方面,也表现在奇特的性格和不合时势的思想行为方面,更表现在他的作品作为抒情诗的顶点而独有的书写风格方面。楚辞是以抒情为目的的,但是,其抒情的特点又蕴涵在对事件、个人遭遇、感情的叙述之中。其独特的遭遇和感情正是通过奇特的叙述方式体现的,因此,屈原作品经久不衰的艺术成就也体现在作为抒情诗的叙述方式方面,其叙述方式的奇特性是其艺术成就的重要组成部分。就这个特点而言,《九歌》在其中具有典型意义。

　　《九歌》以非人间所实有的神祇鬼魂为表现对象,所写无不是荒诞的情节、景致,但却具有相当的感染力,这在很大程度上得益于作者丰富的想象力。无论是神的形象构建还是空间场景的描绘,均体现了作者这种大胆奇特超现实的想象力,这是《九歌》书写风格的一个显著特征。这种想象破除了天上与人间,过去与现在的界限与距离,把客观存在的人与事物和出于幻想的天神鬼怪、幻境异物

---

① 《山带阁注楚辞》,第67页。

都拿来搭建诗的内容,从而创制出了宏伟瑰丽的抒情形象,使诗歌呈现出飘渺迷离、谲怪神奇的美学特征。如诗歌中关于鬼神爱情生活的描写,细致入微,感人至深,他能在深刻把握主人公心灵的基础上,辅以服饰及环境的刻画,创作出如湘君、湘夫人、山鬼等流传千古的动人故事。

《九歌》善于在情景交融的意境中,创造独特的具有象征意义的比兴效果。如《湘夫人》诗云:"沅有茝兮澧有兰,思公子兮未敢言。荒忽兮远望,观流水兮潺湲。"以水边泽畔的香草兴起对伊人的默默思念,又以流水的缓缓而流暗示远望中时光的流逝,可谓人物相感、情景合一,具有很强的感染力。该诗中还有一个比较特殊的比兴手法的运用,即以"鸟何萃兮蘋中,罾何为兮木上"的反常现象来比喻望断秋水却不见伊人的湘君内心的失望和困惑。

《九歌》是屈原华艳文风的代表作。《九歌》写娱神、恋爱、鼓瑟、争战等,都有一种不同寻常的华丽气派和博大气势。同时,又通过差异性体现了丰富性。同样是描述神的舞姿,在描述云中君时,作者根据云的特征来塑造云神形象,用"连蜷"来形容云神"临坛"时的舞姿,而写东皇太一时则用"偃蹇",虽然描述都极为简单,却都抓住了天神形象的特征。再如在对山鬼形象刻画时,作者并未刻意雕琢,使用的也是寻常的毫不生僻的文字,然而刻画的山鬼神态,描绘的山中景物,都是那样的完美和谐。贺贻孙赞其诗句"凭空点缀,字字奇绝"[①]。再如"竦长剑兮拥幼艾"的少司命形象,那一手挺着长剑、一手抱着幼儿的造型,可以说是我国诗歌创作历史画廊中最具光彩的形象之一。又如写仪容服饰之美,《东皇太一》云:"灵偃蹇兮姣服,芳菲菲兮满堂。"《云中君》云:"浴兰汤兮沐芳,华采衣兮若英。"展现乐舞声情之美,《东君》云:"翾飞兮翠曾,展诗兮会舞。应律兮合节,灵之来兮蔽日。"《礼魂》云:"成礼兮会鼓,传芭兮代舞,姱女倡兮容与。"描写环境之美,《少司命》云:"秋兰兮麋芜,罗生兮堂下。绿叶兮素枝,芳菲菲兮袭予。"《湘夫人》云:"筑室兮水中,葺之兮荷盖。荪壁兮紫坛,播芳椒兮成堂。桂栋兮兰橑,辛夷楣兮药房。罔薜荔兮为帷,擗蕙櫋兮既张。白玉兮为镇,疏石

---

① [明]贺贻孙:《骚筏·九歌》,清道光二十六年敕书楼水田居丛刊重刻本,吴平主编:《楚辞文献集成》第二十四册,第17478页。

兰兮为芳。芷葺兮荷屋，缭之兮杜衡。"《九歌》词藻优美，音韵铿锵悦耳，构成一个富于艺术魅力的玲珑剔透、晶莹美妙的艺术天地。

《九歌》有娱神的目的，因此场景具有娱乐性，其遣词造句也追求忧郁之中的轻松活泼。《东皇太一》写迎神，时间是"吉日兮辰良"，其目的是"穆将愉兮上皇"，又有长剑玉珥，美玉琳琅，瑶席玉瑱，食有蕙肴桂酒，乐有枹鼓竽瑟，其歌舒缓安详，"芳菲菲兮满堂，五音纷兮繁会，君欣欣兮乐康"。《云中君》写云中君出现："浴兰汤兮沐芳，华采衣兮若英。灵连蜷兮既留，烂昭昭兮未央。謇将憺兮寿宫，与日月兮齐光。龙驾兮帝服，聊翱游兮周章。灵皇皇兮既降，飙远举兮云中……"陈设既豪华而贵重，服饰也鲜艳而珍贵，气氛则轻盈而有喜剧性。其他诸篇，也大抵相类似。

《九歌》表面上轻松活泼，但在字里行间，却有着淡淡的哀愁。所写并非人间实有而是虚构的、荒诞的情节与景致，但诗人又在其中加注了人间喜剧性，如自《云中君》至《山鬼》八篇，用独白或对白的方式陈述诸自然神的故事，其主流当然是欢乐而轻快的基调，神之去留，壮丽而气派，但因离合不定，也不免欢中有悲。

《九歌》从《云中君》至《山鬼》八篇，因有"夫君""美人""公子"之类的词语，而所写情景，又颇类似男女情爱。应该说，《九歌》此八篇牵涉男女情爱，只是作者所运用的一种娱神以娱人的喜剧手段而已，写神与神之爱恋，以及人之思神的惆怅，一方面是给神加上一点喜剧色彩，另一方面也表现了人神相隔，人对神的敬畏。

《湘夫人》为我们描绘了一幅望穿秋水的画面。"帝子降兮北渚，目眇眇兮愁予"，描写了湘君在北渚久等湘夫人不至那种望眼欲穿的焦急心情。紧接着"嫋嫋兮秋风，洞庭波兮木叶下"，则通过环境和气氛的描写衬托了主人公内心的忧愁：萧索的悲秋时节，阵阵秋风，吹起了洞庭的波涛，吹落了片片枯黄的叶子，我所思念的人啊，他在哪里呢？提起悲秋文学，人们常常想到的是宋玉的《九辩》，实际上《湘夫人》的意境创造与《九辩》有异曲同工之妙，所以胡应麟认为《湘夫人》"嫋嫋兮秋风，洞庭波兮木叶下"与《九辩》的"悲哉，秋之为气也！萧瑟兮，草木摇落而变衰。憭慄兮，若在远行，登山临水兮送将归"，"模写秋意入神，皆千古言秋之祖。"①再来看《山鬼》，林深杳冥，白日昏暗，淫雨连绵，猿啾狖鸣，风木悲号，谁能不同情此种氛围之下的那披薜荔戴女萝、含睇善笑的山鬼？再如《湘夫人》中湘君幻想与湘夫人如愿相会的情景，他们建在水中央的庭堂是由荷、荪、椒、桂、兰、辛夷、药、薜荔、蕙、石兰、芷、杜衡等十多种奇花异草香木构筑修饰的。作者之所以不厌其烦地列举，目的就是想极力表现约会地点的华美艳丽，以流光溢彩的外部环境来烘托和反映人物内心的欢乐和幸福。

《九歌》中若就缠绵悱恻、凄婉动人而言，则以《湘君》《湘夫人》《山鬼》最有代表性。《湘君》《湘夫人》写思念之情，情绪跌宕起伏，期待、追寻、梦幻、误会，构成虚诞而凄迷的意境，笼罩着离愁别绪。《山鬼》则写"含睇""宜笑""善窈窕"的美丽女子细腻而复杂的期待心情，由期待而失望，由失望而悲哀。《国殇》篇则展现了争战将士慷慨悲壮、英勇向前、轻生赴死的侠气，他们"身既死兮神以灵，子魂魄兮为鬼雄"，自有一种悲壮的美丽。闻一多认为《国殇》与《云中君》至《山鬼》诸篇的"哀艳"不同，此诗"铺陈战争的壮烈，赞颂战士的英勇"，是"悲壮"，"似《小雅》"的"挽歌"。②

《文心雕龙·辨骚》言《九歌》"绮靡而伤情"，精确地概括了《九歌》意境所具有的荒诞而凄迷的特征。明人冯觐说《九歌》"情神惨惋，词复骚艳，喜读之可以佐歌，悲读之可以当器。清商丽曲，备尽情态矣"③。发见《九歌》悲喜交融、惨艳兼具的特征，正是不易之论。闻一多称此八篇为"恋歌"，以为其内容是"用独白或对白的方式陈述悲欢离合的故事"，"哀艳"，"似风"。④虽然以《九歌》为恋歌，有把《九歌》内容简单化之嫌，但是，认为用独白或对白的方式陈述悲欢离合的故事，却大体近之。《九歌》诸篇借哀婉语言使其所塑造的抒情形象愁神凄凉，

---

① [明]胡应麟：《诗薮》内编卷一，上海古籍出版社1979年版，第5页。
② 闻一多：《〈九歌〉的结构》，《中国社会科学》1980年第4期。
③ [明]蒋之翘：《七十二家评楚辞》卷二《九歌》，明天启六年蒋之翘楚辞刻本，第131页。吴平主编：《楚辞文献集成》第二十二册，第15517页。
④ 闻一多：《〈九歌〉的结构》，《中国社会科学》1980年第4期。

两情迷惘,皆情态尽显。清陈本礼认为《九歌》"激楚扬阿,声音凄楚,所以能动人而感神也"。① 清沈德潜《说诗晬语》说"《九歌》哀而艳"。② 这些论述指出了《九歌》悲喜交融、惨艳兼具的特征,精确地概括了《九歌》意境所具有的哀婉华艳的书写特征。

---

① 《屈辞精义·九歌》,《楚辞文献集成》第十五册,第10521页。
② 丁福保等编:《清诗话》中,上海古籍出版社1982年版,第529页。

第七章 《九章》主题辨析

《九章》是《楚辞》中屈原所作的一组诗歌。《史记·屈原贾生列传》说，楚怀王被秦国留置以后，"长子顷襄王立，以其弟子兰为令尹。楚人既咎子兰以劝怀王入秦而不反也。屈平既嫉之，虽放流，眷顾楚国，系心怀王，不忘欲反，冀幸君之一悟，俗之一改也。其存君兴国而欲反覆之，一篇之中三致志焉。"[①] 在楚顷襄王即位以后，屈原继续着从楚怀王开始的放流生活，并且写了不少诗篇，这些诗篇都有"存君兴国"之意，表达了对楚国执政者的批评，以及期望楚怀王能有回归楚国的一天。屈原相信，如果楚怀王有机会从秦国返国，可能就会认识到自己过去的错误，能与趋炎附势的小人有所割裂。遗憾的是，秦国没有给楚怀王机会，楚怀王也就没有机会改正自己的错误。这里提到的"一篇之中三致志焉"，应该是就《九章》而言。

《九章》的主旨与《离骚》高度契合，其书写方式也与《离骚》相类似。比如《离骚》借助自然物象以喻人事，如美、恶、香、臭象征忠、佞、君子、小人等，以灵修美人等譬喻君臣。而《九章》各篇也使用此种比兴手法，如《抽思》曰："矫以遗夫美人"，"与美人抽怨兮"。又如《思美人》曰："思美人兮擥涕而伫眙。"又如《惜往日》曰："妒佳冶之芬芳兮，嫫母姣而自好；虽有西施之美容兮，谗妒人以自代。"《九章》中也常出现作为男女婚姻媒介的媒理之人，如《抽思》曰："好姱佳丽兮，牉独处此异域。既惸独而不群兮，又无良媒在其侧"，"理弱而媒不通兮"。《思美人》曰："媒绝路阻兮"，"令薜荔以为理兮，惮举趾而缘木；因芙蓉而为媒兮，惮褰裳而濡足。"可以说，《九章》就是《离骚》的续篇。过去的《楚辞》注释

---

① 《史记》卷八四，第 2484 页。

者把《九章》等看作是《离骚经》的传,所以目录标注的时候写作《离骚九歌传》《离骚天问传》《离骚九章传》《离骚远游传》《离骚卜居传》《离骚渔父传》,把《九辩》等标为《续离骚九辩》《续离骚招魂》《续离骚大招》等,虽有画蛇添足之嫌,却也不能说没有道理。①

一、《九章》的写作和编辑

《楚辞章句·离骚经序》说:"是时,秦昭王使张仪谲诈怀王,令绝齐交。又使诱楚,请与俱会武关,遂胁与俱归,拘留不遣,卒客死于秦。其子襄王,复用谗言,迁屈原于江南。屈原放在草野,复作《九章》,援天引圣,以自证明,终不见省。不忍以清白久居浊世,遂赴汨渊自沈而死"②,认为《九章》是屈原在楚顷襄王时被迁在江南,于流亡期间所作。

关于《九章》的写作时间和写作缘起,自汉以来,学者的意见都非常统一。从王逸到朱熹,都认为《九章》是屈原被放逐之后而作,表达其遭放逐后的心情。他思念祖国,心忧至极,满怀的心思都凝结于一咏三叹的《九章》中。

班固在《离骚赞序》中曰:"怀王终不觉寤,信反间之说,西朝于秦。秦人拘之,客死不还。至于襄王,复用谗言,逐屈原。在野又作《九章》赋以风谏,卒不见纳。不忍浊世,自投汨罗。原死之后,秦果灭楚。其辞为众贤所悼悲,故传于后。"③班固说《九章》写于楚顷襄王之时,此时屈原因楚顷襄王听信谗言,被驱逐在野。《楚辞章句·九章序》说:"《九章》者,屈原之所作也。屈原放于江南之野,思君念国,忧心惘极,故复作《九章》。章者,著也,明也。言己所陈忠信之道,甚著明也。卒不见纳,委命自沈。楚人惜而哀之,世论其词,以相传焉。"④王逸也认为顷襄王时期,因君王听信小人谗言,屈原再次遭到放逐,在此期间完成

---

① 《楚辞集注·楚辞目录》,第 1—3 页。
② 《楚辞补注》卷一,第 2 页。
③ 同上书卷一,第 51 页。
④ 同上书卷四,第 120—121 页。

了《九章》。

洪兴祖《楚辞补注》在《九思序》注中引唐皮日休《九讽叙》云："屈平既放，作《离骚经》。正诡俗而为《九歌》，辨穷愁而为《九章》。是后词人摭而为之，若宋玉之《九辩》，王褒之《九怀》，刘向之《九叹》，王逸之《九思》，其为清怨素艳，幽怏古秀，皆得芝兰之芬芳，鸾凤之毛羽也。杨（扬）雄有《广骚》，梁竦有《悼骚》，不知王逸奚罪其文，不以二家之述为《离骚》之两派也。"① 皮日休认为屈原《九章》在"辨穷愁"，宋玉、王褒、刘向、王逸以及扬雄、梁竦等人的作品都与《离骚》精神一脉相承。

朱熹《楚辞集注·九章序》说："《九章》者，屈原之所作也。屈原既放，思君念国，随事感触，辄形于声。后人辑之，得其九章，合为一卷，非必出自一时之言也。今考其词，大氐多质直无润色，而《惜往日》《悲回风》又其临绝之音，以故颠倒重复，倔强疏卤，尤愤懑而极悲哀，读之使人太息流涕而不能已。董子有言：'为人君者不可以不知《春秋》，前有谗而不见，后有贼而不知。'呜呼，岂独《春秋》也哉！"② 朱熹认为《九章》是屈原在被放逐以后的漫长过程中所写，不一定是一时所作，后人把屈原这期间所写的作品中的九篇合为《九章》。而屈原作《九章》有孔子作《春秋》的意义。

《九章》是屈原被放逐之时所写，但时间跨度应该比较长。这些作品基本上作于楚顷襄王时期，但也不排除有些作品可能作于楚怀王时期。由于《九章》的编辑者是后来人，所以《九章》篇目的先后顺序是否和创作时间相关，也是一件难以确定的事情。

《九章》包括《惜诵》《涉江》《哀郢》《抽思》《怀沙》《思美人》《惜往日》《橘颂》和《悲回风》等九篇。《九章》之"九"应该是实数，表示《九章》共有九篇作品。"章"本义是指乐曲的结束部分，也可以指乐曲结构的一个组成部分，《说文解字》云："章，乐竟为一章。"③ 由乐章进而引申为诗词、文章的一篇，所以

---

① 《楚辞补注》卷一七，第313—314页。
② 《楚辞集注》卷四，第72页。
③ ［汉］许慎撰，［五代］徐铉等校：《说文解字》第三上《音部》，上海古籍出版社2007年版，第122页。

"九章"在这里就是九篇文章的意思。之所以叫《九章》，还有可能是参考了《九歌》《九辩》之名。因为要以"九"命名，所以《远游》《卜居》《渔父》三篇作品也就单独存在了。

在传世文献中，《九章》之名最早见于刘向《九叹·忧苦》："叹《离骚》以扬意兮，犹未殚于《九章》。"① 这说明《九章》之名虽不见于《史记》，但至少在刘向时期，已经存在了。按照《楚辞释文》的次序，《楚辞》首先的编辑者可能是宋玉，他编辑了《离骚》和《九辩》两篇。而《九歌》《天问》《九章》《远游》《卜居》《渔父》《招隐士》的编辑者应该是淮南小山或者淮南王刘安。淮南小山和刘安的时代略早于司马迁，《史记·屈原贾生列传》参考了淮南王刘安所作的《离骚传》，或者大部分内容就是《离骚传》。而《史记·屈原贾生列传》提到了《九章》之中的《哀郢》《怀沙》，这说明如果真是淮南小山或者刘安编辑《九章》，就应该是在完成《离骚传》之后。《史记·淮南衡山列传》曰："及建元二年，淮南王入朝。"② 汉武帝建元二年为公元前139年。刘安受诏上《离骚传》，就应该在公元前139年。汉武帝元狩元年，淮南王刘安因谋反事发，自杀。元狩元年是公元前122年。或许《九章》的编成时间，应该就在公元前139年至公元前122年之间。《九章》编成后，司马迁可能并未见到。

刘安好读书，又好楚辞，《楚辞》之中收有淮南小山的《招隐士》，但淮南小山之名不见于其他同时期典籍记载。《楚辞章句·招隐士序》说："《招隐士》者，淮南小山之所作也。昔淮南王安，博雅好古，招怀天下俊伟之士。自八公之徒，咸慕其德，而归其仁，各竭才智，著作篇章，分造辞赋，以类相从，故或称小山，或称大山。其义犹《诗》有《小雅》《大雅》也。小山之徒，闵伤屈原，又怪其文昇天乘云，伇使百神，似若仙者，虽身沈没，名德显闻，与隐处山泽无异，故作《招隐士》之赋，以章其志也。"③《楚辞章句》这里提到的淮南小山、大山，可能就是淮南王刘安的化名。《汉书·淮南衡山济北王传》曰："淮南王安为人好书，鼓琴，

---

① 《楚辞补注》卷一六，第300页。
② 《史记》卷一一八，第3082页。
③ 《楚辞补注》卷一二，第232页。

不喜弋猎狗马驰骋，亦欲以行阴德拊循百姓，流名誉。招致宾客方术之士数千人，作为《内书》二十一篇，《外书》甚众，又有《中篇》八卷，言神仙黄白之术，亦二十余万言。时武帝方好艺文，以安属为诸父，辩博善为文辞，甚尊重之。每为报书及赐，常召司马相如等视草乃遣。初，安入朝，献所作《内篇》，新出，上爱秘之。使为《离骚传》，且受诏，日食时上。又献《颂德》及《长安都国颂》。每宴见，谈说得失及方技赋颂，昏莫然后罢。"① 刘安于《楚辞》及方技赋颂如此博学，他写《招隐士》并放置在所收集楚辞的最后，是符合《楚辞》成书过程的。《招隐士》最后说："虎豹斗兮熊罴咆，禽兽骇兮亡其曹。王孙兮归来，山中兮不可以久留。"② 诗句兼有《九歌》和《招魂》的体制，而"王孙"一词，并不见于《楚辞》其他篇章，而淮南王刘安以王孙自居，也是再合适不过了。至于刘向编辑《楚辞》时不用淮南王刘安的本名，或者是刘安本人故意隐藏，或者因他谋反而自杀，所以编辑者隐蔽其名，亦未可知。

《九章》中的各篇命名，如《惜诵》《悲回风》《惜往日》《思美人》与《诗经》作品命名体例相似，都是取自首句中的文字，其他篇章如《涉江》《哀郢》《怀沙》《橘颂》等，是根据诗歌内容而命名。《抽思》应该也是根据诗歌内容而命名的，不过也存在不同意见。《九章》九篇作品，除了《橘颂》为咏物诗之外，其他大都真实地反映了屈原在流放期间的踪迹以及他的心理活动，我们可以从这些作品中寻觅屈原的活动轨迹，体会他那忧伤、彷徨的心情。

二、徘徊不去——《惜诵》《涉江》《哀郢》述论

《惜诵》是《九章》的第一篇。关于《惜诵》的题意，《楚辞章句》在解释"惜诵以致愍兮"时说："惜，贪也。诵，论也。致，至也。愍，病也。言己贪忠信之道，可以安君。论之于心，诵之于口，至于身以疲病，而不能忘。""惜诵"就是反

---

① 《汉书》卷四四，第 2145 页。
② 《楚辞补注》卷一二，第 234 页。

复说忠信之道。洪兴祖《楚辞补注》说："惜诵者,惜其君而诵之也。"① 洪兴祖认为屈原是因怜惜楚王而反复说。林云铭《楚辞灯》解释说："惜,痛也。即《惜往日》之'惜'。不在位而犹进谏,比之矇诵,故曰诵。愍,忧也。言痛己因进谏而遇罚,自致其忧也。"② 林云铭认为惜是痛惜的意思。屈原遭到放逐之后,不在其位却仍然劝谏楚王,就像是矇诵一样,所以称为诵。

按"惜诵以致愍兮"即惜因诵而导致忧患,"惜"即痛惜,可惜。痛惜的对象是"诵以致愍"。因此,"惜诵"的篇名实际是"惜诵以致愍"的省称。"诵"为言论。"惜诵"就是痛惜因言获罪。《九章·思美人》曰："惜吾不及古人兮,吾谁与玩此芳草。"《九章·惜往日》曰："惜往日之曾信兮,受命诏以昭诗。"《惜誓》曰："惜余年老而日衰兮,岁忽忽而不反。"《七谏·沉江》曰："终不变而死节兮,惜年齿之未央。"《七谏·自悲》曰："哀独苦死之无乐兮,惜予年之未央。"上述所见的"惜",大体都是这个意思。《九叹·离世》曰："不顾身之卑贱兮,惜皇舆之不兴。"这句话可以对应《离骚》之"岂余身之殚殃兮,恐皇舆之败绩!""恐""惜"都表示担心之意,不过,"恐"在未然状态,而"惜"是已然状态。

《惜诵》可以看作是屈原因忠直而被君主和同僚排斥的自伤之作。关于《惜诵》的主题,洪兴祖《楚辞补注》说："此章言己以忠信事君,可质于明神,而为谗邪所蔽,进退不可,惟博采众善以自处而已。"③ 林云铭《楚辞灯》说："此屈子失位之后,又因事进言得罪而作也。首出誓词,以自明其心迹,继追言前此失位,在于犯众忌、离众心所致。中说此番遇罚,因思君至情,忘其出位言事之罪。然后以众心之离、众忌之谤,痛发二大段,总以事君不二之忠作线。末以不失素守之意结之,仍是作《离骚》本旨。"④ 这个说法是准确的。

林云铭提出《惜诵》乃是屈原在楚怀王时期被疏后于汉北所写,因为其中只说了"遇罚",并未明言放流。游国恩《屈原作品介绍》则认为"惜诵是喜欢谏

---

① 《楚辞补注》卷四,第 121 页。
② 《楚辞灯》卷三,第 91 页。
③ 《楚辞补注》卷一三,第 128 页。
④ 《楚辞灯》卷三,第 95 页。

诤的意思。《九章》各篇只有这一篇不是放逐时所作的。因为从文字中不但找不出丝毫有关放逐的迹象，而且有很多话反可以证明它只是反映了被谗失职时的心情。"①游国恩先生还举例说明"竭忠诚以事君兮，反离群而贽肫"，"忠何罪以遇罚"，"纷逢尤以离谤"，"退静默而莫余知兮，进号呼又莫吾闻。申侘傺之烦惑兮，中闷瞀之忳忳"，"欲儃佪以干傺兮，恐重患而离尤。欲高飞而远集兮，君罔谓女何之"，"恐情质之不信兮，故重著以自明"，都不是被放逐以后的语气和心态。但认为"惜诵"是喜欢谏诤，这个说法可能并不准确，不过他对《惜诵》写作时间的推测应该是有道理的。汪瑗《楚辞集解》也认为"大抵此篇作于谗人交构，楚王造怒之际，故多危惧之词，然尚未遭放逐也"②。有人认为《惜诵》与《离骚》的创作时间相差不多，屈原因为写了《离骚》而遭到君王的处罚，所以他又写一篇以表明态度。

《惜诵》的内容和结构，与《离骚》前半部分有重叠之处。一开始就描写了诗人遭到谗言被疏离而进退不得的心情。诗人毫不掩饰地抒发自己的忧伤，反复强调自己"竭忠诚以事君兮，反离群而贽肫"，"言与行其可迹兮，情与貌其不变"，"吾谊先君而后身兮，羌众人之所仇也"，"壹心而不豫兮，羌不可保也"，"思君其莫我忠兮，忽忘身之贱贫。事君而不贰兮，迷不知宠之门"，竭尽忠诚地服务于君王，却不为人所容，不懂得谄媚的他，被那些奸佞的臣子所谗言，但他仍旧言行如一，不愿与那些道貌岸然者同流合污。

自"昔余梦登天兮，魂中道而无杭"开始，诗人用他那无尽的想象力假设了一段对话。他梦到自己登上了天庭，魂魄走到一半却无路可进。他让厉神占卜，厉神说他"有志极而无旁"，意即他虽然志存高远，却没有依靠。他担心自己"终危独以离异兮"，厉神曰："君可思而不可恃"，"故众口其铄金兮，初若是而逢殆。惩于羹者而吹齑兮，何不变此志也"。君王可以思慕，但不能依靠。众口一词的坏话能熔化金子，依靠君王会有灾难。"晋申生之孝子兮，父信谗而不好。行婞直而不豫兮，鲧功用而不就。吾闻作忠以造怨兮，忽谓之过言。"即使是晋太子

---

① 《游国恩楚辞论著集》第四卷，第99页。
② 《楚辞集解》，第146页。

申生那样的孝子,他的父亲也会听信谗言不喜欢他。行为刚直却不和顺的鲧,他的功业也未完成。可见忠臣是需要付出代价的。"欲高飞而远集兮,君罔谓汝何之? 欲横奔而失路兮,坚志而不忍。背膺牉以交痛兮,心郁结而纡轸。"他不会像那些奸邪的人一样,设置机关取悦君王,他仍坚定地在自己的正义之路上狂奔,即使那痛苦如同胸口撕裂一般难忍。最后以"恐情质之不信兮,故重著以自明。矫兹媚以私处兮,愿曾思而远身"结束全文。林云铭认为"重著"说的是"言作《离骚》之后,再著是篇也。应篇首'发愤抒情'句"①。林云铭之解释虽属臆测,不过也可自圆其说。

《涉江》是《九章》的第二篇。洪兴祖《楚辞补注》曰:"此章言己佩服殊异,抗志高远,国无人知之者,徘徊江之上,叹小人在位,而君子遇害也。"②《涉江》作于屈原被迁于江南的途中,是其渡江南行时创作的作品。屈原品行高洁,志向高远,楚国却没有人理解他,因此他在江上徘徊,叹息社会黑白颠倒,小人得志而君子遇害。沅水流域的山川景物引起了诗人的遐思。深山密林险峻幽邃的景象,与诗人寂寞悲怆的心境相呼应,情景交融,抒情与叙事实现完美结合。那多情的山水无一不透露着诗人忧愁的心。这一切在《涉江》中皆渗透着无尽的惆怅。这首诗的写作时间,大体在《思美人》之后,《怀沙》《惜往日》之前。屈原在被逐后,先东行,后折返南行。游国恩《屈原作品介绍》认为"《涉江》是顷襄王二十一年以后,屈原溯江而上,入于湖湘时作。从篇中的地名和时令来看,它是紧接着《哀郢》而来的"③。这首诗中提到的枉渚、辰阳、溆浦等地名,在今湖南常德、怀化一带。汪瑗《楚辞集解》说:"此篇言己行义之高洁,哀浊世而莫我知也。欲将渡湘沅,入林之密,入山之深,宁甘愁苦以终穷,而终不能变心以从俗,故以《涉江》名之,盖谓将涉江而远去耳。末又援引古人以自慰,其词和,其气平,其文简而洁,无一语及壅君谗人之怨恨。"④ 汪瑗认为《涉江》写屈原哀叹混乱的社会没有人了解他,想要渡过湘水沅水,进入山林,宁愿过穷困的日子也心甘,但绝

---

① 《楚辞灯》卷三,第94—95页。
② 《楚辞补注》卷四,第132页。
③ 《游国恩楚辞论著集》第四卷,第102页。
④ 《楚辞集解》,第162页。

不同流合污，所以这篇文章取名为《涉江》。

诗歌开篇，屈原陈述自己的不凡："余幼好此奇服兮，年既老而不衰。带长铗之陆离兮，冠切云之崔嵬。被明月兮珮宝璐。"屈原从幼年就喜爱这身奇特的装束，如今进入暮年仍旧兴致不减。他的腰间佩带着长长的宝剑，头戴高高发冠，身上饰着明月珠，美玉配在腰间，这个形象如此真切，以至于后人都依据这里的描述为屈原画像。

紧接着，屈原任自己的思想驰骋："世混浊而莫余知兮，吾方高驰而不顾。驾青虬兮骖白螭，吾与重华游兮瑶之圃。登昆仑兮食玉英，与天地兮同寿，与日月兮同光。"这是多么奇幻的一系列活动，他要驾着那有角的青龙，带上无角的白龙，和重华大神一块在天空游弋。他要登上昆仑山品尝那美玉一般的花朵，要与天地同寿，与日月齐辉。他的想法如此美妙，但回眸现实，此地没人能了解他，故而他想渡过湘水，到那江南之地。自己高洁的志行不为人所知，他只能远涉江南，这便是原因所在。

从"乘鄂渚而反顾兮，欸秋冬之绪风"至"苟余心其端直兮，虽僻远之何伤"，主要介绍了屈原的行程路线，以及他无比惆怅的心情。他到了鄂渚，回头远望，悲叹秋冬时节的大风如此凄寒。他放任自己的马儿在山边泽畔，让自己的车子停在大片的林边。坐上船在沅水中上溯，众人一起举桨，划开水波。船儿在激流旋涡中徘徊不前。

"入溆浦余儃佪兮，迷不知吾所如。深林杳以冥冥兮，乃猿狖之所居。山峻高以蔽日兮，下幽晦以多雨。霰雪纷其无垠兮，云霏霏而承宇。哀吾生之无乐兮，幽独处乎山中。吾不能变心而从俗兮，固将愁苦而终穷。"屈原的心境和环境的阴幽体现出了一致性。也就是说，屈原善于营造情与景偕的意境，或者说屈原的忧郁使他对环境的逼仄有更敏锐的感受力。从枉陼到辰阳，进入溆浦后忧心彷徨，险恶的自然环境更引发屈原情绪的变化。那幽深的树林昏暗阴沉，猿猴栖息于中。那高峻的山遮住了太阳，只留下阴雨绵绵，一切都是如此晦暗。雪花也纷纷而落，让云层的浓重与屋檐相连。他孤苦寂寞地独坐山中，可又能有什么改变呢？他不能随波逐流，所以只能愁苦困穷地聊度此生。

屈原愤激于社会的不公平，但也明白不公平可能是社会常态。《涉江》曰："忠不必用兮，贤不必以。伍子逢殃兮，比干菹醢。与前世而皆然兮，吾又何怨乎今之人！"他知道忠直之人也会受到迫害，春秋时候的接舆剃去头发佯装疯狂，隐士桑扈裸体而行，伍子胥惨遭祸患，比干被剁成肉酱，那自古以来的忠臣都不能得到任用，那样的贤人也不能发挥才能，他又何必怨恨自己的君王呢？在与历史人物悲惨命运的参照中，他渐渐得到宽慰，可这其中也带着些愤慨之情。

屈原身处晦暗的环境中，愁思不断。但是他又如此勇敢地面对惨淡的人生，自我开解。这时他的心绪已经趋于平缓，不再是那猛烈的呐喊，虽然阴雨与忧伤相伴，但他已懂得坦然面对。这使得屈原的形象更为丰满且光辉夺目，与《离骚》中的形象交相辉映。

《涉江》寥寥数语就勾勒出了沅水流域的景色，让人极为称道，被认为是写景和纪行诗赋的代表性作品。胡文英《屈骚指掌》说："《涉江》篇，由今湖北至湖南途中所作，若后述征纪行之作也。"①

《哀郢》是《九章》的第三篇。"哀郢"即哀伤郢都，郢是楚国之都。根据《史记·楚世家》，周成王封熊绎于丹阳，公元前 690 年，楚武王去世，其子楚文王将楚国都城由汉水之北的丹阳迁都于郢，故而"哀郢"就是哀伤郢都。汪瑗在《楚辞集解》中指出此篇与顷襄王二十一年（公元前 278 年）秦将白起攻破郢都，楚人被迫离开郢都有关。②这个看法或许并不准确。我们认为屈原离开郢都的时间应该在楚怀王亡命秦国以后比较短的时间内。林云铭《楚辞灯》说："屈子被放九年，料不能复归郢都，故有是作。不曰'思郢'，而曰'哀郢'者，以顷襄初立，子兰为令尹，上官大夫等献媚固宠，妒贤害国，较之怀王之世尤甚。当初放时，已见百姓之震愆离散，不知此九年中更作何状？恐天不纯命，实有可哀者。若己之思返不得返，犹在第二义也。其追叙起行日，沿路怀忧，及既到后，登坟远望，而以谗人嫉妒之害与非罪弃逐之怨，找说于后。"③林云铭认为本篇是屈原在

---

① [清]胡文英：《屈骚指掌》卷三，北京古籍出版社 1979 年影印清乾隆五十一年刻本。
② 《楚辞集解》，第 172 页。
③ 《楚辞灯》卷三，第 128 页。

被流放九年后回忆起初放时情景而作的,这个观点是有道理的。另外,林云铭还认为旧注把"哀郢"解读为"思郢"是错误的,这个看法也是有道理的。

《哀郢》记叙了屈原离开郢都后沿洞庭湖东行一直到陵阳的行程,抒发了他对自己不幸遭遇的愤激,以及对郢都面临灾难的忧思。洪兴祖《楚辞补注》说:"此章言己虽被放,心在楚国,徘徊而不忍去,蔽于谗诌,思见君而不得,故太史公读《哀郢》而悲其志也。"① 可见该诗的写作时间应该在《涉江》之前。

《哀郢》从开篇就描写了国家危难、百姓生活不安定,自己遭受迫害而被迫迁徙的场景:"皇天之不纯命兮,何百姓之震愆?民离散而相失兮,方仲春而东迁。去故乡而就远兮,遵江夏以流亡。"屈原诘问为何天命无常,要让他这样的宗亲贵戚惊慌,而被迫流离失所。接着他记叙在仲春二月被迫逃亡的路线。"发郢都而去闾兮,怊荒忽其焉极?楫齐扬以容与兮,哀见君而不再得。望长楸而太息兮,涕淫淫其若霰。过夏首而西浮兮,顾龙门而不见。"向东而行,离开了郢都的城门,神情恍惚,看到路边故国的乔木也黯然神伤,回头看那郢都龙门,已经难觅踪影。心怀着不舍与牵挂,一路漂泊,流寓他乡。

屈原乘船顺流而下,上游是洞庭,下游是长江,于是漂流着来到东方。"将运舟而下浮兮,上洞庭而下江。去终古之所居兮,今逍遥而来东。羌灵魂之欲归兮,何须臾而忘反!背夏浦而西思兮,哀故都之日远。登大坟以远望兮,聊以舒吾忧心。哀州土之平乐兮,悲江介之遗风。当陵阳之焉至兮,淼南渡之焉如?"屈原是如此思念故土,一遍遍沉吟着故乡的名字,他的灵魂也想着回乡。登上沙洲远眺,那短暂的回望也能稍微缓解他的忧伤。荆楚大地曾经富饶安乐,而今,已经是断壁丘墟,一片荒凉。"惟郢路之辽远兮,江与夏之不可涉。忽若去不信兮,至今九年而不复。"屈原回忆自己离开郢都的时间,已经有九年之多了。但心中忧郁的块垒始终难以放下,他不住地回想,可那回到郢都的路是那么遥远,那江水、夏水是那么地难以渡过。

屈原在流亡过程中,不忘楚国,更不忘自己的立场。在对往事的回顾中,屈原认为楚国的灾难,是因奸佞之人误国而产生:"忠湛湛而愿进兮,妒被离而鄣

---

① 《楚辞补注》卷四,第 137 页。

之。尧舜之抗行兮,瞭杳杳而薄天。众谗人之嫉妒兮,被以不慈之伪名。憎愠愉之修美兮,好夫人之忼慨。众踥蹀而日进兮,美超远而逾迈。"忠直之士虽然愿意有所作为,却被嫉妒的小人们从中阻挠,谗佞之人甚至连尧舜也会攻击,楚王与这样的小人为伍,忠直之人也只能被迫远走他乡了。

屈原在《哀郢》里将纪事与抒情圆融为一体,反复表达自己的愁苦悲哀之情:"出国门而轸怀兮","望长楸而太息兮","顾龙门而不见","心婵媛而伤怀兮","惨郁郁而不通兮,蹇侘傺而含慼"。这些诗句如此感伤,让人看到了他每走一步都有三顾之忧。在《哀郢》乱辞中,屈原重申了他的家国情怀:"曼余目以流观兮,冀壹反之何时?鸟飞反故乡兮,狐死必首丘。信非吾罪而弃逐兮,何日夜而忘之?"屈原睁大双眼环顾四周,盼望着有朝一日能回去一次。因为鸟儿们终究是要回到自己出生的树林,狐狸死时头也会朝着故土的山丘。自己有何罪过呢,竟要饱尝这思念故都的哀伤。

三、忧思难忘——《抽思》《怀沙》《思美人》述论

《抽思》是《九章》的第四篇。一般认为,《抽思》之名,取自篇末少歌中"与美人抽怨兮,并日夜而无正"的诗句。游国恩在《屈原作品介绍·抽思》中说:"'抽思'是排遣愁闷的意思,因篇中'少歌'有'与美人抽思'的话,故取以名。篇末'乱'辞云:'道思作颂,聊以自救兮。'这就是'抽思'二字的注脚。"[1] 不过,一般都作"与美人抽怨兮",只有朱熹的《楚辞集注》作"抽思"[2],因此,"抽思"二字很可能是从《抽思》一篇中概括的大义,不一定就是从诗句中来。《九章》中,除《惜诵》外,其他两个字命名的诗篇《涉江》《哀郢》《怀沙》《橘颂》也不是来自文中诗句。当然,也可能本应叫"忧思",取第一句"心郁郁之忧思兮,独永叹乎增伤"为名,后讹为"抽思"。《抽思》全篇始终不断表达忧思的情感或可为此提供证据。因此,这篇作品叫"忧思"可能比叫"抽思"更恰当。

---

[1] 《游国恩楚辞论著集》第四卷,第100页。
[2] 《楚辞集注》卷四,第84页。

关于"抽思"篇名，朱熹《楚辞集注》在解释"与美人之抽思兮"时说："抽，拔也。思，意也。"① 蒋骥《山带阁注楚辞》则解释说："抽，拔也。'抽思'犹言剖露其心思。"② 抽思意即剖露自己的心思，将自己郁结于内心的愁绪抒写出来。

《抽思》的写作时间，大体在完成《离骚》《惜诵》之后。其应该是屈原在楚怀王时不复在位，返回汉北"三户"封地做三闾大夫时期的作品。诗中说："心郁郁之忧思兮，独永叹乎增伤。思蹇产之不释兮，曼遭夜之方长。悲秋风之动容兮，何回极之浮浮。数惟荪之多怒兮，伤余心之忧忧。"这里明确提到了秋风。而"倡"辞说："有鸟自南兮，来集汉北。好姱佳丽兮，牉独处此异域。既惸独而不群兮，又无良媒在其侧。道卓远而日忘兮，愿自申而不得。望北山而流涕兮，临流水而太息。望孟夏之短夜兮，何晦明之若岁！惟郢路之辽远兮，魂一夕而九逝。"这里提到了汉北、孟夏，以及郢路辽远。可见，屈原在《抽思》中对他所在的地点与所处的时间有非常清楚的交代。蒋骥《山带阁注楚辞》也说："此篇盖原怀王时斥居汉北所作也。"③《抽思》表达了屈原对楚王未能任用他以继续开展美政事业的失望之情，这说明屈原离开楚国政治中心的时间并不长。

我们说《抽思》合理的篇名应该是"忧思"，诗歌表达了屈原在被疏远后，仍旧忧心国事，思念故都的情感，同时又包含着他心系怀王，愁苦难以自制的情绪。洪兴祖《楚辞补注》说："此章言己所以多忧者，以君信谀而自圣，眩于名实，昧于施报，己虽忠直，无所赴诉，故反复其词，以泄忧思也。"④ 这个概括是非常准确的。

与《九章》其他篇目相比，《抽思》在篇章结构上有其特别之处。前有正文，后有"乱曰"，这和其他篇章大体一致。但在正文之后，"乱曰"之前，又有"少歌曰"和"倡曰"。"少歌曰""倡曰"与"乱曰"一样，都是音乐组织形式的术语，在这里用来切割《抽思》的不同段落。《抽思》前半部分写去年秋天的事，后半部分则是写当年夏天之事。诗篇一开始即写他心绪烦乱地独自长叹，在秋风扫荡

---

① 《楚辞集注》卷四，第 84 页。
② 《山带阁注楚辞》卷四，第 117 页。
③ 同上书卷四，第 119 页。
④ 《楚辞补注》卷四，第 141 页。

的漫漫长夜中,毫无睡意。看到那震撼万物的秋风,他回想起了君王屡屡震怒,他多想大步狂奔,以发泄心头之痛啊。但看到百姓,他又静下心来,总结着幽隐情思来陈词,他要向君王表陈心意。

"昔君与我诚言兮,曰黄昏以为期。羌中道而回畔兮,反既有此他志。憍吾以其美好兮,览余以其修姱。与余言而不信兮,盖为余而造怒。"这段诗句和《离骚》中"曰黄昏以为期兮,羌中道而改路! 初既与余成言兮,后悔遁而有他。余既不难夫离别兮,伤灵修之数化",具有相同的情结和情绪。屈原与楚王有约定,说好在黄昏时候相见,半路上君王却改变了想法,转身而去。君王对他矜夸着自己的美好,展示着自己的才能。可是为什么说好的话却又不算数,又对他怒气冲冲? 他在犹豫盼望中,期待能有机会向君王进言。这些愁苦就这样折磨着他。"兹历情以陈辞兮,荪详聋而不闻。固切人之不媚兮,众果以我为患。"屈原想着向楚王陈辞,楚王却假装不见。他本来就如此正直,哪会阿谀奉承呢? 终导致一群小人将他当作祸患,并诋毁他。

"望三五以为像兮,指彭咸以为仪。夫何极而不至兮,故远闻而难亏。善不由外来兮,名不可以虚作。孰无施而有报兮,孰不实而有获?"朱熹以"三五"为三皇五帝,或者三王五伯,[①] 可能皆不准确。"三五"应该指的是三王五帝。屈原不说三皇,虽然提到五霸,但更看重的是尧、舜、禹、汤、文、武。他希望君王能将美德发扬光大,以三王五帝为榜样,而自己以古贤彭咸为楷模。屈原的美政理想不过是他的一厢情愿,"美政"虽然可能有利于楚国民众,但并不符合楚国执政者的核心利益。楚国是最早挑战西周德治体系的诸侯国,也是最早实行郡县制的集权国家。德治的前提是执政者以民众的利益为核心,而这与楚国的历史和楚国执政者的所作所为并不契合。因此,屈原只能在寒冷秋夜思绪万长,却得不到开解,只能回忆与怀王之前的关系,责备君王的中途改道。

直至初夏,屈原依旧忧思难平。独居在异乡的他,有着时时翻涌上的孤独感和被遗忘感。他看到了飞鸟从南边来,栖息在汉北,这更加深了他对楚国都城的思念。他望着北山落泪,对着流水叹息。初夏的夜晚本来十分短暂,可是他却度

---

① 《楚辞集注》卷四,第84页。

日如年。回归郢都的路途在他看来是那么遥远，但自己的灵魂在一夜之间已经回去很多次了，即使现实中他只步未移。

苦闷的情绪与强烈的思念之情一直苦苦地折磨着屈原，"忧心不遂，斯言谁告兮"的痛楚反反复复出现。《抽思》与《九章》其他作品表达的情感相类似，其中有对楚国黑暗生活的不满，并由此引发了忧国忧民的悲情；又有自己不被君王接受，被小人陷害的伤感；还有由放逐生活而产生的凄苦萧瑟之情。《抽思》与《离骚》有相似的抒情手法，即叙述描写、抒情、议论融为一体，无缝对接，自由转换。如曰："昔君与我诚言兮，曰黄昏以为期"，"与余言而不信兮，盖为余而造怒"，"望北山而流涕兮，临流水而太息。望孟夏之短夜兮，何晦明之若岁！惟郢路之辽远兮，魂一夕而九逝"，"何灵魂之信直兮，人之心不与吾心同！理弱而媒不通兮，尚不知余之从容"。这些句子之中包含着事实的陈述，环境的描写，情绪的抒发，是非的评判，细腻而充分地展示了屈原的失望和忧思。

《怀沙》是《九章》第五篇。关于"怀沙"的含义，大致有两种说法。一种说法认为"怀沙"就是怀抱沙石而自沉，"沙"是"沙石"的意思。东方朔的《七谏·沉江》说："赴湘沅之流澌兮，恐逐波而复东。怀沙砾而自沉兮，不忍见君之蔽壅。"司马迁在《史记·屈原贾生列传》中说屈原"乃作《怀沙》之赋。……于是怀石遂自沈汨罗以死"[1]。另一种说法认为"沙"指"长沙"，"怀沙"即怀念长沙之意。汪瑗在《楚辞集解》中指出："世传屈原自投汨罗而死，汨罗在今长沙府。此云怀沙者，盖原迁至长沙，因土地之沮洳，草木之幽蔽，有感于怀，而作此篇，故题之曰《怀沙》。怀者，感也。沙指长沙。题《怀沙》云者，犹《哀郢》之类也。"[2] 游国恩《屈原作品介绍》说："'怀沙'就是怀念长沙，不是怀抱沙石投江的意思。"[3] 从《怀沙》一篇正文中，我们看到几处有"怀"字，但不见"沙"字。《楚辞》之中，《离骚》《招魂》《大招》都说到"西方流沙"或者"流沙"，《招魂》中还有"沙版"一词，《大招》有"沙堂"。但很难有一个确实的证据说明"怀沙"

---

[1] 《史记》卷八四，第2481—2490页。
[2] 《楚辞集解》，第193页。
[3] 《游国恩楚辞论著集》第四卷，第103页。

之"沙"是巨石。东方朔和司马迁说屈原"怀沙砾而自沉"或者"怀石遂自沈汨罗",可能只是描述屈原自沉的细节事实,但并不一定认为《怀沙》篇之"怀沙"就是"怀石"。

《怀沙》曰:"同糅玉石兮,一概而相量。"又曰:"怀瑾握瑜兮,穷不知所示。"乱辞曰:"怀质抱情,独无匹兮。"由此可见,"怀沙"似为"怀石"之意,而"怀石"之"石"当指玉石,即"怀瑾握瑜",也就是怀质抱情。所以,"怀沙"应为"怀玉"。解释为"怀石"以自沉显然不到位。解释为怀念长沙,又似乎牵强。当然,也可以把"怀沙"解释为怀玉为沙,即玉石杂糅,以屈原此玉如砂石。

因司马迁说屈原作《怀沙》之后,就怀石自沉了,因此,一般都认为《怀沙》作于屈原自沉前不久。但朱熹在《楚辞辩证下·九章》对此提出质疑,他认为《惜往日》《悲回风》才是屈原的绝命词,他说:"《骚经》《渔父》《怀沙》,虽有彭咸、江鱼、死不可让之说,然犹未有决然之计也,是以其词虽切而犹未失其常度。《抽思》以下,死期渐迫,至《惜往日》《悲回风》,则其身已临沅湘之渊,而命在晷刻矣。"[1] 朱熹认为《怀沙》词义虽然悲切,但是仍然可以看出屈原未失常态,而《惜往日》《悲回风》则可以看出屈原已经身处沅湘之间了,已经彻底绝望了。蒋骥《山带阁注楚辞》也认为《怀沙》"虽为近死之音,然纡而未郁,直而未激,犹当在《悲回风》《惜往日》之前,岂可遽以为绝笔欤"[2]。不过,《怀沙》即使不为屈原的绝命词,但创作之时离他投江自沉也不远了。文中表露出深深的绝望和悲哀,洪兴祖《楚辞补注》说:"此章言己虽放逐,不以穷困易其行。小人蔽贤,群起而攻之。举世之人,无知我者。思古人而不得见,伏节死义而已。太史公曰:乃作《怀沙》之赋,遂自投汨罗以死。原所以死,见于此赋,故太史公独载之。"[3] 司马迁在《史记》中全文收录《怀沙》这首诗,体现了此篇在屈原作品中的重要性。

《怀沙》开篇写道:"滔滔孟夏兮,草木莽莽。伤怀永哀兮,汩徂南土。眴兮杳杳,孔静幽默。郁结纡轸兮,离愍而长鞠。抚情效志兮,冤屈而自抑。"由此可

---

[1] 《楚辞集注》,第191页。
[2] 《山带阁注楚辞》卷四,第124—125页。
[3] 《楚辞补注》卷一三,第242页。

推测,此诗应该作于阴历四月份,如果屈原确实是端午投江,那么这个时间距屈原沉江还有一段时日。屈原一方面重申自己虽然屡次遭受打击,但高洁的志向从未改变;另一方面仍旧把批判的矛头指向楚国昏乱颠倒的政治与社会,"人心不可测"的绝望和死前的激愤悲哀在这激切的言辞中体现得淋漓尽致。

诗人直叙南行路上的情状。暖洋洋的四月初夏,草木葱郁。但诗人满怀伤感,哀思绵长,匆匆南去。诗人眼中的景象不是初夏的明媚,只觉昏暗幽深,万籁俱寂。他抚慰忧伤,考量心志,暗自压制心中的沉冤。他清晰地看到了楚国的黑暗,那里黑白不分、是非颠倒。"刓方以为圜兮,常度未替。易初本迪兮,君子所鄙。章画志墨兮,前图未改。内厚质正兮,大人所盛。"把方的削成圆的,这个社会的正常法度在哪里呢?改变人心,更替常道,这些是君子所鄙薄的。他一直在内心中重申,敦厚的品格不该改变,君子之行不能妥协。但是,坚守又是如此痛苦的事情。"离娄微睇兮,瞽以为无明。变白以为黑兮,倒上以为下。凤皇在笯兮,鸡鹜翔舞。同糅玉石兮,一概而相量。夫惟党人鄙固兮,羌不知余之所臧。"凤凰被关进了笼子,鸡鸭却肆意地乱舞。美玉和顽石被掺杂在一起,并用一个标尺去衡量他们。结党营私的小人,不懂得他内蕴的美好。"怀瑾握瑜兮,穷不知所示。邑犬之群吠兮,吠所怪也。非俊疑杰兮,固庸态也。"作者怀抱着美玉,手握着宝石,却身处困境,那美玉和宝石也不知该展现给谁看。狗对一切不符合他们价值观的人和事叫嚣,而庸才毁谤俊才,猜忌贤才,也是正常的现象。"文质疏内兮,众不知余之异采。材朴委积兮,莫知余之所有。重仁袭义兮,谨厚以为丰。重华不可遌兮,孰知余之从容!""遌"通"迕",一作"遻","遻"和"迕"都是遇到的意思。屈原外貌质朴,禀性木讷,众人都不能了解他出众的文采。但屈原坚持以孔子及中国传统的价值观立身处世,居仁由义。没有如舜一样的贤君存在,当然就不可能有人认识到他的从容。"古固有不并兮,岂知其何故!汤禹久远兮,邈而不可慕。惩连改忿兮,抑心而自强。离愍而不迁兮,愿志之有像。"明君和贤臣自古就很难同处一个时代,夏禹、商汤距离现在是那么久远了,遥远的时空,让我们都没有机会表达对他们的思慕。生不逢时,怀才不遇,更需要平抑自己的愤怒,压制自己的怨恨,不改变自己的志节。"进路北次兮,日昧昧其将暮。舒忧娱哀兮,限之以大故。"忧愁与悲哀难以排遣,黑夜悄然降临,生命的终点或许就在不远处。

屈原在乱辞中说:"浩浩沅湘,分流汩兮。修路幽蔽,道远忽兮。怀质抱情,独无匹兮。伯乐既没,骥焉程兮。万民之生,各有所错兮。定心广志,余何畏惧兮!曾伤爰哀,永叹喟兮。世溷浊莫吾知,人心不可谓兮。知死不可让,愿勿爱兮。明告君子,吾将以为类兮。"诗人看着沅湘之水奔流,看着长路幽深,望着那辽远的苍茫无际。伯乐已死,好马又该如何去衡量呢?人各有命,还是安心驰骋吧。这世间如此浑浊,世道人心已无话可说。如果死亡不可避免,他宁愿不再爱惜自己了。这深深的绝望,对生命的毫无眷恋,已经充满他的心了。如果说《离骚》是屈原对他前半生道路的总结,那么《怀沙》则是对他后半生坎坷生活的回顾。

《思美人》是《九章》的第六篇。篇名来自篇首一句"思美人兮,揽涕而伫眙"。所谓美人,有"怀王""襄王"之说。以美人譬喻君王,是屈原作品的特色。洪兴祖《楚辞补注》说:"此章言己思念其君,不能自达,然反观初志,不可变易,益自修饬,死而后已也。"[①]他思念美人是为了抒发对君王的思念之情,然而最终得不到表白心志的机会,无法接受君王变节的现实,从而心生郁怨,同时也使他更加坚守自身高洁的品格与美政的政治理想以及宁死也不变节的信念。

《思美人》提到江夏、南行等地名和旅行路线,应该作于楚怀王客死于秦以后,屈原被迁于江南之时。诗中说"开春发岁兮,白日出之悠悠",这说明此诗作于春天。

《思美人》开篇说:"思美人兮,揽涕而伫眙。媒绝路阻兮,言不可结而诒。蹇蹇之烦冤兮,陷滞而不发。申旦以舒中情兮,志沈菀而莫达。愿寄言于浮云兮,遇丰隆而不将。因归鸟而致辞兮,羌宿高而难当。"《思美人》充分发挥了《离骚》以美人比兴的书写方式,思美人就是在思念贤君。诗人擦干泪珠久久地伫立着,愁肠欲断。媒人断绝了消息,路途多有坎坷。他有话想要对楚王讲,却

---

① 《楚辞补注》卷四,第149页。

无法成句。他愿把话托付给浮云，但云神却不听他讲。想依靠飞鸟替他传达，但鸟儿栖宿高处，难于相招。

"高辛之灵盛兮，遭玄鸟而致诒。欲变节以从俗兮，媿易初而屈志。独历年而离愍兮，羌冯心犹未化。宁隐闵而寿考兮，何变易之可为。知前辙之不遂兮，未改此度。"屈原思考要不要改变志节追随流俗，但那羞愧委屈之情顿时涌现。所以他宁愿选择隐忍不言语，穷苦一生，也不改变自己的气节。明知道坚守志气的道路不会平坦，但是他至死也不愿改变自己的处世原则。"车既覆而马颠兮，蹇独怀此异路。勒骐骥而更驾兮，造父为我操之。迁逡次而勿驱兮，聊假日以须时。指嶓冢之西隈兮，与纁黄以为期。"车已经颠覆，马也颓倒了，这道路果真艰难不平。勒住骏马，重套车驾，古时的著名御手造父也为诗人执辔驾驭。诗人让造父慢慢前行不要纵马疾行，姑且偷闲等待着时机吧。屈原不会变节从俗，他希望的是楚王能以前车倾覆为借鉴，改弦易辙。

"开春发岁兮，白日出之悠悠。吾将荡志而愉乐兮，遵江夏以娱忧。揽大薄之芳茝兮，搴长洲之宿莽。惜吾不及古人兮，吾谁与玩此芳草。解萹薄与杂菜兮，备以为交佩。佩缤纷以缭转兮，遂萎绝而离异。吾且僤佪以娱忧兮，观南人之变态。窃快在其中心兮，扬厥凭而不竢。芳与泽其杂糅兮，羌芳华自中出。纷郁郁其远承兮，满内而外扬。情与质信可保兮，羌居蔽而闻章。"屈原虽然在自我开解，但那忧思始终难以排遣。他曾敞开心扉寻找快乐，他沿着江水、夏水消忧。他摘下丛林里芬芳的茝草，拔取沙洲上生长的宿莽，他采摘丛生的香草当作身边的配饰，他要让这些芬芳缠绕周身。可这些芳草最终会凋谢枯萎，被扔到一边。虽然芳香和浊臭时常混杂在一起，但那花朵的芬芳依旧难以遮掩。诗人坚信，只要保持自己的心志，虽然地处偏远，也能声名远扬。这里虽有伤心与绝望，但也有美好的设想。

"令薜荔以为理兮，惮举趾而缘木。因芙蓉而为媒兮，惮褰裳而濡足。登高吾不说兮，入下吾不能。固朕形之不服兮，然容与而狐疑。广遂前画兮，未改此度也。命则处幽，吾将罢兮，愿及白日之未暮。独荣茕而南行兮，思彭咸之故也。"诗人命令薜荔去做信使，却担心要抬脚攀援树木；他想让芙蓉去做媒人，却害怕将双脚沾湿。向高处爬,他不愿意;往低处行走,他也不愿意;就这样犹豫不决,徘徊踟蹰。他如此犹豫,不知该如何表达悲伤与绝望,但是他又是那么积极地说服自己,虽然幽居于偏僻之地,但仍愿趁着天色尚早而有所作为。"独茕茕而南行",说明他仍旧怀抱理想;"愿及白日之未暮",表明他仍在寻找任何一丝希望。

在《九章》之中,《惜诵》《思美人》《惜往日》《橘颂》都没有乱辞,这与《离骚》不同。不过,《思美人》和《九章》的其他诗篇一样,主旨和书写形式都与《离骚》相类似,《思美人》中寄言浮云,致辞归鸟,令薜荔以为理,以芙蓉以为媒这些书写,都是《离骚》常用的比兴材料。

四、三致志焉——《惜往日》《橘颂》《悲回风》述论

《惜往日》是《九章》的第七篇。《惜往日》的篇名取自此诗首句"惜往日之曾信兮"开头三字。洪兴祖《楚辞补注》说:"此章言己初见信任,楚国几于治矣。而怀王不知君子小人之情状,以忠为邪,以谮为信,卒见放逐,无以自明也。"[①] 该诗通过对自己过往政治经历的叙述,追忆自己与楚王的往日关系,曾经的被信赖及至如今的放流生涯,发现正道直行的贤才被弃用,枉道邪行的小人受重用是昏庸时代的普遍现象。因此,诗人表现出了深度的失望,甚至要以死殉国。

《惜往日》大概与《怀沙》的写作时间相仿佛,乃是屈原接近人生终点的作品,但是否为屈原的绝命词,仍然有不同看法。从诗文内容可看出,这里有屈原与楚怀王之间亲密的交往,也有他从被信任到被疏远以至于最后不得不以死殉国的经过。诗中对楚王的态度与之前相比,有所变化。之前诗篇会以"荪""美人"来喻比君王,而此诗中称之为"壅君"。他与君王决裂的态度已经可见。但总体来说,对于往事的追忆是此诗的主旋律,因此,叙述性的书写,贯彻始终。

《惜往日》开篇说:"惜往日之曾信兮,受命诏以昭诗。奉先功以照下兮,明法度之嫌疑。国富强而法立兮,属贞臣而日娭。秘密事之载心兮,虽过失犹弗

---

① 《楚辞补注》卷四,第153页。

治。心纯厐而不泄兮，遭谗人而嫉之。君含怒而待臣兮，不清澈其然否。蔽晦君之聪明兮，虚惑误又以欺。弗参验以考实兮，远迁臣而弗思。信谗谀之溷浊兮，盛气志而过之。何贞臣之无罪兮，被离谤而见尤。惭光景之诚信兮，身幽隐而备之。"诗人开篇就回忆他年轻时候曾受到信任，传达君王的诏令昭明楚国，帮助君王辨明法度，决断疑难，那时候国富民强，君臣也经常轻松游乐。但是那样美好的日子一去不再，这是因为奸佞小人嫉妒他，诋毁他，他又是心性敦厚之人，不善辩白。君王满怀愤怒斥责这位曾经信赖的臣子，甚至不去辨清那其中的是非对错。他的心就这样似日月被遮蔽了光辉，从此忧愤难平。

"临沅湘之玄渊兮，遂自忍而沈流。卒没身而绝名兮，惜壅君之不昭。君无度而弗察兮，使芳草为薮幽。焉舒情而抽信兮，恬死亡而不聊。独鄣壅而蔽隐兮，使贞臣为无由。"壅君不可能清醒，贞臣无路可走。屈原到了沅湘水边，望着深邃浩荡的江水，他想到了自沉江流。"闻百里之为虏兮，伊尹烹于庖厨。吕望屠于朝歌兮，甯戚歌而饭牛。不逢汤武与桓缪兮，世孰云而知之！吴信谗而弗味兮，子胥死而后忧。介子忠而立枯兮，文君寤而追求。封介山而为之禁兮，报大德之优游。思久故之亲身兮，因缟素而哭之。或忠信而死节兮，或訑谩而不疑。"桓缪指的是齐桓公和秦穆公。秦国大夫百里奚做过俘虏，商汤之相伊尹担任过厨师，周武王的谋士姜太公吕望在朝歌做过屠夫，齐国重臣甯戚曾经以喂牛为生。如果他们没有遇到商汤、周武王、齐桓公、秦穆公，谁人能知道他们是如此贤能呢？吴王夫差听信谗言，伍子胥死后国破家亡，介子推忠信于晋文公却活活被烧死。念及那些遇到贤明君主的臣子，他心怀羡慕；想到那些被昏君遗弃的贤能之人，他感已伤身。有人忠贞诚信却要为坚守节操而死，有人欺诈虚伪却无人怀疑。"弗省察而按实兮，听谗人之虚词。"昏庸的君主就是这样不辨是非，受谗言蒙蔽，那些阿谀之徒才日渐得势。这些正反的历史事例说明遇明君不易，也正反衬了楚王的昏庸，"何芳草之早殀兮，微霜降而下戒。谅聪不明而蔽壅兮，使谗谀而日得"。谗谀日得，芳草早夭，就是宿命。

据《史记·伍子胥列传》载，楚平王宠信奸臣费无忌，依言夺太子建的未婚妻孟嬴，并有计划地贬抑太子建。伍子胥的父亲伍奢劝谏楚平王说："王独奈何以谗贼小臣疏骨肉之亲乎？"楚平王怒，杀伍奢及伍子胥之兄伍尚。伍子胥奔吴，后与孙武率军灭楚。伍子胥在复仇以后，忠心为吴国，后被吴王夫差所害，但伍子胥的忠直与智慧，一直为人所敬仰。

　　楚人伍子胥领着吴兵攻楚，并破郢都，对楚平王掘墓鞭尸。屈原为楚宗室，似应仇恨伍子胥才对，而《惜往日》却赞扬了伍子胥，因此有人提出《惜往日》是宋玉、景差之徒为凭吊屈原而作。这种观点显然站不住脚。伍姓本身也是楚国宗室之后，伍子胥一家却惨遭无道暴君之害。《礼记·曲礼上》曰："父之仇弗与共戴天，兄弟之仇不反兵，交游之仇不同国。"① 伍之胥父兄被楚王所杀，伍子胥若不能为父兄报仇，就不配苟活。又《公羊传·庄公四年》评价春秋齐襄公为祖先复仇的事时说："九世犹可以复仇乎？虽百世可也。"② 所以，按照传统观念，伍子胥有责任复仇，除非他身死。伍子胥见楚平王已死，所以掘墓鞭尸，以实现复仇的目的。申包胥认为伍子胥所作太过，并不是因为伍子胥灭楚，而在于楚平王已死，化为尘土，已得天道报应，伍子胥掘其坟墓，鞭其尸体，报复太过。伍子胥托人转告申包胥说："吾日莫途远，吾故倒行而逆施之。"他也知道这样做过了。不过，伍子胥流亡多年，就是为了为父兄复仇，所以，司马迁赞伍子胥是"烈丈夫"。司马迁评价说："怨毒之于人甚矣哉！王者尚不能行之于臣下，况同列乎！向令伍子胥从奢俱死，何异蝼蚁。弃小义，雪大耻，名垂于后世，悲夫！方子胥窘于江上，道乞食，志岂尝须臾忘郢邪？故隐忍就功名，非烈丈夫孰能致此哉？"③ 屈原在《惜往日》中赞扬伍子胥，说明屈原不是为了楚国宗室和他自己家族的利益而关心楚国，而是为了把楚国建设成一个具有"美政"的理想国。这是屈原高尚情怀的体现。

　　"自前世之嫉贤兮，谓蕙若其不可佩。妒佳冶之芬芳兮，嫫母姣而自好。虽有西施之美容兮，谗妒入以自代。愿陈情以白行兮，得罪过之不意。情冤见之日明兮，如列宿之错置。乘骐骥而驰骋兮，无辔衔而自载。乘泛泭以下流兮，无舟

---

① 《礼记正义》卷三，《十三经注疏》，第 2706 页。
② 《春秋公羊传注疏》卷六，《十三经注疏》，第 4834 页。
③ 《史记》卷六六，第 2183 页。

楫而自备。"自古小人嫉妒贤能，他们嫉妒佳人散发出的芳香，如同丑妇嫫母一样自认为自己美丽万方。小人们的恶令他厌恶，朝政已经被这些罪恶的人把持，言不上达，君王闭目塞听。他远处偏僻的地方，只能远远追忆。这种有冤却无处申辩的痛楚是那么强烈。他骑上骏马自由奔骋，甩去缰绳和衔铁任马匹自行驾驭；他乘着木筏顺流而下，没有船桨和帆舵。他如此满心惆怅，只愿自己随水流而逝，希望自己可以永远不再思考那些痛心之事。

屈原追忆他的遭遇，分析历史上无数忠臣的命运，认为他的人生已至穷途末路："背法度而心治兮，辟与此其无异。宁溘死而流亡兮，恐祸殃之有再。不毕辞而赴渊兮，惜壅君之不识。"楚王背离法度，楚国已经没有前途，对于诗人来说，剩下的只有灾难，因为担心再次罹祸，溘死流亡是必要选项。

《橘颂》是《九章》的第八篇。这是一篇简短的咏物诗，是一篇关于橘树的颂歌，所以取名《橘颂》。洪兴祖在《楚辞补注》曰："美橘之有是德，故曰颂。"[①] 该诗赞扬橘树受命不迁、深固难徙的独立精神，寄托屈原坚守人生底线，不为艰难曲折和世俗荣辱所动的伟大人格。

《橘颂》所抒发的情感和《九章》的其他诗篇有着很大区别。诗里充满了奋发的精神和生气蓬勃的景象，没有明显的悲愤之情。所以有不少人认为这首诗是屈原早期所写。这种观点并不可靠。屈原的坚定是在困苦坚守中不断磨练而成的，是经过多次的彷徨和挣扎而逐渐明晰的。在《离骚》乃至《九章》某些篇章中，屈原还会犹豫是否应该坚守，是否可以从俗。而在《橘颂》之中，他从橘树身上，找到了坚守的力量。这篇作品表现的坚守情怀，比过去都要坚定，因为不彷徨不矛盾，所以才能有力量，才能有奋发向上的精神。这篇作品必然是屈原在楚顷襄王时期放流江南时所作。江南长有橘树，屈原见此，想起北国没有，所以才有机会感叹橘树"受命不迁，生南国兮"，"深固难徙，更壹志兮"，"独立不迁，岂不可喜兮"，"苏世独立，横而不流兮"，"秉德无私，参天地兮"。屈原所感叹的橘树的这些品格，是我们今天所知的屈原精神价值的主要组成部分。因此，屈原

[①]《楚辞补注》卷四，第 155 页。

虽然在歌颂橘树,但实际是在激励自己。在橘树身上,屈原看到了自己的过往,也获得了坚持的力量。

《橘颂》篇幅不长,基本可以看作是四言诗。此诗从橘树的外表形态入手,描绘了生于南国的橘树之形象。橘树是如此美好,它们适应这片土地,禀承天地之命,决不外迁,扎根生长于此。绿色的叶子白色的花,缤纷繁茂惹人爱,层叠的树枝尖锐的利刺,圆圆的果实簇拥成团。青黄两色混杂在一起,外表鲜艳,内心纯洁。橘树不仅有不迁移这样专一的心志,更如君子一般肩负重任,有着美好的风姿。屈原看到了橘树完美的外表,更钦佩它们高尚的品格:"嗟尔幼志,有以异兮。"橘树就这样具有了人格,它们的志气从小就与其他种类不同,岿然独立不变更,根深蒂固难转移,胸襟开阔无所求,它们清醒卓立于人间浊世,从不会随波逐流。"秉德无私,参天地兮。愿岁并谢,与长友兮。"诗人看到了它们秉持道德,公正无私,和天地同在的高尚。他倾心于橘树,愿意长久地和它们相伴为友。

《橘颂》在中国古代咏物诗中具有重要地位。刘勰在《文心雕龙·颂赞》中说:"及三闾《橘颂》,情采芬芳,比类寓意,又覃及细物矣。"①刘勰认为《橘颂》是物颂的开篇。屈原之前,所颂皆是人鬼神,而《橘颂》推介到了小物。在屈原笔下,橘树不仅枝叶峻茂,而且内涵更是丰富。屈原写橘树,实则也是在写自己。

《悲回风》是《九章》的第九篇。它的篇名来自首句"悲回风之摇蕙兮"中的前三字。这里的回风即秋风。此篇的写作时间应该在《惜往日》《怀沙》之前,在《思美人》《涉江》之后。诗中涉及的地域较广,虽然不排除有虚构的成分,但其中的"江淮",应该是实写。

关于本篇的内容和主旨,洪兴祖《楚辞补注》曰:"此章言小人之盛,君子所忧,故托游天地之间,以泄愤懑,终沉汨罗,从子胥、申徒以毕其志也。"②洪兴祖认为此篇是写小人当道,君子心忧,所以屈原假托游天地,来发泄愤懑,最终自沉汨罗江。汪瑷《楚辞集解》说:"此篇因秋夜愁不能寐,感回风之起,凋伤万物,而

---

① 《文心雕龙义疏》,第192页。
② 《楚辞补注》卷四,第162页。

兰茝独芳，有似乎古之君子遭乱世而不变其志者，遂托为远游访古之辞，以发泄其愤懑之情。然而遍游天地之间，愈来愈远，而同志者，终不可得一遇焉，故心思之沉抑而竟不能已也。其旨略与后《远游》篇一二相类，然观篇末'骤谏君而不听，任重石之何益'二言，又足以征屈子之实未尝投水而死也明矣。"① 屈原因为在秋夜里忧愁苦闷不能入睡，想到秋风起，万物凋零，而兰草还在独自散发芬芳气息，就像古时候的君子遭遇乱世却不改变高洁的志向，于是假托远游访古之辞来发泄心中的愤懑。但是即使在天地之间遨游，也没有遇到一个志同道合的人，屈原心中压抑痛苦，不能自已。汪瑗因诗中有"骤谏君而不听，任重石之何益"两句，所以认为屈原并不是投水而死。实际上屈原的这两句话，并不能证明他是否投水而死，但却可以证明他在写作《悲回风》之时，并未到了非蹈水不可的程度。屈原在他的诗作中，多次提到要效法殷贤人彭咸蹈水而死，这说明他下定蹈水的决心有个漫长的过程。而《悲回风》中这两句，就是他在思考蹈水是否有意义。正如游国恩在《屈原的作品介绍》中所说，诗中有"岁曶曶其若颓兮，时亦冉冉而将至。薠蘅槁而节离兮，芳以歇而不比"几句，说明"屈原此时似亦将近衰老之年"。②

《悲回风》诗开篇曰："悲回风之摇蕙兮，心冤结而内伤。"这可以看作是这首诗的基本主线。"物有微而陨性兮，声有隐而先倡。夫何彭咸之造思兮，暨志介而不忘！万变其情岂可盖兮，孰虚伪之可长！鸟兽鸣以号群兮，草苴比而不芳。鱼葺鳞以自别兮，蛟龙隐其文章。故荼荠不同亩兮，兰茝幽而独芳。惟佳人之永都兮，更统世而自贶。眇远志之所及兮，怜浮云之相羊。"诗以悲愁起始，诗人悲悯疾风摇落蕙草，内心忧伤愁思郁结。秋气肃索、回风震荡引起诗人对自然生机被扼杀的感慨，进而联想到逸人得势，贤者被疏远的现实。蕙草微小而丧失性命，风声隐匿无形而能发出声响。在这样的季节里，鸟兽鸣叫召唤着同类，荣草、枯草不能一起散发出芳香。苦菜、甘荠不能在同一块田地里生长，兰花芷草在幽僻的地方独自散发芬芳。君子就如那兰芷一样被疏远，志向远大心比天高的人

---

① 《楚辞集解》，第233页。
② 《游国恩楚辞论著集》第四卷，第102页。

啊，心只能像浮云一样游荡无依。所以，诗人只有"介眇志之所惑兮，窃赋诗之所明"，通过自写诗篇来表明心志。

屈原难以忘怀放逐生活中的愁苦忧伤。"惟佳人之独怀兮，折若椒以自处。曾歔欷之嗟嗟兮，独隐伏而思虑。涕泣交而凄凄兮，思不眠以至曙。终长夜之曼曼兮，掩此哀而不去。寤从容以周流兮，聊逍遥以自恃。伤太息之愍怜兮，气於邑而不可止。"漫漫长夜，泣涕泪流，哀愁萦绕不去。"岁曶曶其若颓兮，时亦冉冉而将至。薠蘅槁而节离兮，芳以歇而不比。怜思心之不可惩兮，证此言之不可聊。宁逝死而流亡兮，不忍此心之常愁。孤子吟而抆泪兮，放子出而不还。孰能思而不隐兮，照彭咸之所闻。"岁月将近，孤立无援，他又一次想到了彭咸。

《悲回风》在抒情之中，连续多个句子用了双声叠韵联绵词，通过音节的重复，来表现他对人世的眷恋："登石峦以远望兮，路眇眇之默默。入景响之无应兮，闻省想而不可得。愁郁郁之无快兮，居戚戚而不可解。心鞿羁而不开兮，气缭转而自缔。穆眇眇之无垠兮，莽芒芒之无仪。声有隐而相感兮，物有纯而不可为。邈蔓蔓之不可量兮，缥绵绵之不可纡。愁悄悄之常悲兮，翩冥冥之不可娱。"屈原的一切愁苦，都来源于他对楚国的不舍，对生命的不舍。因此，在最后一段，有一个"曰"字，这个"曰"的内容，应该是《九章》其他篇章的"乱曰"之省。诗人总结全文："曰：吾怨往昔之所冀兮，悼来者之愁愁。浮江淮而入海兮，从子胥而自适。望大河之洲渚兮，悲申徒之抗迹。骤谏君而不听兮，重任石之何益。心絓结而不解兮，思蹇产而不释。""愁愁"是忧惧的样子。屈原在江淮之上，想到了伍子胥，也想到了殷贤人申徒狄，他们与彭咸一样，都是重臣，都因劝谏而得罪君王，最终都是蹈水而死。君王并没有因为他们的死而有所悔悟。所以，屈原怀疑蹈水而亡，可能并不能改变楚国的现实，因此心中愁绪不解，难以释怀。

《悲回风》由物及人，眼见美好的事物在秋风中遭受暴力摧残，内心伤感，诗中充满着悲伤与绝望的独白。但此诗写景又极尽奇丽奇幻，诗人在天地之间遨游，读者的情绪也随之忽上忽下，起伏不定。而"岁曶曶""时冉冉""路眇眇""愁郁郁"等双声叠韵联绵词酝酿出的强烈韵律感，又给我们营造了一种人生的飘渺虚幻感，诗歌实现了情与景谐，情与境谐。

第八章 《天问》《远游》《卜居》《渔父》述论

屈原二十五篇作品，除去《离骚》，《九歌》十一篇，《九章》九篇，尚有《天问》《远游》《卜居》和《渔父》四篇。这四篇的形式各不相同。《天问》是一篇至奇之作，以诘问的形式，就古往今来自然、社会的种种传说提出诘难。那数以百计的问题足以引发人们无穷遐想，屈原在那一个个问句中完成了对历史的吟咏。《远游》记叙了一次超然物外的神游，那天地云游充满了奇幻色彩，在瑰丽的想象中，屈原亦展现了他复杂的内心世界。

《卜居》和《渔父》是屈原作品中比较特殊的两篇，都是较有哲理性的篇章，在宾客问答的形式下展开了发人深省的讨论。这样的形式对后世的赋等文体有很大的影响。它们虽然文有韵律，但形式自由，比较接近今天西方文学话语中的"散文"概念。这种文体形式的转变也是骚体发展的重要环节。这两部作品皆用第三人称写成，并且都以问答形式展开，这些更是异于其他篇章。因此，近代以来不断有人质疑此二篇是否为屈原所作。但是这些质疑并未发现任何直接的证据，所以，我们认为，这些篇章依旧是屈原的作品。

一、《天问》中的古史及传说

《天问》从古史传说中的开天辟地开始："曰遂古之初，谁传道之？上下未形，何由考之？冥昭瞢暗，谁能极之？冯翼惟像，何以识之？明明暗暗，惟时何为？阴阳三合，何本何化？圜则九重，孰营度之？惟兹何功，孰初作之？斡维焉系，

第八章 《天问》《远游》《卜居》《渔父》述论　　147

天极焉加？八柱何当，东南何亏？九天之际，安放安属？隅隈多有，谁知其数？天何所沓？十二焉分？日月安属？列星安陈？出自汤谷，次于蒙汜。自明及晦，所行几里？夜光何德，死则又育？厥利维何，而顾菟在腹？女歧无合，夫焉取九子？伯强何处？惠气安在？何阖而晦？何开而明？角宿未旦，曜灵安藏？"远古的初态，没有人类，又是谁把远古的情态告知后代的？天地还没有形成，凭什么知道。日夜未分，谁又能了解？天地是一团气体的时候，人类又是如何知道的？昼与夜是怎么分别的？阴气与阳气又是怎么变化和怎么会变化的？浑圆的天盖共有九层，谁去度量的？这工程多么巨大，当初造它的又是何人？天周而复始的运行是靠什么缚系的，天盖是怎样架起的？支撑天的八根柱子又怎样支持的，为什么东南的地势会偏低？天有九重，它们又是如何衔接相连的，之间有多少个角落？天与地在哪里会合？十二辰是怎样划分？日月怎样安放？星星又怎样分布？太阳从汤谷升起，在蒙汜住宿，从白天到黑夜走了多远？月光消逝后，为什么还会复活？为什么月亮里有个兔子？为什么女歧没有遇合，却可以生出九个孩子？风神平时在哪里？惠风又在哪里？天门为什么关上就是黑夜，打开就是白天？天没有亮的时候，太阳在哪里？

可以看出，屈原的这些疑问主要是针对当时关于天空与星辰的解释提出质疑，认为人类的很多知识可能并不是真相，大都来源于捕风捉影的生造。沿着这个思路，可以理解屈原从此看到人类的认识可能经常是不可靠的，这也就可以理解楚国的君王为什么不辨是非，那些颠倒黑白、混淆是非的人为什么能青云直上，而真正的忠臣却为什么被排斥。

在讨论了有关天空与日月星辰的知识后，屈原接着讨论唐尧虞舜时期鲧、禹治水的历史："不任汩鸿，师何以尚之？佥曰何忧，何不课而行之？鸱龟曳衔，鲧何听焉？顺欲成功，帝何刑焉？永遏在羽山，夫何三年不施？伯禹愎鲧，夫何以变化？纂就前绪，遂成考功。何续初继业，而厥谋不同？洪泉极深，何以窴之？地方九则，何以坟之？河海应龙，何尽何历？鲧何所营？禹何所成？"《尚书·尧典》载："帝曰：'咨！四岳，汤汤洪水方割，荡荡怀山襄陵，浩浩滔天。下民其咨，有能俾乂？'佥曰：'於！鲧哉。'帝曰：'吁！咈哉，方命圮族。'岳曰：

'异哉！试可乃已。'帝曰：'往，钦哉！'九载，绩用弗成。"①又《史记·五帝本纪》载，帝尧向四岳咨询谁可治理洪水："嗟，四岳，汤汤洪水滔天，浩浩怀山襄陵，下民其忧，有能使治者？"大家皆曰："鲧可。"帝尧曰："鲧负命毁族，不可。"四岳曰："异哉，试不可用而已。""尧于是听岳用鲧。九岁，功用不成。"②鲧在众人眼里是一位人才，而帝尧英明神武，有知人之明，知道鲧"负命"，也即刚愎，并不合适担当重任，但也得顺从民意，委任鲧治水。

屈原继续质疑，鲧不能胜任治理洪水，大家为什么还要推举他？人人都说不必担忧鲧的能力，为什么不先试而后用？那鸱龟一个个牵引相衔，鲧为何会受到启发？鲧要用息壤堵塞河水为什么不成功，帝尧为何要惩罚他？为什么把鲧长期拘禁在羽山，过了三年仍然不释放他？鲧这样刚愎自用的人生出的儿子，为什么会和父亲大不同？大禹继承了前人的事业，终于完成了治水之功，为什么大禹治水，采用了和他父亲不同的方式？洪水深广，怎么能用息壤将它填平？禹将九州分列九等，这是根据什么进行划分的？传说中应龙曾经帮助大禹规划治水路线，应龙为什么要帮助大禹？河水又是如何流入大海之中？鲧究竟做了什么？禹究竟是为何取得成功？显然，屈原对众人为什么赞扬鲧有质疑，对鲧的遭遇也有质疑，同时对夏禹的成功细节也有质疑。众人说好未必好，一个自以为是、投机取巧的人是不可能成功的。鲧治水意图走捷径，用息壤阻止河水外溢，必然带来极大的灾难。唐尧惩罚他，毫无疑问体现了远见卓识。唐尧不因夏禹是鲧的儿子而不用，反而放心大胆任用，夏禹终于成功地治理了河水。夏禹的成功绝不是一件简简单单的事情，其中主要的功业就在于大禹的选贤授能。《礼记·祭法》说："鲧障鸿水而殛死，禹能修鲧之功。"③这说明鲧试图阻止洪水的方式给人民带来了大灾难，所以他被惩罚，属于唐尧和虞舜治理渎职的一种积极行为。在《离骚》中，女媭劝屈原的时候说："鲧婞直以亡身兮，终然殀乎羽之野。汝何博謇而好修兮，纷独有此姱节？薋菉葹以盈室兮，判独离而不服。"《九章·惜诵》

---

① 《尚书正义》卷二，《十三经注疏》，第256页。
② 《史记》卷一，第20页。
③ 《礼记正义》卷四六，《十三经注疏》，第3451页。

说:"行婞直而不豫兮,鲧功用而不就。"《离骚》中女媭言鲧"婞直",《惜诵》中则是屈原自己说鲧"婞直"。但唐尧和虞舜是屈原崇敬的圣君,也没有任何证据证明鲧之死是因为奸佞陷害。其作品中出现这样的矛盾,可能是屈原在不同时间和不同角度,对鲧的认识视角发生了变化。

在讨论了鲧禹治水的问题后,屈原又讨论唐尧虞舜时期非常有名的恶人共工:"康回冯怒,坠何故以东南倾?"这里的康回,即共工。《尚书·尧典》载:"帝曰:'畴咨若时?登庸。'放齐曰:'胤子朱启明。'帝曰:'吁!嚚讼,可乎?'帝曰:'畴咨若予采?'驩兜曰:'都!共工方鸠僝功。'帝曰:'吁!静言庸违,象恭滔天。'"① 又《史记·五帝本纪》载,唐尧选择接班人,放齐推荐尧的儿子丹朱,说"嗣子丹朱开明"。唐尧否决了放齐的提议,说:"吁!顽凶,不用。"帝尧在否决了丹朱后,讙兜推荐共工,说:"共工旁聚布功,可用。"帝尧说:"共工善言,其用僻,似恭漫天,不可。"② 可见共工的特点是口是心非,阴险狡诈。

帝舜也是屈原崇敬的圣君,帝舜以共工、驩兜、三苗、鲧为四恶,《尚书·舜典》又载,舜"流共工于幽州,放驩兜于崇山,窜三苗于三危,殛鲧于羽山,四罪而天下咸服"③。帝尧和帝舜都是盛德的圣君,他们不用共工,或者惩罚共工,应该是共工罪有应得。《孟子·万章上》载:"万章曰:'舜流共工于幽州,放驩兜于崇山,杀三苗于三危,殛鲧于羽山,四罪而天下咸服,诛不仁也。'"④ 这段话说到舜流共工于幽州,放驩兜于崇山,杀三苗于三危,殛鲧于羽山,是"诛不仁","天下咸服"。

《韩非子·外储说右上》载:"尧欲传天下于舜。鲧谏曰:'不祥哉!孰以天下而传之于匹夫乎?'尧不听,举兵而诛杀鲧于羽山之郊。共工又谏曰:'孰以天下而传之于匹夫乎?'尧不听,又举兵而流共工于幽州之都。于是天下莫敢言无传天下于舜。仲尼闻之曰:'尧之知舜之贤,非其难者也。夫至乎诛谏者,必传之

---

① 《尚书正义》卷二,《十三经注疏》,第 256 页。
② 《史记》卷一,第 20 页。
③ 《尚书正义》卷三,《十三经注疏》,第 270 页。
④ 《孟子注疏》卷九上,《十三经注疏》,第 5949 页。

舜，乃其难也。'一曰：'不以其所疑败其所察则难也。'"① 韩非子以颠覆中国传统价值观为属文出发点，对孔子及原始儒家关于"大同"世界的描述充满了恶意，但这里说鲧和共工都反对过尧选舜做接班人，这个可能是真的。共工和鲧都先后被人推荐给尧，但尧认为他们的人品都有问题，很不愿意用。最后迫不得已用了鲧，结果是灾难性的。唐尧处罚共工和鲧，应该是由于他们之"恶"，未必一定是因为他们反对舜，而反对舜担任领导人，也是他们"恶"的品性的一部分。

不过，帝舜时候的共工，与倾地的康回应该并不是一个人。《史记·律书》说："昔黄帝有涿鹿之战，以定火灾；颛顼有共工之陈，以平水害；成汤有南巢之伐，以殄夏乱。递兴递废，胜者用事，所受于天也。"② 在颛顼时代，还有一个共工。《史记·楚世家》载："共工氏作乱，帝喾使重黎诛之而不尽。帝乃以庚寅日诛重黎，而以其弟吴回为重黎后，复居火正，为祝融。"③ 这说明在帝喾的时代也有一个共工，帝喾命重黎诛共工，没有能把共工全部消灭，重黎反被帝喾所诛。这说明共工应该是一个氏族，其领袖被称为"共工"，与轩辕氏的"黄帝"，神农氏的"炎帝"类似。

《淮南子·原道》说："昔共工之力，触不周之山，使地东南倾。与高辛争为帝，遂潜于渊，宗族残灭，继嗣绝祀。"④ 共工个人是不能推翻不周之山的，但共工的氏族力量强大，或许可以毁坏不周之山。共工以自己势力强大，在颛顼时代，想破坏颛顼禅让帝喾的计划，意图凭借自己的实力夺取权势。可见共工集团长期觊觎天下为公、选贤授能的政治体制，谋求以强力争取权力。《淮南子·天文》说："昔者共工与颛顼争为帝，怒而触不周之山。天柱折，地维绝。天倾西北，故日月星辰移焉；地不满东南，故水潦尘埃归焉。"⑤ 这段记载说共工在与帝喾争为帝之前，还与颛顼争帝，争帝不胜，竟然怒触不周之山，导致天地之柱断裂。可以说共工是一个会"迁怒"而不计后果的强人。刘安说共工在与帝喾争为帝失败以后，从此龙潜，

---

① 《韩非子集解》卷一三，第350—351页。
② 《史记》卷二五，第1241页。
③ 同上书卷四〇，第1689页。
④ [汉]刘安编，刘文典撰：《淮南鸿烈集解》卷一，中华书局2013年版，第26—27页。
⑤ 同上书卷三，第95—96页。

没有继嗣。但到了帝尧的时候,共工显然又恢复了领袖的资质,所以能重新兴风作浪。《天问》并未明言共工因何而怒,但指明因其怒而导致东南大地倾侧。

自"九州安错,川谷何洿?东流不溢,孰知其故"至"鲮鱼何所,鬿堆焉处",都是质疑中国的地形地貌以及动植物的有关知识。"羿焉彃日,乌焉解羽"说的是唐尧时后羿射日的故事。自"禹之力献功,降省下土四方。焉得彼涂山女,而通之于台桑"以下,主要说夏朝的历史,依次提及夏禹娶涂山氏女,夏后启颠覆后益,浇与女歧的淫乱,以及鲧、嫦娥、少康、王子乔、桀、汤、舜的事情。"启代益作后,卒然离蠥。何启惟忧,而能拘是达?皆归射鞠,而无害厥躬。何后益作革,而禹播降?"夏后启为什么可以破坏禅让体制,篡权后却没有危险,人们也都屈服于启,夏禹的后代得以实行世袭制。这一段中提及了"启棘宾商,《九辩》《九歌》",因传说之中启与上帝交换来《九辩》《九歌》,所以,"商"当为"帝"之误。"帝降夷羿,革孽夏民。胡射夫河伯,而妻彼雒嫔?冯珧利决,封狶是射。何献蒸肉之膏,而后帝不若?浞娶纯狐,眩妻爱谋。何羿之射革,而交吞揆之?"天降夷羿,让他消灭夏人,为什么他要杀河伯,而把雒嫔纳为妻子?为什么夷羿献上野猪肉,而天帝不喜欢?夷羿的相寒浞为什么要和夷羿的妻子纯狐氏女一起商量杀夷羿?夷羿的射箭水平那么高,为什么能被人杀死?"惟浇在户,何求于嫂?何少康逐犬,而颠陨厥首?女歧缝裳,而馆同爰止。何颠易厥首,而亲以逢殃?"过浇为什么与其嫂子女歧相好?少康为什么会放恶犬伤害过浇?过浇死了,少康为什么还要割去其首,导致女歧遭殃?

其他传世文献亦载有后羿、寒浞、过浇之事。《左传·襄公四年》载魏绛说晋悼公曰:"昔有夏之方衰也,后羿自鉏迁于穷石,因夏民以代夏政。恃其射也,不修民事,而淫于原兽。弃武罗、伯囚、熊髡、龙圉,而用寒浞。寒浞,伯明氏之谗子弟也。伯明后寒弃之,夷羿收之,信而使之,以为己相。浞行媚于内,而施赂于外,愚弄其民,而虞羿于田,树之诈慝,以取其国家,外内咸服。羿犹不悛,将归自田,家众杀而烹之,以食其子。其子不忍食诸,死于穷门。靡奔有鬲氏。浞因羿室,生浇及豷,恃其谗慝诈伪,而不德于民。使浇用师,灭斟灌及斟鄩氏。处浇于过,处豷于戈。靡自有鬲氏,收二国之烬,以灭浞而立少康。少康灭浇于过,后杼灭豷于戈,有穷由是遂亡,失人故也。"杜预注云,靡是夏遗臣,有鬲是国名。斟灌及斟郚氏是夏同姓诸侯,仲康之子后相所依,后杼是少康子。① 又《左传·哀公元年》载吴王夫差败越,越王勾践派大夫文种贿赂吴太宰伯嚭,意图和吴国媾和。吴子将许之。伍子胥说:"不可。臣闻之:'树德莫如滋,去疾莫如尽。'昔有过浇杀斟灌以伐斟鄩,灭夏后相。后缗方娠,逃出自窦,归于有仍,生少康焉。为仍牧正。惎浇能戒之。浇使椒求之,逃奔有虞,为之庖正,以除其害。虞思于是妻之以二姚,而邑诸纶。有田一成,有众一旅,能布其德,而兆其谋,以收夏众,抚其官职。使女艾谍浇,使季杼诱豷,遂灭过、戈,复禹之绩,祀夏配天,不失旧物。"杜预注云,浇,寒浞子,封于过。后缗,相妻也。思为有虞君。纶,虞邑也。女艾,少康臣。豷,浇弟也。季杼,少康子后杼也。②

按《太平御览·皇王部七》引《竹书纪年》曰:"帝相即位处商丘。元年,征淮夷;二年,征风夷及黄夷。"又引《帝王世纪》曰:"帝相,一名相安。自太康已来,夏政凌迟,为羿所逼,乃徙商丘,依同姓诸侯斟灌、斟寻氏。羿遂袭帝号,是为羿帝","羿有穷氏,未闻其姓,其先帝喾。以世掌射故,以是加赐以弓矢,封之于鉏,为帝司射。历唐及虞、夏,至羿,学射于吉甫,其辞佐长,故亦以善射闻。与吴贺北游,使羿射雀左目,羿引弓射之,误中右目,羿俯首而愧,终身不忘。故羿善射,至今称之。及有夏之衰,羿自鉏迁于穷石。因夏民之不附,以代夏政,逼篡帝位,故号有穷氏","寒浞,有穷氏,既篡羿位,复袭有穷之号。浞因羿之室生浇及豷,多力,能陆地荡舟。浞使羿率师灭斟灌、斟寻氏,杀夏帝相于过,灭豷于戈。恃其诈力,不恤民事。初,夏之杀帝相也,妃有仍氏女曰后缗方娠,逃出自窦,归于有仍,生少康焉。初,夏之遗臣曰靡,事羿;羿死,逃奔有鬲氏。收斟寻二国余烬,杀寒浞而立少康。"③

《太平御览·皇王部七》引《竹书纪年》曰:"后桀命扁伐山民,山民女于桀二人,曰琬,曰琰。桀爱二人,女无子焉。斲其名于苕华之玉,苕是琬,华是琰,而

---

① 《春秋左传正义》卷二九,《十三经注疏》,第4195—4196页。
② 同上书卷五七,《十三经注疏》,第4679—4680页。
③ [宋]李昉等编:《太平御览》卷八二,中华书局1960年版,第383—384页。

弃其元妃于洛,曰妹喜。桀倾宫饰瑶台,作琼室,立玉门。汤遂灭夏桀,逃南巢氏。自禹至桀十七世,有王兴,无王用,岁四百七十一年。"① 妹喜即妹嬉,是桀的元妃。夏朝自夏禹至夏桀,共四百七十一年,其中包括羿、浞代夏的"无王"阶段。传说羿、浞代夏合计四十年。

从"汤谋易旅,何以厚之?覆舟斟寻,何道取之"开始,进入夏末商汤放夏桀的事情。商汤想改变夏人,为什么夏人都喜欢商汤?浇灭斟寻,是用了什么方法?这段话中的"汤"字,有人认为是"康"字之误,这句话应该是指少康。王国维曾考证"唐"是"汤"的本字。②"康"与"唐"相似,故"康"先讹为"唐",再转写为"汤"。但这种怀疑并没有任何根据。

《天问》在讨论历史问题的时候具有跳跃性:"桀伐蒙山,何所得焉?妹嬉何肆,汤何殛焉?舜闵在家,父何以鳏?尧不姚告,二女何亲?厥萌在初,何所亿焉?璜台十成,谁所极焉?登立为帝,孰道尚之?女娲有体,孰制匠之?舜服厥弟,终然为害。何肆犬豕,而厥身不危败?吴获迄古,南岳是止。孰期去斯,得两男子?"夏桀征伐蒙山,究竟得到什么?夏桀的妃子妹嬉有什么放肆处吗,商汤为何要杀她?虞舜在家,他的父母亲为什么不给他娶妻?尧为什么不知照舜的父亲就把两个女儿嫁给了舜?事情刚开始的时候,怎么可以预知未来?商纣王做十层高台,箕子怎么就可能预见商纣王会从玉箸开始,走向奢侈道路?女娲抟土造人,那么女娲自己的身体是谁造的?虞舜用他的弟弟,但弟弟总想害他,像他弟弟这样猪狗一般的人,为什么没有危险呢?这段话先说夏桀、商汤,又说到尧,再说到商纣王、女娲、舜,最后说到吴泰伯和仲庸。这些人与事不但跨度大,而且或善或恶,或有恶报,或无恶报,背后的寓意也各有不同。

《楚辞章句》解释"女娲有体,孰制匠之"说:"传言女娲人头蛇身,一日七十化,其体如此,谁所制匠而图之乎?"洪兴祖《楚辞补注》说:"娲,古华切。古天子,风姓也。《山海经》云:女娲之肠,化为神,处栗广之野。注云:女娲,古神女

---

① 《太平御览》卷八二,第385页。
② 王国维:《殷卜辞中所见先公先王考》,《观堂集林》卷九,朝华出版社2018年版,第360—361页。

帝,人面蛇身,一日中七十变,其肠化为此神。《列子》曰:女娲氏蛇身人面,牛首虎鼻,此有非人之状,而有大圣之德。注云:人形貌自有偶与禽兽相似者,亦如相书龟背、鹄步、鸢肩、鹰喙耳。《淮南》云:黄帝生阴阳,上骈生耳目,桑林生臂手。此女娲所以七十化也。"① 古代的典籍多以女娲为三皇之一。如汉应劭《风俗通义·皇霸》引《春秋运斗枢》说:"伏羲、女娲、神农,是三皇也。皇者天,天不言,四时行焉,百物生焉。三皇垂拱无为,设言而民不违,道德玄泊,有似皇天,故称曰皇。皇者,中也,光也,弘也;含弘履中,开阴阳,布纲上,含皇极,其施光明,指天画地,神化潜通,煌煌盛美,不可胜量。"② 另外,还有女娲补天的故事,如《列子·汤问》说:"物有不足,故昔者女娲氏练五色石以补其阙,断鳌之足以立四极。其后共工氏与颛顼争为帝,怒而触不周之山,折天柱,绝地维,故天倾西北,日月辰星就焉,地不满东南,故百川水潦归焉。"③ 除此,还有女娲抟土造人的故事,如《太平御览·皇王部三》引《风俗通义》说:"俗说天地开辟,未有人民,女娲抟黄土作人,剧务,力不暇供,乃引绳于絙泥中,举以为人。故富贵者黄土人也,贫贱凡庸者絙人也。"④ 洪兴祖《楚辞补注》此处所引《山海经·大荒西经》《列子·黄帝》与《淮南子·说林》关于女娲身体七十变化的说法,虽然可以解释"女娲有体,孰制匠之",但无疑抟土造人的传说更符合《天问》的本义。褚斌杰在《天问笺释》中解释这句话的时候,就认为指的是"女娲抟黄土造人"之事。⑤

"缘鹄饰玉,后帝是飨。何承谋夏桀,终以灭丧?帝乃降观,下逢伊挚。何条放致罚,而黎服大说?简狄在台,喾何宜?玄鸟致贻,女何喜?"以下主要说商朝的历史,包括商汤遇见挚,以及玄鸟生商等。伊尹烹调鹄羹而用美玉装饰,这样美好的餐飨献给商汤,为何承担谋取夏桀的重任,终于使夏王朝因此灭亡?商汤巡视四方,发现小臣伊挚。为何在鸣条打败并流放夏桀,黎民百姓一个个欣

---

① 《楚辞补注》卷三,第104页。
② [汉]应劭著,王利器校注:《风俗通义》卷一,中华书局2010年版,第2—3页。
③ 杨伯峻:《列子集释》卷五,中华书局2013年版,第157—158页。
④ 《太平御览》卷七八,第365页。
⑤ 褚斌杰:《楚辞要论》,第263页。

喜若狂？这是赞扬伊尹以卑微的身份最终辅佐商汤成就霸业，受到人民的拥护。"该秉季德，厥父是臧。胡终弊于有扈，牧夫牛羊？干协时舞，何以怀之？平胁曼肤，何以肥之？有扈牧竖，云何而逢？击床先出，其命何从？恒秉季德，焉得夫朴牛？何往营班禄，不但还来？昏微遵迹，有狄不宁。何繁鸟萃棘，负子肆情？眩弟并淫，危害厥兄。何变化以作诈，后嗣而逢长？"王亥秉承其父王季的德业，因此受到他父亲表扬，却为什么在放牧牛羊的时候死在了有扈？王亥能跳舞，怎么就可以招引有扈的姑娘？王亥丰肌柔肤，为什么能身体强壮？有扈的牧人为什么会妒火燃烧，和王亥遭遇？王亥在和有扈氏女子约会的时候怎么可以先逃跑，而杀手击床扑空，后来他们命运又是如何？王亥的弟弟王恒也秉承其父王季之德，即位以后，从哪儿弄来几匹驾车的仆牛？为什么去执行颁布有扈君爵禄的公务，事完了还不肯马上往回走？黄昏时分幽静的小路上二人同行，偷偷摸摸总不免有些胆战心惊。为什么酸枣树上停着猫头鹰，女的抱着男的恣意调情？善于骗人的弟兄跟同一个女子淫荡，弟弟终于害死了自己的兄长。为什么兄弟俩要尽了欺诈的花样，商朝的后代子孙仍能够兴旺久长？这段说商朝的一段历史，虽然有复仇的内容，但起源都是与女性相关。其中提到的该即王亥，有扈氏即有易。《易经·大壮》六五爻辞说："丧羊于易。"[1] 指的就是王亥的事情。王亥牧羊被有扈氏所杀，弟王恒为王亥复仇。昏微，一说认为是王亥之子上甲微[2]，因父亲被杀，所以不断对有扈氏发动进攻，有狄即指有扈。"成汤东巡，有莘爰极。何乞彼小臣，而吉妃是得？水滨之木，得彼小子。夫何恶之，媵有莘之妇？汤出重泉，夫何罪尤？不胜心伐帝，夫谁使挑之？"这是说成汤东巡，来到有莘，得到了一位贤德的夫人，而伊尹作为小臣陪嫁。伊尹是有莘氏采桑女在水边的空桑树中捡得的幼童。有莘把伊尹当做有莘女陪嫁的仆从，难道是因为厌恶他这样一位贤才吗？汤在重泉遭囚禁终被放回，既已无罪被释为何又生怨尤？难忍耻辱举兵伐桀，又是谁触动商汤决定消灭夏桀的？

---

[1] [魏]王弼，[晋]韩康伯注，[唐]孔颖达正义：《周易正义》卷四，《十三经注疏》，第99页。
[2] 褚斌杰：《楚辞要论》，第271页。

"会晁争盟,何践吾期。苍鸟群飞,孰使萃之?到击纣躬,叔旦不嘉。何亲揆发足,周之命以咨嗟?授殷天下,其位安施?反成乃亡,其罪伊何?争遣伐器,何以行之?并驱击翼,何以将之?昭后成游,南土爰底。厥利惟何,逢彼白雉?穆王巧梅,夫何为周流?环理天下,夫何索求?妖夫曳衒,何号于市?周幽谁诛,焉得夫褒姒?"此段涉及周代历史的一些重大事件,如武王、昭王、穆王、幽王的历史。八百诸侯会于孟津,宣誓伐纣。周公旦辅佐武王伐纣,但并不同意诛杀商纣王,感叹商纣王之命运。天授天下给殷,最终又亡国,究竟是犯了什么罪行?周武王是怎么样率领诸侯消灭商纣王的?周昭王为什么要南巡荆楚,迎接白雉,导致殒命?周穆王为什么要巡游天下,究竟想找什么?周幽王为什么会得到褒姒,而导致覆亡?"齐桓九会,卒然身杀。彼王纣之躬,孰使乱惑?何恶辅弼,谗谄是服?比干何逆,而抑沉之?雷开何顺,而赐封之?何圣人之一德,卒其异方?梅伯受醢,箕子详狂。"此处谈到春秋时期齐桓公被杀,以及商纣王无道,忠臣受害的历史。殷纣王作为一国之君,是谁使他头脑发昏?为什么讨厌辅佐他的忠臣,而任用爱进谗言的奸佞?比干有何悖逆之处,遭到贬抑打击?雷开是怎样阿谀奉承,而被封爵赏金?为什么圣人的品德相同,而最终行事的方法却不同。梅伯为什么被剁成肉酱,而箕子却披发装疯?

"稷维元子,帝何竺之?投之于冰上,鸟何燠之?何冯弓挟矢,殊能将之?既惊帝切激,何逢长之?伯昌号衰,秉鞭作牧。何令彻彼岐社,命有殷国?迁藏就岐,何能依?殷有惑妇,何所讥?受赐兹醢,西伯上告。何亲就上帝罚,殷之命以不救?师望在肆,昌何识?鼓刀扬声,后何喜?武发杀殷,何所悒?载尸集战,何所急?"这一段说后稷是姜嫄所生的嫡子,为什么帝喾不保护?姜嫄把后稷投到冰上,为什么鸟会保护这个婴儿?为什么后稷后来才能那么大,他的后代那么兴旺?周文王怎么可以在商衰以后接受天命?周太王迁岐山,为什么百姓都跟着他?商纣王有惑妇妲己,为什么受到百姓的讥刺?商纣王为什么杀忠臣梅伯,把梅伯剁成肉酱分赐诸侯,西伯禀告天帝纣王不道,怎么就能得到上天的佑助,把商纣王消灭了呢?姜太公吕望在市场做屠夫,为什么就能被周文王姬昌发现?周武王为什么满腔愤懑,急急忙忙载着周文王的灵位去和商纣王作战?

蒋骥《山带阁注楚辞》说："梅伯，即鄂侯也。"①《史记·殷本纪》载："（纣王）以西伯昌、九侯、鄂侯为三公。九侯有好女，入之纣。九侯女不憙淫，纣怒，杀之，而醢九侯。鄂侯争之强，辨之疾，并脯鄂侯。西伯昌闻之，窃叹。崇侯虎知之，以告纣，纣囚西伯羑里。西伯之臣闳夭之徒，求美女奇物善马以献纣，纣乃赦西伯。西伯出而献洛西之地，以请除炮格之刑。纣乃许之，赐弓矢斧钺，使得征伐，为西伯。而用费中为政。费中善谀，好利，殷人弗亲。纣又用恶来。恶来善毁谗，诸侯以此益疏。西伯归，乃阴修德行善，诸侯多叛纣而往归西伯。西伯滋大，纣由是稍失权重。王子比干谏，弗听。商容贤者，百姓爱之，纣废之。及西伯伐饥国，灭之，纣之臣祖伊闻之而咎周，恐，奔告纣曰：'天既讫我殷命，假人元龟，无敢知吉，非先王不相我后人，维王淫虐用自绝，故天弃我，不有安食，不虞知天性，不迪率典。今我民罔不欲丧，曰：天曷不降威，大命胡不至？今王其奈何？'纣曰：'我生不有命在天乎！'祖伊反，曰：'纣不可谏矣。'西伯既卒，周武王之东伐，至盟津，诸侯叛殷会周者八百。诸侯皆曰：'纣可伐矣。'武王曰：'尔未知天命。'乃复归。纣愈淫乱不止。微子数谏不听，乃与大师、少师谋，遂去。比干曰：'为人臣者，不得不以死争。'乃强谏纣。纣怒曰：'吾闻圣人心有七窍。'剖比干，观其心。箕子惧，乃详狂为奴，纣又囚之。殷之大师、少师乃持其祭乐器奔周。"②屈原在楚国的经历，与商纣王时期的忠臣故事，几乎是一个模式。而商朝的昏君奸臣，也与屈原时期的楚国君臣相类似。也正因此，这样的故事对屈原的触动非常大。

"伯林雉经，维其何故？何感天抑墜，夫谁畏惧？皇天集命，惟何戒之？受礼天下，又使至代之？"晋献公太子申生为什么被骊姬诬陷？这样的事情惊动天地，他们为什么不害怕？天授命君王管理天下，如果他们不知戒惧，不能为百姓服务，天最终一定会收回成命。《楚辞章句》解释"伯林"说："伯，长也。林，君也。谓晋太子申生为后母骊姬所譖，遂雉经而自杀。"洪兴祖《楚辞补注》说："《左传》：晋献公伐骊戎，骊戎男女以骊姬，归，生奚齐。骊姬嬖，欲立其子。使

---

① 《山带阁注楚辞》卷三，第89页。
② 《史记》卷三，第105—109页。

太子居曲沃，姬谓太子曰：'君梦齐姜，必速祭之。'太子祭于曲沃，归胙于公。姬毒而献之，泣曰：'贼由太子。'太子奔新城，十二月戊申，缢于新城。《国语》云：'雉经于新城之庙。'注云：'雉经，头枪而悬死也。'"《楚辞章句》解释"何感天抑墜，夫谁畏惧"说："言骊姬谗杀申生，其冤感天，又谗逐群公子，当复谁畏惧也。"《楚辞补注》说："墜即地字。《左传》云：狐突适下国，遇太子曰：'夷吾无礼，余得请于帝矣。'又曰：'帝许我罚有罪矣，敝于韩。'此言申生之冤感天抑地，而谁畏惧之乎？"① 王逸和洪兴祖的说法持之有故，言之成理。有人认为"伯林"指的是商纣王，似无道理。

"初汤臣挚，后兹承辅。何卒官汤，尊食宗绪？勋阖梦生，少离散亡。何壮武厉，能流厥严？"这几句是说明君成就贤臣，贤臣也能成就明君。当初伊尹不过是一位家臣，后来被商汤用为辅政大臣，为什么能忠心耿耿，配享宗庙？吴王寿梦的孙子吴王阖闾功勋卓著，为什么早年流浪，最后能建立威名？伊尹得商汤任用，所以能成就功名，而吴王阖闾则是得到贤臣伍子胥的帮助，因此能建立威名。"彭铿斟雉，帝何飨？受寿永多，夫何久长？中央共牧，后何怒？蜂蛾微命，力何固？"彭铿即彭祖，以长寿著名，据说活了八百岁。彭铿曾经给帝尧做过鸡羹。屈原质疑说彭祖为什么可以活那么长久。周天子分裂诸侯，共治天下，为什么有君主互相攻伐？蜂蛾这样的贱命，为什么还要挣扎？

"惊女采薇，鹿何祐？北至回水，萃何喜？"《楚辞章句》注释"惊女采薇，鹿何祐"一句曰："祐，福也。言昔者有女子采薇菜，有所惊而走，因获得鹿，其家遂昌炽，乃天祐之。"其注释"北至回水，萃何喜"一句说："萃，止也。言女子惊而北走，至于回水之上，止而得鹿，遂有禧喜也。"② 柳宗元《天对》说："对：萃回偶昌，鹿曷祐以女。"③ 这都是认为采薇女被惊吓，为什么鹿会保佑她？北到回水，到了又有什么喜讯？《史记》亦载有"采薇"一事。《史记·伯夷叔齐列传》曰："伯夷、叔齐，孤竹君之二子也。父欲立叔齐，及父卒，叔齐让伯夷。伯夷曰：'父

---

① 《楚辞补注》卷三，第 115 页。
② 同上书卷三，第 116—117 页。
③ [唐]柳宗元：《柳河东集》卷一四，中国书店 1991 年影印世界书局 1935 年版，第 181 页。

命也.'遂逃去。叔齐亦不肯立而逃之。国人立其中子。于是伯夷、叔齐闻西伯昌善养老,盍往归焉。及至,西伯卒,武王载木主,号为文王,东伐纣。伯夷、叔齐叩马而谏曰:'父死不葬,爰及干戈,可谓孝乎?以臣弑君,可谓仁乎?'左右欲兵之。太公曰:'此义人也。'扶而去之。武王已平殷乱,天下宗周,而伯夷、叔齐耻之,义不食周粟,隐于首阳山,采薇而食之。及饿且死,作歌。其辞曰:'登彼西山兮,采其薇矣。以暴易暴兮,不知其非矣。神农、虞、夏忽焉没兮,我安适归矣?于嗟徂兮,命之衰矣!'遂饿死于首阳山。"①李善注《文选》刘孝标《辩命论》"夷叔毙淑媛之言,子舆困臧仓之诉"曰:"《古史考》曰:伯夷、叔齐者,殷之末世孤竹君之二子也。隐于首阳山,采薇而食之。野有妇人谓之曰:'子义不食周粟,此亦周之草木也。'于是饿死。"李周翰注曰:"夷,谓伯夷也;叔,谓叔齐也。毙,死也;淑媛,妇人也;诉,毁也。"如果谯周的《古史考》可靠,则采薇似乎是指伯夷、叔齐的故事,但鹿如何佑助伯夷、叔齐,则并不见于记载。《水经注·灅水》曰:"灅水又东,阳原水注之,水出县东北泽中,北俗谓之太拔回水,水自泽东南流注于灅水。"杨守敬疏云:"漯为灅之省文。"② 阳原在今河北省张家口市,战国秦汉时称安阳邑、东安阳县、阳原县等,北魏称昌平县。孤竹国正好也在今河北省一带。河南安阳也出土有孤竹国的记载。首阳山在今河南洛阳偃师市邙岭,是邙山的一部分。这说明"北至回水"可能与伯夷、叔齐事迹相关。

"兄有噬犬,弟何欲?易之以百两,卒无禄。"秦景公有一只咬人的犬,为什么弟弟公子鍼想要?用百辆车换,最后还丢了禄位?《史记·秦本纪》载,"景公母弟后子鍼有宠,景公母弟富,或谮之,恐诛,乃奔晋,车重千乘。晋平公曰:'后子富如此,何以自亡?'对曰:'秦公无道,畏诛,欲待其后世乃归。'""景公立四十年卒,子哀公立。后子复来归秦。"公子鍼是秦景公的同母弟,一般称"后子鍼"。

"薄暮雷电,归何忧?厥严不奉,帝何求?伏匿穴处,爰何云?荆勋作师,夫何长?悟过改更,我又何言?吴光争国,久余是胜。何环穿自闾社丘陵,爰出子文?吾告堵敖以不长。何试上自予,忠名弥彰?"一般认为这段是屈原写现

---

① 《史记》卷一,第 2123 页。
② [北魏]郦道元注,杨守敬、熊会贞疏:《水经注疏》卷一三,中华书局 2016 年版,第 118 页。

实。在傍晚雷电之中,我既然决定归去,又何必担忧楚国?楚王自己不自律,能有什么未来呢?自己浪迹在外,每日躲藏,住在洞穴之中,有什么可说的呢?楚国自不量力,和强秦打仗,国运怎么可能长久?如果楚王能悔过改正,我又有什么可说?吴太子光争国,即位为吴王以后,让吴国兴盛,大胜楚国。大夫伯比穿墙逾屋,和邧国女子在间社丘陵私会,怎么就可以生出子文这样优秀的人才?我告诉堵敖说楚国命运不会长久了,我并不想让楚王失败,使我的预言成真,让自己的忠臣之名流芳百世。吴公子光即吴王阖闾。《楚辞章句》曰:"子文,楚令尹也。子文之母,鄅公之女,旋穿间社,通于丘陵以淫,而生子文。弃之梦中,有虎乳之,以为神异,乃取收养焉。楚人谓乳为穀,谓虎为於菟,故名鬬穀於菟,字子文,长而有贤仁之才也。一云:何环间穿社,以及丘陵,是淫是荡,爰出子文。"又曰:"堵敖,楚贤人也。屈原放时,语堵敖曰:'楚国将衰,不复能久长也。'"①

《天问》涉及大量古史及传说,对于屈原来说,这些内容应都是当时所周知的历史,屈原从其中发现了兴亡成败的线索。屈原咏史,实际上是叹息历史的悲剧总是不断重演。因此,《天问》的跳跃性也是源于屈原的思绪总在历史与现实中徘徊。

二、《天问》不存在错简问题

《天问》是屈原采用诘问句式创作的一首长篇咏史抒情诗。《天问》约有1559字。由于断句的不同,对《天问》包含的句子数目的统计会略有不同,根据周秉高教授《楚辞探析》的统计,《天问》全诗有353句,174问。写天文问题的30问,共44句;写地理问题的42问,共68句;写历史问题的95问,共228句;写现实问题的7问,共13句。②周秉高把鲧禹治水一段13问共24句算在写地理一类,事实上这一部分也应归属上古历史。剩余的有关天文、地理的问题,都是讨论过去发生过的与人类知识相关的古史传说,从严格意义上来说,也应该属

---

① 《楚辞补注》卷三,第117—118页。
② 周秉高:《楚辞探析》,台湾五南图书出版股份有限公司2016年版,第148页。

于人文历史的范畴。至于写现实的部分，则更是屈原对过去遭遇的质疑。因此，《天问》应该是一首寻求中国上古历史真相的抒情长诗。屈原生活在特定的历史时期和特定的地域，他的性格和遭遇，以及最终的人生轨迹，冥冥之中都与历史的前缘所决定。没有特定的历史机缘，屈原不可能生活在楚国这个时间段。如果屈原不是生活在楚国这个时间段，也不可能遇到影响他人生轨迹的人和事。如果造物没有给他创造出塑造他性格的机缘，他也不可能有这样特立独行的人格境界。因此，屈原探究历史的真相，也就意味着他在寻求自己人生悲剧命运的真相。那种认为《天问》是要探究宇宙奥秘，或者认为《天问》在书写神话的观点，可能都背离了屈原写作的初衷。《天问》不是询问宇宙奥秘，虽然其中内容涉及天地日月星辰，但都与我们人类的知识相关联。屈原主要是询问人类宇宙知识的来源，而不是询问日月星辰本身何以产生。人类关于天地日月星辰的传说，是人类文明史的一部分。屈原需要探究的是人类的历史，包括人类对客观世界认识的来源。

  《天问》的写作时间，也应该是在《离骚》之后。《楚辞章句·天问序》曰："《天问》者，屈原之所作也。何不言问天？天尊不可问，故曰天问也。屈原放逐，忧心愁悴，彷徨山泽，经历陵陆，嗟号昊旻，仰天叹息，见楚有先王之庙及公卿祠堂，图画天地山川神灵，琦玮僪佹，及古贤圣怪物行事，周流罢倦，休息其下，仰见图画，因书其壁，何而问之。以渫愤懑，舒泻愁思，楚人哀惜屈原，因共论述，故其文义不次序云尔。"[①] 这里不但清楚地说明屈原写作《天问》的动机，而且，也告诉我们《天问》是屈原在见过楚国先王庙及公卿祠堂以后有感而发所写的。

  屈原有感于楚先王庙及公卿祠堂里有着关于天地山川神灵、琦玮僪佹及古贤圣怪物行事的图画，也就是说，屈原奇怪于楚先王庙和公卿祠堂中有关楚国及楚国之前中国上古的历史记载，故而想寻找隐藏在这些故事后面的真相。但历史不可能重复，只有天默默地见证了这些故事的发生，所以屈原只有向"天"寻求答案。所以，"天问"是人"问天"，而不是"天"问人。

[①] 《楚辞补注》卷三，第85页。

林云铭《楚辞灯》说:"一部楚辞,最难解者,莫如《天问》一篇。以其重复倒置,且所引用典实多荒远无稽,故王逸以为题壁之词,而朱晦庵《集注》阙其疑、阙其谬者,十之二三,使后人执卷茫然,读未竟而中罢,余尝惜焉。兹细味其立言之旨,以三代之兴亡作骨。其所以兴,在贤臣;其所以亡,在惑妇。惟其有惑妇,所以贤臣被斥逐,谗谀益张。全为自己抒胸中不平之恨耳。篇中点出妹喜、妲己、褒姒为郑袖写照,点出雷开为子兰、上官、靳尚写照,点出伊尹、太公、梅伯、箕、比为自己写照。末段转入楚事,一字一泪,总以天命作线,见得国家兴亡皆本于天。无论贤臣,即惑妇谗谀,未必不由天降。或阴相而默夺之,或见端于千百年之前,而收效于千百年之后。天道不可知,不得不历举而问焉。"[1] 林云铭以"三代之兴亡作骨"来概括《天问》的内容,这是非常精辟的。

《天问》问历史,关注点不是历史大事记,而重在兴亡变迁,重在君王素质,重在用人之策,这里充满了屈原个人的人生感喟与政治观点。屈原从不同角度对被一般人广泛传播和认同的有关天文、地理形成及演变的知识体系,以及影响中国上古社会发展的历史人物和历史事件进行诘问,而诘问之中,已经隐含了答案。

很多人把《天问》看作是一首哲理诗。在某种意义上,这个定位或许有一定的合理性,因为《天问》涉及对古往今来许多重大问题的评价。但客观地说,《天问》与来自西方的"哲理诗"仍然有区别。哲理诗以说理为目的,而《天问》所诘问的是在作者之前中国人关于历史文化的一些知识、事件缘由以及可能的事实。诗歌大体上按照由远及近、自古及今、从宏观到细微、自天道至人道的逻辑顺序,层层深入,气势通贯,怨愤外泄。虽然和中国古代大部分诗歌的表现方式不同,所述内容也有差异,但《天问》所抒发的情感仍然与屈原所创作的其他骚体诗并无二致,其终极目的都在表达怨愤情绪。所以,《天问》虽然内容是"咏史",但仍然是"言志"的抒情诗。假如我们把《天问》看作是哲理诗,那么中国古代一切以"言志"为目的的诗歌就都可以称为哲理诗了。因此,直接把《天问》定义为哲理诗,并不能准确说明这首诗的独特性,因而这也就是一个无意义的定义。

《天问》用独特的叙事视角,把屈原作品的"奇文"特征表现得淋漓尽致。

---

[1] 《楚辞灯》卷二,第 75 页。

第八章 《天问》《远游》《卜居》《渔父》述论

《天问》作为抒情诗,与《离骚》一样,都是以气驭文,以情驭文,即以自己跳跃的情绪,来驾驭自己的所思所想。而这个所思所想在屈原怨愤情绪的驱使下,有一种排山倒海的磅礴气势,而其间也有深沉哀婉的情感流动轨迹,这与其主观宣泄的创作动机相一致。

《楚辞章句·天问序》认为楚人哀惜屈原,因共论述,"故其文义不次序",提出楚人在传承《天问》过程中可能有编辑错误,即后代学者所谓的《天问》"错简"问题。

提出《天问》有"错简"问题,就如同要给《天问》作回答而写"天对"一样,都没有理解屈原作《天问》的初衷。《天问》的答案就在诘问之中,不需要另外回答。而《天问》思维的跳跃性也不是"错简"。洪兴祖对"错简"之说,有很清楚的批评。《楚辞补注》曰:"《天问》之作,其旨远矣。盖曰遂古以来,天地事物之忧,不可胜穷,欲付之无言乎?而耳目所接,有感于吾心者,不可以不发也。欲具道其所以然乎?而天地变化,岂思虑智识之所能究哉?天固不可问,聊以寄吾之意耳。楚之兴衰,天邪人邪?吾之用舍,天邪人邪?国无人,莫我知也,知我者其天乎?此《天问》所为作也。太史公读《天问》,悲其志者以此。柳宗元作《天对》,失其旨矣。王逸以为文义不次序,夫天地之间,千变万化,岂可以次序陈哉?"①洪兴祖认为《天问》寄托屈原之意,因而千变万化,其叙述不依次序。这个看法正是看到了屈原创作是以气驭文,以情驭文,遵从情感轨迹而不为理智所约束的宣泄特征。而黄文焕在《楚辞听直·听天问》中,不但认为王逸等人"错简"之说"殊谬",并认为洪兴祖关于《天问》所问事不可以"次序陈"也不得要领。他认为《天问》"前无古人,后无来者","首末中间,做法井井,可谓不次序乎"。同时他仔细论述了《天问》的"变顺为逆,即逆是顺",并分析字法、句法、段法、章法。②黄文焕的分析,可谓不易之论。因此,我们认为,凡是主张《天问》有"错简"的观点,都不能认识到《天问》的情感宣泄方式导致"文义不次序"。因此,那些认为《天问》存在错简问题,并试图恢复《天问》原貌的努力,就变成

---

① 《楚辞补注》卷三,第85页。
② 《楚辞听直》,第245—251页。

了一件徒劳的工作。

不过,一些学者按照《天问》"错简"的思路,探讨按照逻辑线索叙写的《天问》应该是什么面貌。这给我们理解屈原《天问》的"文义不次序"提供了线索。金开诚在《屈原辞研究》一书中指出,《天问》自"缘鹄饰玉,后帝是飨"至"何卒官汤,尊食宗绪",先讲伊尹说汤,商汤灭夏,其次又追问商族起源及商之先公在夏朝之事;忽然又插入周朝历史,由武王伐纣直到齐桓公的兴衰;又回问商之末世及周之起源和强盛;已讲到晋国申生受害,却又再说商初之事。而按历史发展线索,理当先写简狄生契,商族的直源,尔后依次是生活于夏代的商之先公亥、恒、上甲微三世之事;成汤得到伊尹,起意伐夏;伊尹说汤,成汤灭夏;因夏灭而提出对天命的疑问,总结伊尹与汤的关系;再说商纣暴虐无道,姜嫄生稷,周族的起源;周文王壮大并得到吕望,武王始伐纣;武王会诸侯灭殷,又因而提出对天命的疑问;西周的衰落以至灭亡;进入春秋,问齐桓公事,问春秋晋国申生之事。关于夏朝之事,更是与天地开辟,夏之前之史事相交错。① 周秉高在《楚辞解析》中,认为屈原写夏朝历史 68 句 24 问,错简 24 句 11 问;写商朝 46 句 17 问,周朝 32 句 13 问,共错简 38 句 19 问。② 两组相加,《天问》的错简超过了三分之一。

林庚先生《天问论笺》也曾提到《天问》的错简问题,但他认为:"《天问》的一百八十八句中明显地是分为两大段落。自'遂古之初谁传道之'至'羿焉彃日乌焉解羽'这五十六句是问天地的,也就是问有关大自然形成的传说;自'禹之力献功降省下土四方'至'何诚上自予忠名弥章'这一百三十二句是问人事的,也就是问有关人间盛衰兴亡的历史传说。这两大段落的基本轮廓是分明的;先问天地开辟,次问人事的兴亡,乃是完全合乎自然顺序的。这首先就提供了一个无可置辨的层次。特别是那有关大自然的五十六句,所涉及的内容更是层次井然,即使有个别存疑之处,也无妨于大体的轮廓。……紧接着这五十六句的是三十四句有关夏后启立国至少康中兴的历史传说,中间插进了一段后羿一族征服夏王朝的故事。这三十四句所涉及的乃是一个人所熟知的完整的历史传说,

---

① 金开诚:《屈原辞研究》,第 208—244 页。
② 周秉高:《楚辞解析》,第 100—102 页。

它以相同的层次见于《春秋左氏传》和《离骚》,其中细节虽有出入,而轮廓却是一致的。例如这三十四句中忽然出现了鲧的故事,这是别处所没有的,而鲧既是属于夏民族的,在夏王朝建国之初的斗争中以神话式的情节出现,正是不足为奇的,也不会影响整个历史的顺序。"又说从"遂古之初谁传道之"至"覆舟斟寻何道取之",已占了全诗一半的篇幅,"作品的整个轮廓都一直是有中心有层次的,那么此外个别诗句的难于理解,就不能再把原因归罪于作品本来乃是零乱无章的,而只能归罪于所问的某些情节的失传,或发生了偶然的错字、错简"。①

如果《天问》的文义不相联属,都是由于错简,而且是较大面积的错简,岂非暗示初编《天问》之人极不负责。一篇流传数千年的长篇诗歌作品,竟然有三分之一以上的"错简"。如果我们一直认为这是一首伟大的诗歌,那"错简"的观点肯定难以自圆其说。因此,如果认为《天问》存在"错简"问题,必然会动摇我们对《天问》伟大价值的体认。我们认为林庚先生的这个意见应该是较令人信服的。偶尔的错简或许是可能的,但没有确凿的证据之前,我们也不可以遽下结论。诗篇面貌正符合《楚辞章句·天问序》中所说屈原作《天问》之时"忧心愁悴,彷徨山泽,经历陵陆,嗟号昊旻,仰天叹息"的状态,也符合激情所至,书诗于壁上,一气而成,"以渫愤懑,舒泻愁思"的情景。

蒋骥对《天问》书写特点的论述非常有见识。《山带阁注楚辞》云:"《天问》一篇,多漫兴语。盖其闳览千古,仗气爱奇。广集遐异之谈,以成瑰奇之制。……盖寓意在若有若无之际,而文体结撰,在可知不可知之间。"②《天问》沿着自己的思绪诘问,也就是"漫兴之语",这也正是屈原的激情所带来的一种非理性的直觉状态。"言志"之诗根源于"情动于衷"的"缘情"活动,是一种感性直觉,有的时候可能符合逻辑,有的时候可能并不符合。刘勰《文心雕龙·神思》曰:"形在江海之上,心存魏阙之下,神思之谓也。文之思也,其神远矣,故寂然凝虑,思接千载;悄焉动容,视通万里。吟咏之间,吐纳珠玉之声;眉睫之前,卷舒风云之

---

① 林庚:《天问论笺·三读〈天问〉》,人民文学出版社1983年版,第4页。
② 《山带阁注楚辞》,第204页。

色:其思理之致乎? 故思理为妙,神与物游。神居胸臆,而志气统其关键;物沿耳目,而辞令管其枢机。枢机方通,则物无隐貌;关键将塞,则神有遁心。"① 所谓超越时间与空间的神思,即神与物游,以志气为关键,志气即一种情感流动的轨迹。在神物相游的创作活动中,征实理性之言,当然不足以成奇文,只有不遵从常人的思绪,才能成就翻空之奇。《天问》乃至《离骚》等抒情诗,回环往复,忠怨之辞一说再说,也正体现出屈原骚体诗歌创作的重要特征。刘熙载《艺概·赋概》曰:"《离骚》东一句,西一句,天上一句,地下一句,极开阖抑扬之变,而其中自有不变者存。"② 这个看法,无疑是很有见地的。胡仔《苕溪渔隐丛话前集》引范温《潜溪诗眼》云:"古人律诗,亦是一片文章,语或似无伦次,而意若贯珠。"③ 范温的话告诉我们,不仅仅屈原的诗歌如此,古人的诗歌都会存在"语或似无伦次,而意若贯珠"的现象,如果我们认为这是一种混乱,那就会违背诗歌创作规律。

《天问》作为咏史之奇作,其所咏包括大自然的形成、天地开辟、天象、地理等自然知识,也包括夏、商、周三代兴衰,春秋霸主及楚人事迹,其间还有自身的身世之叹。内容通贯古今上下,而所咏不采取正叙方式,却一概诘问,自开篇至结尾,向读者提出了一系列问题。这些问题的提出就如狂涛拍岸,使人窒息,若将其连缀起来,我们又无法寻得机隙思考和回答。但这些问题本身就代表了一种倾向性和立场,其意旨是非常清晰的。屈原采用了那种"前无古人,后无来者"的气势磅礴的叙述结构,反倒更突出地表现了他的激情和叛逆精神。李贺肯定《天问》"语甚奇崛,于《楚辞》中可推第一,即开辟来亦可推第一"④。清人夏大霖的认识则更具体,他说:"人有言奇文共欣赏,不图二千年余来,尚留《天问》篇之奇文以待赏。其创格奇,设问奇,穷幽极渺奇,不伦不类奇,不经不典奇,一枝笔排出八门六花,堂堂井井,转使读者没寻绪处,大奇大奇。……愚细看到'皇天集命','悟过改更'句,知其志意所归。就他讲帝王的正道,推寻入去,却好是一篇

---

① 《文心雕龙义疏》,第301—304页。
② [清]刘熙载:《艺概》,上海古籍出版社1978年版,第88页。
③ [宋]胡仔:《渔隐丛话·前集》卷七,人民文学出版社1962年版,第43页。
④ [明]蒋之翘:《七十二家评楚辞》,明天启六年蒋之翘楚稺刻本,吴平主编:《楚辞文献集成》,第16099页。

道德广崇,治乱条贯的平正文字,庶几欣赏矣乎!观其神联意会,如龙变云蒸,奇气纵横,独步千古。今而后识奇也。"① 这些论述都抓住到了屈原《天问》的核心特点,也是抓住了屈原作品的核心特点。蒋骥《山带阁注楚辞》说《天问》"仗气爱奇"②,事实上不惟《天问》如此,屈原其他作品的表现形式虽然可能各有侧重,但都充满了奇文倾向。

三、礼失而求诸野——《远游》述论

《远游》之名,取自首句"悲时俗之迫阨兮,愿轻举而远游"。后世对《远游》的作者大概有两种看法,一种以王逸为代表,认为《远游》是屈原的作品。大部分学者基本支持这一看法。但也有人认为《远游》是秦汉人的拟作,原因在于此诗中有明显的出世思想和神仙思想,与屈原积极入世的态度不相符。游国恩早期在《楚辞概论》中曾经认为《远游》为汉代作品,但在之后的《屈原》一书中,他又认为可以确定是屈原作品的有《离骚》《天问》《九章》《远游》《招魂》,而《九歌》《卜居》《渔父》是屈原之前或者之后的作品。③

《远游》的作者本不应该有争议。刘向在编定《楚辞》的时候,即以此诗为屈原之作,自王逸以来,绝大部分学者都没有怀疑。一切间接的证据都不足以撼动《远游》是屈原所作的事实。《远游》中明显的出世思想,正说明了屈原思想的丰富性,也说明屈原在长久的挫折和沮丧之中,意图调节心情,进而产生独善其身的犹豫与彷徨。用舍行藏本就是孔子及原始儒家思想的一体两面,既致力于拯救社会,也积极面对可能的挫折,始终保持人生的底线。《论语·述而》曰:"子谓颜渊曰:'用之则行,舍之则藏,唯我与尔有是夫!'"④《孟子·尽心上》

---

① [清]夏大霖:《屈骚心印·发凡》,清乾隆九年一本堂刊本。
② 《山带阁注楚辞》,第204页。
③ 参见《游国恩楚辞论著集》第三卷,第141、507页。他对屈原作品的确认,有一个逐渐深入的过程。比如1953年6月5日《光明日报》登载他的长文《屈原作品介绍》,他认为《九歌》是屈原的作品。《楚辞概论》于1926年由北新书局出版,《屈原》于1946年由胜利出版公司出版,这说明他对《远游》作者的确认也是一个逐渐清晰的过程。
④ 《论语注疏》卷七,《十三经注疏》,第5391页。

说:"故士穷不失义,达不离道。穷不失义,故士得己焉;达不离道,故民不失望焉。古之人,得志,泽加于民;不得志,修身见于世。穷则独善其身,达则兼善天下。"① 那种把用舍行藏对立起来的肤浅观点,并不符合孔子及原始儒家的思想。

《远游》的写作时间,应该在《离骚》之后,即屈原"不复在位","自疏"以后,但应该在顷襄王即位屈原被"迁"江南以前。同《离骚》一样,《远游》也写了屈原的远游和神游,所以,二者的主题基本一致。游国恩在《楚辞概论》中,认为《远游》不是屈原所作,《离骚》说:"忽反顾以游目兮,将往观乎四荒。"游国恩认为这句话就是伪托者伪托的依据。② 不过他后来否定了原先的观点。这说明游国恩自己也发现不能以《远游》与《离骚》的雷同来论证《远游》不是屈原的作品,但二者诗句的雷同,却可以让我们确认二者之间的密切联系。如《离骚》曰:"日月忽其不淹兮,春与秋其代序。惟草木之零落兮,恐美人之迟暮。"《远游》曰:"恐天时之代序兮,耀灵晔而西征。微霜降而下沦兮,悼芳草之先零。"《离骚》曰:"乘骐骥以驰骋兮,来吾道夫先路。"《远游》曰:"召黔嬴而见之兮,为余先乎平路。"《离骚》曰:"驷玉虬以乘鹥兮,溘埃风余上征。"《远游》曰:"载营魄而登霞兮,掩浮云而上征。"如此等等。这些有些雷同的句子,都代表了《远游》和《离骚》主题的相似性。因此,《远游》与《离骚》的关系,大体类似《离骚》与《九章》的关系。

屈原的大部分作品都贯彻了和《离骚》一样的主题。《楚辞章句·远游序》曰:"《远游》者,屈原之所作也。屈原履方直之行,不容于世。上为谗佞所谮毁,下为俗人所困极,章皇山泽,无所告诉。乃深惟元一,修执恬漠,思欲济世,则意中愤然,文采铺发,遂叙妙思,託配仙人,与俱游戏,周历天地,无所不到。然犹怀念楚国,思慕旧故,忠信之笃,仁义之厚也。是以君子珍重其志,而玮其辞焉。"③ 朱熹《楚辞集注》曰:"《远游》者,屈原之所作也。屈原既放,悲叹之余,眇观宇宙,陋世俗之卑狭,悼年寿之不长,于是作为此篇。思欲制炼形魂,排空御

---

① 《孟子注疏》卷十三上,《十三经注疏》,第 6017 页。
② 《游国恩楚辞论著集》第三卷,第 140—147 页。
③ 《楚辞补注》卷五,第 163 页。

气,浮游八极,后天而终,以尽反复无穷之世变。虽曰寓言,然其所设王子之词,苟能充之,实长生久视之要诀也。"[1] 王逸和朱熹都认为屈原遭放逐草野后,悲伤叹息之余,观察人生际遇,洞察社会之丑恶,哀悼人生短暂,所以写下了这篇诗作。这也就意味着,《远游》仍属于屈原发愤抒情之诗。

黄文焕重排《楚辞》篇目次序,把《远游》列在《离骚》之后,《楚辞听直序》以为"《远游》之意与句,多与首篇之《骚》近",[2] 所以把《远游》列为第二,以下依次为《天问》《九歌》《卜居》《渔父》《九章》。《听远游》指出:"《远游》与《离骚》'往观四荒''溘风上征'之旨同,而其上天下地,朝此夕彼,东西南北之递历,句法又大略相同。所不同者,《离骚》每段中言求女,《远游》每段中言求仙耳。"[3] 黄文焕并详细分析了《离骚》与《远游》在结构上的一致性,这对我们理解《远游》非常有启发。屈原作品所要表达的情怀基本始终如一,而他也有一些自己习惯使用的词语。如游国恩举例中有"上下"和"朝""夕"等词,这些词在《远游》中的出现,并不能说明它和《离骚》雷同,而是体现了屈原的一贯风格。除游国恩所举几例以外,屈原的其他作品也多次出现"上下"一词。如《离骚》曰:"勉升降以上下兮,求矩矱之所同","及余饰之方壮兮,周流观乎上下"。《天问》曰:"上下未形,何由考之?"《九章·悲回风》曰:"漂翻翻其上下兮,翼遥遥其左右。"《卜居》曰:"与波上下,偷以全吾躯乎?"。又如"朝""夕"对举,《离骚》曰:"朝搴阰之木兰兮,夕揽洲之宿莽","余虽好修姱以鞿羁兮,謇朝谇而夕替","朝发轫于天津兮,夕余至乎西极"。《九歌·湘君》曰:"朝骋骛兮江皋,夕弭节兮北渚。"《九歌·湘夫人》曰:"朝驰余马兮江皋,夕济兮西澨。"《九章·涉江》曰:"朝发枉渚兮,夕宿辰阳。"

《远游》也是一首长诗,一般认为有178句,一千多字。诗歌一开始就交代远游的原因:"悲时俗之迫阸兮,愿轻举而远游。质菲薄而无因兮,焉托乘而上浮。遭沈浊而污秽兮,独郁结其谁语!夜耿耿而不寐兮,魂茕茕而至曙。惟天地之无

---

[1] 《楚辞集注》卷五,第103页。
[2] 《楚辞听直》,第1页。
[3] 同上书,第240—244页。

穷兮,哀人生之长勤。往者余弗及兮,来者吾不闻。"那使人困厄的时俗真令人悲伤,真想飞升登天去远游。禀性鄙陋又没有机缘,怎能攀附仙车上天周游呢?生逢充满浑浊的尘世,心中的郁闷无人可倾诉。天地无穷,人生长勤,所以他想忘记过去,不管现在,"託乘而上浮",前往人们所崇仰的神仙世界中。

"步徒倚而遥思兮,怊惝怳而乖怀"以下,屈原继续反复吟咏。"意荒忽而流荡兮,心愁悽而增悲。神倏忽而不反兮,形枯槁而独留。"他想到天地无穷无尽,并哀叹人生愁苦艰辛。他意绪恍惚心神不宁,心中的愁苦悲伤日益加深。他觉得自己的灵魂已经一去不复返,只留下了枯槁的肉身,现实社会之中已经没有他的生存空间。因此,为了保持操守,只有远离人世:"内惟省以端操兮,求正气之所由。漠虚静以恬愉兮,澹无为而自得。"内省不忘端正操守,不忘天地正气。清虚恬静,淡泊无为,追求神仙,是为了给自己的信念一个安顿的地方。

面对着难以寄予的情感,诗人认为古仙人得道成仙、飘举远游、免受俗尘困扰的情况是最为理想的。于是他以赤松子、傅说、韩众等仙人作为追慕对象:"贵真人之休德兮,美往世之登仙。"他想秉承得道之人的美德,并羡慕他们能得道升天。他想着形体寂静远远地离去,离开人群而避世隐逸:"形穆穆以浸远兮,离人群而遁逸。因气变而遂曾举兮,忽神奔而鬼怪。时仿佛以遥见兮,精皎皎以往来。绝氛埃而淑尤兮,终不反其故都。免众患而不惧兮,世莫知其所如。"但诗人的内心其实还是难忘故土。得道升天、腾云驾雾,这样难道就能躲避小人的迫害吗?显然不行。诗人自叹天时无序,功业无成,他决意远游:"聊仿佯而逍遥兮,永历年而无成。谁可与玩斯遗芳兮,晨向风而舒情。高阳邈以远兮,余将焉所程。"他感到清明的社会将不会再出现,高阳帝时代的光辉已经太遥远。他想到忠良受迫害的情形,又是一阵惆怅。所以他只好认真地设想自己的远游,以逃避人世间的黑暗。他上天神游时怀念人间,看到人间受苦又向往上天遨游。那天上与人间,成了诗人心灵的两极,他就在两者之间遨游。

"春秋忽其不淹兮,奚久留此故居?轩辕不可攀援兮,吾将从王乔而娱戏!"诗人继续乘着南风到处游历,到了南巢国稍作休息。看见王子乔,且停下脚步,向他询问成仙之道。王子乔答曰:"道可受兮,不可传;其小无内兮,其大无垠;

第八章 《天问》《远游》《卜居》《渔父》述论　　171

无滑而魂兮,彼将自然;壹气孔神兮,于中夜存;虚以待之兮,无为之先;庶类以成兮,此德之门。"“道"只可以心领神会,却无法口说言传;它小到不能再分,却也大到没有边缘;不要搅乱你的神魂,它自然而然地就会出现;这一元之气非常神奇,往往在半夜寂静之时留存,请虚心安静等待着它。

"闻至贵而遂徂兮,忽乎吾将行。仍羽人于丹丘兮,留不死之旧乡。"听了王子乔的至理名言,诗人又匆匆起程,去天宫参观。他吸取天之精气,神旺体健,然后乘云上天,进入天宫之门,游览清都等天帝的宫殿。古时说天帝宫殿在天的中央,诗人升天后先到天中央,以此作为出发的基点,接着他游历了天上的东方与西方:"山萧条而无兽兮,野寂漠其无人。载营魄而登霞兮,掩浮云而上征。命天阍其开关兮,排阊阖而望予。召丰隆使先导兮,问大微之所居。集重阳入帝宫兮,造旬始而观清都。朝发轫于太仪兮,夕始临乎于微闾。屯余车之万乘兮,纷溶与而并驰。驾八龙之婉婉兮,载云旗之逶蛇。建雄虹之采旄兮,五色杂而炫耀。服偃蹇以低昂兮,骖连蜷以骄骜。骑胶葛以杂乱兮,斑漫衍而方行。撰余辔而正策兮,吾将过乎句芒。历太皓以右转兮,前飞廉以启路。阳杲杲其未光兮,凌天地以径度。风伯为余先驱兮,氛埃辟而清凉。凤皇翼其承旂兮,遇蓐收乎西皇。揽彗星以为旍兮,举斗柄以为麾。叛陆离其上下兮,游惊雾之流波。时暧曃其曭莽兮,召玄武而奔属。后文昌使掌行兮,选署众神以并毂。路曼曼其修远兮,徐弭节而高厉。左雨师使径侍兮,右雷公以为卫。"诗人出游的队伍在东方行进,这是一个庞大的队伍:众多龙神卫护,八龙驾车,风伯、雨师、雷公做侍卫,气势威严,浩浩荡荡而行。这个场景与《离骚》的出行何其相似。诗人拜会了东方太皓天帝和西方金神蓐收,那时的他似乎享受到得道成仙的乐趣:"欲度世以忘归兮,意恣睢以担挢。内欣欣而自美兮,聊媮娱以淫乐。涉青云以汜滥游兮,忽临睨夫旧乡。仆夫怀余心悲兮,边马顾而不行。思旧故以想像兮,长太息而掩涕。"可是不经意从高空俯瞰,瞥见故乡,心中又不禁隐隐作痛。

"氾容与而遐举兮,聊抑志而自弭。指炎神而直驰兮,吾将往乎南疑。"诗人决意不顾痛苦,南游九嶷山,希望能找到舜帝一诉衷肠。"祝融戒而还衡兮,腾告鸾鸟迎宓妃。张《咸池》奏《承云》兮,二女御《九韶》歌。"“轶迅风于清源兮,从颛顼乎增冰。"诗人游历到南方,又到了北方。南方之神祝融和北方之神颛顼,都让他深受教益。南方的鸾迎宓妃、湘灵鼓瑟,以及北方的冰积寒冷让他有了更深的体验。他就这样从东到西,又从南到北,然后又往来周转于四荒六漠,最后察见天地之无穷:"经营四荒兮,周流六漠。上至列缺兮,降望大壑。下峥嵘而无地兮,上寥廓而无天。视儵忽而无见兮,听惝怳而无闻。超无为以至清兮,与泰初而为邻。"诗人在现实的沮丧之中,寻求摆脱现实的路径,登上天堂,从西方走到东方,又从南方走到北方,虽然其中也为故国的遭遇所牵扰,也为故国之思所困惑,但最后归结为"与泰初而为邻"。泰初即太初,也就是宇宙的原初时代。

《远游》一诗自始至终不离"远游"的主旨,从远游的原因到为远游所作的准备,最后神游于六合直至无穷,都紧扣"远游"二字。政治的迫害使诗人有了游离人世的念想,但他无处可去,所以只能幻想在无穷的宇宙中实现他远离楚国的愿望。《论语·公冶长》曰:"子曰:'道不行,乘桴浮于海。从我者,其由与?'"《论语注疏》曰:"此章仲尼患中国不能行己之道也。'道不行,乘桴浮于海'者,桴,竹木所编小筏也。言我之善道中国既不能行,即欲乘其桴栰浮渡于海而居九夷,庶几能行己道也。"① 又《论语·子罕》曰:"子欲居九夷。或曰:'陋,如之何?'子曰:'君子居之,何陋之有?'"《论语注疏》曰:"此章论孔子疾中国无明君也。'子欲居九夷'者,东方之夷有九种。孔子以时无明君,故欲居东夷。'或曰:陋,如之何'者,或人谓孔子言,东夷僻陋无礼,如何可居?'子曰:君子居之,何陋之有'者,孔子答或人言,君子所居则化,使有礼义,故云何陋之有。"又引《东夷传》云:"夷有九种,曰畎夷、于夷、方夷、黄夷、白夷、赤夷、玄夷、风夷、阳夷。"又曰:"一曰玄菟,二曰乐浪,三曰高丽,四曰满饰,五曰凫臾,六曰索家,七曰东屠,八曰倭人,九曰天鄙。"② 孔子关注的不是一个国家,而是天下,当中国不能实现善政以后,他也曾有过离开中国去夷狄教化的想法。《汉书·地理志下》载:"东夷天性柔顺,异于三方之外,故孔子悼道不行,设浮于海,欲居九

---

① 《论语注疏》卷五,《十三经注疏》,第 5372 页。
② 同上书卷九,《十三经注疏》,第 5409 页。

夷，有以也夫！"① 箕子成功教化朝鲜的例子，一定给孔子留下了深刻影响，所以《汉书·艺文志》曰："仲尼有言：'礼失而求诸野。'"② 孔子欲远赴海外，这与屈原远游的形式虽然有不同，但都源于对现实的失望。屈原最终蹈水自杀，也可以理解为是为了践行离开无道楚国的《远游》主旨，回归太初。

善恶不分的国君和嫉贤妒能、迫害忠良的奸臣左右着楚国政坛，屈原对此已经无法忍受，他唯一的选择就是离去。这个离开表面上是自己主动，实际是被迫。这与屈原被楚怀王疏远以后无所作为，所以"自疏""不复在位"的情节是相同的。屈原并非自愿离开，所以才会犹豫徘徊。这种纠结与去留只能寄托于诗歌，所以这首诗和《离骚》一样，也充分表现了诗人的迟疑犹豫以及内心希望与绝望相互交织的反复。诗中出现了大量传说中的神人仙人，以及神怪异物，如太皓、西皇、颛顼等四方上帝，雷神丰隆、木神句芒、风神飞廉、金神蓐收、火神祝融、洛神宓妃、湘水之神湘灵、海神海若、河神冯夷、水神玄冥、造化之神黔嬴等各类正神，玄武星、文昌星等星官，赤松子、傅说、韩众、王乔等仙人，八龙、凤凰、鸾鸟、玄螭、虫象等动物，汤谷、阊阖、太微、旬始、清都、太仪、微间、寒门、清源等地名。诗人天马行空，神游于天上，以仙游寄托自己的精神世界，在云光霞影中，用声势磅礴的阔大场面创造出了属于自己的空间和时间，书写着自己的理想与挣扎。

四、正道直行　九死不悔——《卜居》《渔父》述论

《卜居》和《渔父》是屈原作品中两篇形式比较特殊的作品。两篇都采用对话形式完成。

"卜"即占卜，"居"即居处，"卜居"即占卜居处，也就是诗人到哪里才有安全人生的问题。《楚辞章句·卜居序》曰："《卜居》者，屈原之所作也。屈原体

---

① 《汉书》卷二八下，第1658页。
② 同上书卷三〇，第1746页。

忠贞之性,而见嫉妒。念谗佞之臣,承君顺非,而蒙富贵。己执忠直而身放弃,心迷意惑,不知所为。乃往至太卜之家,稽问神明,决之蓍龟,卜己居世何所宜行,冀闻异策,以定嫌疑,故曰《卜居》也。"①屈原作《卜居》,也是缘于本性忠贞,但遭到小人嫉妒,最后被放逐,心迷意惑,所以请太卜占卜,来判断自己应该怎么办。

《卜居》开篇说:"屈原既放,三年不得复见,竭知尽忠,而蔽鄣于谗。心烦虑乱,不知所从。往见太卜郑詹尹曰:'余有所疑,愿因先生决之。'詹尹乃端策拂龟,曰:'君将何以教之?'"这一段开门见山地交代了屈原去见太卜郑詹尹的目的。屈原已经遭到放逐,三年没有见到楚王。他竭尽智慧与忠诚,却因小人的谗言而受到冤屈。他内心忧烦,不知如何是好,于是就去拜访太卜郑詹尹。这里提到了"屈原既放,三年不得复见",即屈原被放三年后,作《卜居》。根据《卜居》的内容推断,这里的第三年,应该是屈原在楚怀王时被疏以后的三年。此时屈原不复在位,所以无由见到楚怀王。屈原被疏而徘徊,需要求神问卜的时期,大概是在被疏早期,此时距屈原写《离骚》的时间不远。《离骚》也多次提到求神问卜的事情。到了楚顷襄王时期,随着年龄的增大,以及与顷襄王等人关系的恶化,现实已经不存在妥协的可能性了,所以屈原也就再没多大必要去求神问卜了。

屈原见了太卜郑詹尹以后,首先问了一连串问题。《卜居》在"屈原曰"以下,首先抛出一大段善恶对比的选择题:"吾宁悃悃款款朴以忠乎?将送往劳来斯无穷乎?宁诛锄草茅以力耕乎?将游大人以成名乎?宁正言不讳以危身乎?将从俗富贵以媮生乎?宁超然高举以保真乎?将哫訾栗斯,喔咿儒儿以事妇人乎?宁廉洁正直以自清乎?将突梯滑稽,如脂如韦,以洁楹乎?宁昂昂若千里之驹乎?将氾氾若水中之凫乎,与波上下,偷以全吾躯乎?宁与骐骥亢轭乎?将随驽马之迹乎?宁与黄鹄比翼乎?将与鸡鹜争食乎?"这段问话的内容,都是两两一组,前者为善,后者为恶:我是应该做一个忠厚诚实质朴孤独的人呢,还是应该做一个送往迎来周旋社会的人呢?我是做一个勤勤恳恳清除茅草努力耕种的人

---

① 《楚辞补注》卷六,第 176 页。

呢,还是做一个周游于权贵之门追求名利之人呢?我是应该正言不讳让自己处于危险之中呢,还是混迹世俗谋求富贵苟且偷生呢?是应该超越世俗保持高洁品性呢,还是花言巧语巧言令色让妇人高兴呢?是应该廉洁正直保持清白呢,还是圆滑世故随机应变呢?是应该如奔腾不已的千里马呢,还是应该像水中野凫随波逐流苟全性命呢?是应该和骐骥共同驾辕呢,还是追随驽马的足迹呢?是和黄鹄一起比翼齐飞呢,还是和鸡鸭一同争食呢?问了这些问题以后,屈原向太卜郑詹尹询问究竟是做一个有坚守的善人好还是做一个顺应社会变化的坏人好,究竟是应该追求高尚,还是应该同流合污:"此孰吉孰凶?何去何从?"吉与凶,去与从也是互相对比。

屈原询问个人吉凶去从,实际上这不仅仅是自己如何在楚国生存的问题,也可以看作是屈原对人生和楚国命运的思考。屈原又补充说:"世溷浊而不清,蝉翼为重,千钧为轻;黄钟毁弃,瓦釜雷鸣;谗人高张,贤士无名。吁嗟默默兮,谁知吾之廉贞?"世道浑浊,是非不清,单薄的蝉翼被认为很重,千钧之物被认为太轻;洪亮的黄钟被毁坏抛弃,鄙陋的瓦釜却被当作乐器雷鸣震天;谗佞的小人嚣张跋扈,贤能的人却默默无名。屈原认为社会浑浊不清,是非不分,不知轻重,不知贵贱,没有公平。在现实社会中,没有人真正了解他的贞廉。屈原这一段补充实际是告诉郑詹尹,在楚国做一个好人、善人、正直的人是没有前途的。

明明知道吉凶结果,但屈原并不会改变自己,趋炎附势,因此,占卜就没有意义了。"詹尹乃释策而谢曰"以下是太卜郑詹尹告诉屈原不用占卜:"夫尺有所短,寸有所长,物有所不足,智有所不明,数有所不逮,神有所不通。用君之心,行君之意,龟策诚不能知事。"尺寸各有长短,物有不足,知有不明,计算有不准确的时候,神也不能洞悉一切。因此,鼓励屈原说:"用君之心,行君之意。"

《卜居》和《天问》一样,基本都是疑问句。不过,《天问》句句反诘,不需要回答。《卜居》通篇提出大约二十个问题,虽然寻求太卜占卜的结果,似乎需要答案,但对于屈原来说,并不真的需要答案。太卜郑詹尹也明白这一点,所以并没有给屈原答案。因此,这一篇作品,实际是屈原借记录自己去找太卜问卜的言辞,来抒发自己对是非混淆、黑白颠倒的社会现实的激愤之情,表达了他对真善美的追求以及对丑恶的弃绝。《卜居》似乎在写屈原人生选择的彷徨，但真正要表现的是屈原面临善恶美丑两极选择时的坚定和决绝。文章用主客问答的方法，在问答之间探讨出富有哲理的结论。《卜居》通过一个个关于安身立命的大是大非问题，写出了屈原在楚国的遭遇，也写出了他对现实的不安与不满，表达了希望建立公平、正直、善良社会秩序的愿望。屈原在询问自身是否应当坚守的立身原则时，用了"悃悃款款""超然高举""廉洁正直"之词，这本身就弥漫着正气与慷慨。对奸佞小人的处世之道，他则斥之为"偷生""争食"，状之为"喔咿儒儿""突梯滑稽"，鄙夷不屑之情和嘲讽的态度跃然纸上。千里马有"昂昂"风采，随波逐流的野鸭有"氾氾"丑态，这里透露出对楚国党人奸佞的深深憎恶和鞭挞。屈原去问卜，是因为他内心仍旧纠结，而这一番问答之后，他或许能更为了然自己的内心。《卜居》和屈原的其他作品一样，表达了他不会屈从世俗，不与小人同流合污的坚定决心。

　　《渔父》的形式和《卜居》比较接近，但《渔父》的创作时间和《卜居》应该有较大间隔。《楚辞章句·渔父序》曰："《渔父》者，屈原之所作也。屈原放逐，在江、湘之间，忧愁叹吟，仪容变异。而渔父避世隐身，钓鱼江滨，欣然自乐。时遇屈原川泽之域，怪而问之，遂相应答。楚人思念屈原，因叙其辞以传焉。"① 王逸说《渔父》是屈原被放逐江南后所作。屈原徘徊在江湘水畔，忧伤吟叹，容貌憔悴不堪。渔父是一位躲避乱世隐匿山水间的幽人，他在江边垂钓，怡然自乐，恰巧遇见屈原，对于屈原的情形甚感疑惑，所以有了这段问答。楚人思念屈原，于是口耳相传这篇诗歌。这篇作品的创作时期，应该在屈原人生的晚期，即楚顷襄王时期他被"迁"江南，离开了封地以后所写。因此，渔父惊讶于三闾大夫"何故至于斯"，意即三闾大夫不应出现在这个地方。另外，《渔父》还说屈原"行吟泽畔"。在中国上古社会，"被发"是野蛮人的标志，而"行吟"则是狂人的标准配置。《论语·微子》曰："楚狂接舆歌而过孔子，曰：'凤兮凤兮，何德之衰？往者不可谏，来者犹可追。已而已而！今之从政者殆而！'"《论语注疏》曰："接舆，楚人，姓陆名通，字接舆也。昭王时，政令无常，乃被发佯狂，不仕，

---

① 《楚辞补注》卷七，第179页。

时人谓之楚狂也。时孔子适楚,与接舆相遇,而接舆行歌从孔子边过,欲感切孔子也。"① 屈原边走边唱,又说"宁赴湘流,葬于江鱼之腹中",因此,《渔父》很可能是屈原徘徊在汨罗江畔,在做生死选择的时候所写,《渔父》有可能是屈原最后的作品。

《渔父》开篇说:"屈原既放,游于江潭,行吟泽畔,颜色憔悴,形容枯槁。渔父见而问之曰:'子非三闾大夫与?何故至于斯?'屈原曰:'举世皆浊我独清,众人皆醉我独醒,是以见放。'"屈原在这里清楚交代他之所以有这样的遭遇,是因为"举世皆浊我独清,众人皆醉我独醒"。楚国的君臣都是浑浊的糊涂人,而屈原是清白的;楚国的君臣都是喝醉酒的人,而屈原是清醒的。这足以说明屈原坚信自己的人品和见识,同时也高调宣布了他是遵守周礼并按照孔子的教导立身的。

屈原"独醒",不是不饮酒,而是学圣人之德。所以这就证明屈原是以圣人的标准自期的。《左传》曰:"二十二年春,陈人杀其大子御寇,陈公子完与颛孙奔齐。颛孙自齐来奔。齐侯使敬仲为卿。辞曰:'羁旅之臣,幸若获宥,及于宽政,赦其不闲于教训,而免于罪戾,弛于负担,君之惠也,所获多矣。敢辱高位,以速官谤?请以死告。《诗》云:'翘翘车乘,招我以弓,岂不欲往,畏我友朋。'使为工正。饮桓公酒,乐。公曰:'以火继之。'辞曰:'臣卜其昼,未卜其夜,不敢。'君子曰:'酒以成礼,不继以淫,义也。以君成礼,弗纳于淫,仁也。'"② 敬仲是公子完的谥。陈宣公为了让自己宠姬所生儿子做继承人,杀太子御寇。陈宣公是陈厉公和陈庄公的弟弟。陈厉公之子公子完与太子御寇友善,见太子被杀,遂亡命齐国。齐桓公希望公子完可以任卿,公子完认为卿的地位太高,容易招人嫉妒,所以只答应做管理百工的工正。公子完请齐桓公饮酒,齐桓公喝得高兴,天黑了还不愿意归去,要求举火照明,做长夜之饮,被公子完拒绝。《左传》之"君子曰",一般都是左丘明引用孔子之言。"酒以成礼",宴享饮酒是周礼的重要部分,但不能过分饮酒,过分饮酒就是醉酒。公子完不因为齐桓公想为长夜之饮而

---

① 《论语注疏》卷一八,《十三经注疏》,第 5495 页。
② 《春秋左传正义》卷九,《十三经注疏》,第 3851—3852 页。

违背礼,齐桓公也不因公子完扫兴而不满,公子完有义,齐桓公有仁,君仁臣义,这是孔子和周礼所体现的模范君臣关系。《论语·子罕》曰:"子曰:'出则事公卿,入则事父兄,丧事不敢不勉,不为酒困,何有于我哉。'"《论语注疏》曰:"此章记孔子言忠顺孝悌哀丧慎酒之事也。困,乱也。言出仕朝廷,则尽其忠顺以事公卿也;入居私门,则尽其孝悌以事父兄也;若有丧事,则不敢不勉力以从礼也;未尝为酒乱其性也。他人无是行,于我,我独有之,故曰:何有于我哉。"①《论语·乡党》曰:"唯酒无量,不及乱。沽酒市脯不食。"《论语注疏》曰:"'唯酒无量不及乱'者,唯人饮酒无有限量,但不得多,以至困乱也。"②"不为酒困"和"不及乱",所言都是不能醉酒。屈原不是不喝酒,而是知道饮酒不能过度,不能因饮酒而导致醉态。屈原这句话不仅仅是就饮酒而言,而是指楚国君臣在一切方面,都如饮酒过度一样,违背了圣人教诲。

　　渔父听了屈原的牢骚以后,说:"圣人不凝滞于物,而能与世推移。世人皆浊,何不淈其泥而扬其波?众人皆醉,何不餔其糟而歠其醨?何故深思高举,自令放为?"渔父俨然是隐匿于山水间的智者,他同情屈原,知道楚国的堕落是不可能逆转的。所以他劝诫屈原说,有圣德的人不被事物所束缚,他们会随着世道的改变而一起变化,他甚至给出了更为具体的建议,既然世上的人都如此浑浊,你何不也搅浑泥水,扬起浊波?既然大家都醉了,你何不也吃酒糟、喝醉酒呢?何苦自己一定要思虑深远、行为高尚,导致被放逐于此呢?渔父的劝诫显然不能改变屈原的意志。屈原回答说:"吾闻之,新沐者必弹冠,新浴者必振衣。安能以身之察察,受物之汶汶者乎!宁赴湘流,葬于江鱼之腹中。安能以皓皓之白,而蒙世俗之尘埃乎!"屈原认为,刚洗过头的人一定要掸去帽子上的灰尘,刚洗完澡的人一定要整理一下衣服,怎么能让自己洁净无比的身体沾染上污秽不堪的外物呢?他宁愿跳入湘江,葬身鱼腹,也不会让洁白纯净的身体蒙上世俗的灰尘!渔父听了屈原的回答,知道屈原信念坚定,品性高洁而固执,因此"莞尔而笑,鼓枻而去",摇起船桨,唱起《沧浪歌》:"沧浪之水清兮,可以濯

---

① 《论语注疏》卷九,《十三经注疏》,第5410页。
② 同上书卷十,《十三经注疏》,第5419页。

吾缨;沧浪之水浊兮,可以濯吾足。"他就这样离开了屈原。

渔父已经看透红尘,所以能恬淡自安、随性自适,他寄情于自然,乐天知命,无论沧浪之水的清与浊,都改变不了他逍遥的心境。执着的屈原与旷达的渔父在悠悠江畔的对话实际上是非常沉重的。形容枯槁、且歌且行的屈原忧伤沮丧,他的寂寞笼罩了他的心灵世界。屈原这时的心态已经与创作《远游》《卜居》之时完全不一样了,他的愁苦依然如故,但已经对人生有了抉择。

渔父与屈原存在着共性,他同样保持着与屈原一样的独立精神。他也不与楚国的邪恶势力同流合污,但也不与楚国的邪恶势力殊死对抗。这位智者与屈原的处世哲学有所不同,他面对楚国的邪恶势力,选择了逃避,所以他没有建议屈原同流合污,助纣为虐,但认为屈原可以和光同尘,全生避害。渔父的思想具有典型的庄子一派的思想特征,《庄子·人间世》借孔子之口说:"知其不可奈何而安之若命,德之至也。"[1]《庄子·天地》说:"知其不可得也而强之,又一惑也。"[2] 渔父是"知其不可奈何而安之若命",在渔父看来,屈原是"知其不可得也而强之"。屈原既不选择和楚国的恶势力同流合污,也不愿意放弃实践自己的理想,即使在放流之中,身体虽然有如渔父一样遁迹山水,但心神却没有一刻离开楚国的庙堂。《论语·宪问》曰:"子路宿于石门。晨门曰:'奚自?'子路曰:'自孔氏。'曰:'是知其不可而为之者与?'"[3] 孔子是"知其不可而为之者",屈原用他的一生诠释了"知其不可而为之者"可以达到的决绝态度。屈原和渔父对楚国社会的看法应该是一样的,但他们所选择的与楚国社会相处的方式并不同。渔父没有办法说服屈原,所以只能离开。渔父离开之时"莞尔而笑,鼓枻而去",他并不是嘲讽屈原,而是感到无奈。屈原也知道渔父的建议可能是他与楚国社会能继续相处下去的唯一可能的形式,但他表明自己已经做好了赴江流葬鱼腹的准备。屈原之所以会选择这样的激烈方式,一方面出自感念如彭咸、伍子胥这样的贤臣都最终葬身于鱼腹,他要效法他们;另一方面可能是屈原时代的江湖是清

---

[1] 《庄子集释·人间世》,第 161 页。
[2] 《庄子集释·天地》,第 455 页。
[3] 《论语注疏》卷一四,《十三经注疏》,第 5460 页。

澈的，而水葬虽然是"三不吊"之一，却可以保持自己的清洁。而"不吊"对于屈原这样一个孤独的人来说，是最好的结果，因为他可能并不想让那些浊人和醉人出现在他的葬礼上。《礼记·檀弓上》曰："死而不吊者三：畏、厌、溺。"[1] 屈原选择不吊之溺亡，也表明他对楚国社会的厌恶已经无以复加了。

《卜居》和《渔父》都采取了第三人称的叙述立场，这与《离骚》借名正则字灵均的人的叙述方式不同。《离骚》抒写屈原的怨愤，却没有出现他的人名。在《卜居》和《渔父》中，屈原成了故事中的主人公。有人据此怀疑这两篇作品不是屈原所作，否定刘向所编《楚辞》的可靠性，这显然不值得辩驳。洪兴祖《楚辞补注》云："《卜居》《渔父》，皆假设问答以寄意耳，而太史公《屈原传》、刘向《新序》、嵇康《高士传》或采《楚辞》《庄子》渔父之言以为实录，非也。"[2] 虽然《离骚》《远游》等作品所写的神游仙游都是虚构，但《史记·屈原贾生列传》在写屈原的事迹时，使用了《渔父》中的故事，而屈原的作品不止一次提到问卜之事。因此，我们没有充足的证据证明《卜居》《渔父》的情节是虚构的，相反，我们更应该相信这是屈原真实的经历。但洪兴祖认为《卜居》《渔父》有假设问对，这个意见很有启发意义。因为宋玉以后的辞赋家写赋之时，往往假设主客问对。这说明这种问对结构对赋文学有直接影响，也说明骚体这种诗体是连接诗与赋的重要一环。

---

[1] 《礼记正义》卷六，《十三经注疏》，第2769页。
[2] 《楚辞补注》卷七，第179页。

第九章　屈原精神的现代意义

屈原不仅仅创作了不朽的作品，更重要的是，他以自己一生的行迹，充分而完整地展现了崇高的精神境界和人生价值观。屈原是孔子及原始儒家思想和价值观的坚守者和践行者，他的精神境界和人生价值观在今天仍然具有重要的现实意义。

一、正道直行的人生态度

《史记·屈原贾生列传》说屈原"正道直行"，而屈原在《离骚》中也说他父亲以"正则"给他命名，就说明他父亲希望他把"正道直行"当作自己的处世原则。屈原作品所展示的正是一个正直的君子在蒙受不白之冤之后勇敢的抗争过程。而"正""直"二字多次出现在他的作品中，如《离骚》曰："屈心而抑志兮，忍尤而攘诟。伏清白以死直兮，固前圣之所厚。""跪敷衽以陈辞兮，耿吾既得此中正。"《九章·涉江》曰："苟余心其端直兮，虽僻远之何伤！"《九章·抽思》曰："何灵魂之信直兮，人之心不与吾心同！"《远游》曰："内惟省以端操兮，求正气之所由。"这里"端操"之"端"，也是"正"的意思。而《卜居》则直接用了"正直"一词："宁正言不讳以危身乎？将从俗富贵以媮生乎？宁超然高举以保真乎？将哫訾栗斯，喔咿儒儿以事妇人乎？宁廉洁正直以自清乎？"可以看出，屈原坚信自己人格中的"清白""正直""信直""端直""端操""正气"，也坚信自己的正直就是"中正"之道。《易·乾·文言》说："大哉乾乎！刚健中正，纯粹精也。"[①]《易·同人·象传》曰："文明以健，中正而应，君子正也。唯君子为能通天

[①] 《周易正义》卷一，《十三经注疏》，第29页。

下之志。"①《礼记·儒行》说："儒有居处齐难，其坐起恭敬，言必先信，行必中正。道涂不争险易之利，冬夏不争阴阳之和。爱其死以有待也，养其身以有为也。其备豫有如此者。儒有不宝金玉，而忠信以为宝；不祈土地，立义以为土地；不祈多积，多文以为富。"②屈原的行为体现了"刚健中正"，"文明以健"，"言必先信，行必中正"，"忠信以为宝"，"立义以为土地"的境界。

正道直行首先是正直，正直就是处事公正，不苟且，不徇私，不自私自利和投机取巧。《论语·雍也》载子游赞扬孔子弟子澹台灭明不投机取巧，不阿谀权贵，"行不由径，非公事，未尝至于偃之室也"③，《孔子家语·七十二弟子》赞扬澹台灭明"为人公正无私"④。《论语·宪问》载有人问孔子："以德报怨，何如？"孔子回答说："何以报德？以直报怨，以德报德。"⑤孔子之所以反对"以德报怨"，就是因为"以德报怨"混淆了是非观，因此是不正直的行为，而"以直报怨"包含了"以怨报怨"和"以德报怨"。《论语·卫灵公》载孔子说："吾之于人也，谁毁谁誉。如有所誉者，其有所试矣。斯民也，三代之所以直道而行也。"⑥孔子不轻易赞扬人和批评人，如果有赞扬，一定是有所了解才发言，他认为夏商周三代"直道而行"，就是源于无有私阿。

《礼记·礼运》载孔子说："大道之行也，天下为公。"⑦《慎子·威德》说："古者，立天子而贵之者，非以利一人也。""故立天子以为天下，非立天下以为天子也；立国君以为国，非立国以为君也；立官长以为官，非立官以为长也。"⑧此处"立官长以为官"之"官"，即公之义。《荀子·大略》云："天之生民，非为君也。天之立君，以为民也。故古者列地建国，非以贵诸侯而已；列官职，差爵禄，非以尊大夫而已。"⑨黄宗羲《明夷待访录·原臣》说："天下之治乱，不在一姓之兴亡，

---

① 《周易正义》卷二，《十三经注疏》，第57页。
② 《礼记正义》卷五九，《十三经注疏》，第3622页。
③ 《论语注疏》卷六，《十三经注疏》，第5383页。
④ ［魏］王肃注：《孔子家语》卷九，四部备要本，上海中华书局1936年版，第57页。
⑤ 《论语注疏》卷一四，《十三经注疏》，第5459页。
⑥ 同上书卷一五，《十三经注疏》，第5470页。
⑦ 《礼记正义》卷二一，《十三经注疏》，第3062页。
⑧ 许富宏校注：《慎子集校集注》，中华书局2013年版，第16页。
⑨ ［清］王先谦：《荀子集解》卷一九，中华书局1988年版，第504页。

而在万民之忧乐。"① 又曰:"故我之出而仕也,为天下,非为君也;为万民,非为一姓也。"②

《朱子语类》卷一三五《历代二》评价汉高祖设立赐姓刘氏的制度时认为"但一有同姓异姓之私,则非以天下为公之意。今观所谓'刘氏冠''非刘氏不王',往往皆此一私意。使天下后世有亲疏之间,而相戕相党,皆由此起"。③ 社会混乱的根源都是源于帝王的私心。《尚书·周官》是周成王灭淮夷归丰后所作,其中载有周成王关于君王要"以公灭私"的谈话。周成王说:"呜呼!凡我有官君子,钦乃攸司,慎乃出令,令出惟行,弗惟反。以公灭私,民其允怀。学古入官。议事以制,政乃不迷。"④《论语·为政》载,鲁哀公问孔子:"何为则民服?"孔子回答说:"举直错诸枉,则民服;举枉错诸直,则民不服。"⑤《论语·雍也》载孔子说:"人之生也直,罔之生也幸而免。"⑥ 只有正直的人才能在社会立足,邪枉之人立足于社会都是侥幸所得。《吕氏春秋·孟春纪·去私》说"尧有子十人,不与其子而授舜;舜有子九人,不与其子而授禹:至公也"。⑦《吕氏春秋·慎大览·下贤》说:"尧不以帝见善绻,北面而问焉。尧,天子也;善绻,布衣也。何故礼之若此其甚也?善绻,得道之士也。得道之人,不可骄也。尧论其德行达智而弗若,故北面而问焉。此之谓至公。非至公其孰能礼贤?"⑧ 唐尧求教于布衣,正是体现了大同时代君王所具有的高尚胸怀。《战国策·燕策一》载郭隗说:"帝者与师处,王者与友处,霸者与臣处,亡国与役处。诎指而事者,北面而受学,则百己者至;先趋而后息,先问而后嘿,则什己者至;人趋己趋,则若己者至;冯几据杖,眄视指使,则厮役之人至;若恣睢奋击,呴籍叱咄,则徒隶之人至矣。此古服道致士之法也。"⑨ 由帝而王,由王而霸,由霸而战国,对贤才的尊崇,也是一个退化的过

---

① [明]黄宗羲:《明夷待访录》,《黄宗羲全集》,浙江古籍出版社1985年版,第5页。
② 同上书,第4页。
③ 《朱子语类》卷一三五,中华书局1986年,第3221页。
④ 《尚书注疏》卷一八,《十三经注疏》,第501页。
⑤ 《论语注疏》卷六,《十三经注疏》,第5348页。
⑥ 同上书卷六,《十三经注疏》,第5384页。
⑦ 《吕氏春秋集释》卷一,第29页。
⑧ 同上书卷一五,第370页。
⑨ 《战国策新校注》卷二九,第1051页。

程。屈原遭受奸人的陷害，又被楚怀王、楚顷襄王疏远、斥逐，正是战国时期亡国之君的所作所为。

二、忧国忧民的家国情怀

《离骚》说："岂余身之惮殃兮，恐皇舆之败绩，忽奔走以先后兮，及前王之踵武。"类似的意思在《九章》等其他诗篇中也常有阐述，如《九章·惜往日》说："奉先功以照下兮，明法度之嫌疑。国富强而法立兮，属贞臣而日娭。"屈原的忧国忧民，体现出的是深沉的爱国情怀，而这是以传承先圣道统为基础的。

屈原忧国忧民，一方面是不愿离开楚国，另一方面则是期望楚国能建立一个"明法度之嫌疑"，"国富强而法立"的制度体系。《离骚》曰："彼尧舜之耿介兮，既遵道而得路。何桀纣之猖披兮，夫唯捷径以窘步。""固时俗之工巧兮，偭规矩而改错。背绳墨以追曲兮，竞周容以为度。"屈原认为唐尧、虞舜遵道得路，就是依法行政；夏桀、商纣猖披，时俗工巧，所以背离规矩绳墨，即随心所欲，作威作福。儒家的法是以德治和礼制为前提的。屈原的"法立"，就是建立善法，践行德治，依礼法治国。

在早期文献中，"法"的本义是刑罚，而公正是其基本特征。也正因此，"法"早期多称为"刑"。如《尚书·舜典》说："象以典刑，流宥五刑，鞭作官刑，扑作教刑，金作赎刑。"①《尚书·胤征》说："其或不恭，邦有常刑。"②《尚书·伊训》说："敷求哲人，俾辅于尔后嗣，制官刑，儆于有位。"③夏朝有禹刑，商朝有汤刑，周朝有吕刑，皆不称为"法"。《尚书·吕刑》说三苗效法蚩尤，专任刑罚，"苗民弗用灵，制以刑，惟作五虐之刑曰法，杀戮无辜，爰始淫为劓、刵、椓、黥"。④也就是说，周穆王时，"刑"与"法"即可通用。战国初期，李悝著《法经》，即以"法"称"刑"。《尔雅·释诂》说："法，常也。""刑，常也。""刑，法也。"又说：

---

① 《尚书正义》卷三，《十三经注疏》，第 270 页。
② 同上书卷七，《十三经注疏》，第 332 页。
③ 同上书卷八，《十三经注疏》，第 345 页。
④ 同上书卷一九，《十三经注疏》，第 526 页。

"宪,法也。""律,常也。""律,法也。"①《尔雅·释训》说:"宪宪、泄泄,制法则也。"②因此,法、刑不但通用,法还可以称为"宪""律"。《史记·屈原贾生列传》说屈原受楚怀王委托造为"宪令",此"宪令"即法令。商鞅在秦变法,则称法为"律",宋称刑统,元称典章。《管子·七臣七主》说:"夫法者,所以兴功惧暴也;律者,所以定分止争也;令者,所以令人知事也。法律政令者,吏民规矩绳墨也。"③法律政令皆为规矩。《史记·律书》说:"王者制事立法,物度轨则,壹禀于六律。六律为万事根本焉。"④《说文解字·彳部》说:"律,均布也"。⑤均布是古代用竹管或金属管制成的定音仪器,段玉裁注说:"律者,所以范天下之不一而归于一,故曰均布。"⑥古人根据音的高低分六律和六吕,合称十二律。律是音乐的规矩,因此,也可以引申为人类的行为法则,即天下应该一致遵循的格式、准则。

"法立"首先是建立"善法"。我们虽然不知道屈原所起草"宪令"的具体内容,但是,我们知道屈原是一位具有中国传统价值观的原始儒家思想的信徒。因此,他的法治思想,也应该是遵从孔子及原始儒家的法治观念。《尚书·舜典》说:"眚灾肆赦,怙终贼刑。钦哉,钦哉,惟刑之恤哉!"⑦《尚书·大禹谟》载皋陶说:"帝德罔愆,临下以简,御众以宽。罚弗及嗣,赏延于世。宥过无大,刑故无小。罪疑惟轻,功疑惟重。与其杀不辜,宁失不经。好生之德,洽于民心,兹用不犯于有司。"⑧《尚书·皋陶谟》载皋陶曰:"宽而栗,柔而立,愿而恭,乱而敬,扰而毅,直而温,简而廉,刚而塞,强而义。彰厥有常,吉哉!"⑨"天聪明,自我民聪明。天明畏,自我民明威。达于上下,敬哉有土!"⑩慎刑与宽刑

---

① [晋]郭璞注,[宋]邢昺疏:《尔雅注疏》卷一,《十三经注疏》,第5585—5586页。
② 《尔雅注疏》卷四,《十三经注疏》,第5635页。
③ 《管子校注》卷一七,第998页。
④ 《史记》,卷二五,第1239页。
⑤ 《说文解字》,卷二下,第85页。
⑥ [汉]许慎撰,[清]段玉裁注:《说文解字注》,上海古籍出版社2000年版,卷二,第77页。
⑦ 《尚书正义》卷三,《十三经注疏》,第270页。
⑧ 同上书卷四,《十三经注疏》,第285页。
⑨ 同上书卷四,《十三经注疏》,第291页。
⑩ 同上书卷四,《十三经注疏》,第293页。

是中国上古圣人立法的基本原则,刑错而不用是目标,迫不得已而用刑,且一定以劝善禁邪为目标,而不能把复仇和维护君王独尊地位作为目标。《管子·七臣七主》说:"法律政令者,吏民规矩绳墨也。夫矩不正,不可以求方。绳不信,不可以求直。法令者,君臣之所共立也;权势者,人主之所独守也。故人主失守则危,臣吏失守则乱。"① 法律政策作为规矩绳墨,如若不善良,不公正,就不可能取得公信力。《易传·坤·象传》说:"君子以厚德载物。"②《易传·坤·文言》说:"积善之家必有余庆,积不善之家必有余殃。"③《论语·八佾》载孔子说:"人而不仁,如礼何?人而不仁,如乐何?"④《论语·泰伯》载孔子说:"好勇疾贫,乱也;人而不仁,疾之已甚,乱也。"⑤ 制定善法就是要体现仁心,执法时体现宽容,面临疑惑时不作有罪推定。桓宽《盐铁论·刑德》说:"法者,缘人情而制,非设罪以陷人也。故《春秋》之治狱,论心定罪。志善而违于法者免,志恶而合于法者诛。"⑥ 汉代倡导的"春秋决狱",原情定罪,也是为了最大限度地保证刑罚的善意。

有了善法,就要依法治国。依法治国,就是要维护"善法"的严肃性,不能因处罚对象的不同随意变更,更不能徇私枉法,把法律当作打击异己的工具。《尚书·舜典》虞舜说:"皋陶,蛮夷猾夏,寇贼奸宄。汝作士,五刑有服,五服三就。五流有宅,五宅三居。惟明克允!"⑦ 士即法官。《史记·五帝本纪》载,"皋陶为大理,平,民各伏得其实"。⑧ 因为皋陶治狱公正清明,所以后代传说皋陶得神兽廌的帮助,廌即獬豸,是一种独角之兽。《说文解字·廌部》说:"廌,解廌,兽也。似山牛一角。古者决讼,令触不直。"⑨《后汉书·舆服志》说:"獬豸神羊,能

---

① 《管子校注》,卷一七,第998页。
② 《周易正义》卷一,《十三经注疏》,第32页。
③ 同上书卷一,《十三经注疏》,第33页。
④ 《论语注疏》卷三,《十三经注疏》,第5356页。
⑤ 同上书卷八,《十三经注疏》,第5401页。
⑥ [汉]桓宽撰集,王利器校注:《盐铁论校注》卷一○,中华书局1992年版,第567页。
⑦ 《尚书正义》卷三,《十三经注疏》,第275页。
⑧ 《史记》,卷一,第43页。
⑨ 《说文解字》卷十上,第202页。

别曲直。"① 皋陶作为一位恪守公正的法官,从未把法律当作祸害百姓维护私利的工具。《尚书·大禹谟》说:"皋陶,惟兹臣庶,罔或干予正。汝作士,明于五刑,以弼五教。期于予治,刑期于无刑,民协于中,时乃功,懋哉。"②《论语·颜渊》载,季康子问政于孔子曰:"如杀无道,以就有道,何如?"孔子对曰:"子为政,焉用杀?子欲善而民善矣。君子之德风,小人之德草,草上之风,必偃。"③ 又《论语·尧曰》载孔子说:"不教而杀谓之虐,不戒视成谓之暴,慢令致期谓之贼。犹之与人也,出纳之吝,谓之有司。"④ 不教而诛,不戒视成,慢令致期,都是残害人民的行为。

《论语·季氏》载孔子说:"天下有道,则礼乐征伐自天子出;天下无道,则礼乐征伐自诸侯出。自诸侯出,盖十世希不失矣;自大夫出,五世希不失矣;陪臣执国命,三世希不失矣。天下有道,则政不在大夫;天下有道,则庶人不议。"⑤ 礼乐征伐自天子出,就是为了强调法律的普遍性原则。《论语·子路》载,子路曰:"卫君待子而为政,子将奚先?"孔子曰:"必也,正名乎!"子路曰:"有是哉?子之迂也。奚其正?"孔子曰:"野哉,由也!君子于其所不知,盖阙如也。名不正,则言不顺;言不顺,则事不成;事不成,则礼乐不兴;礼乐不兴,则刑罚不中;刑罚不中,则民无所措手足。故君子名之必可言也,言之必可行也。君子于其言,无所苟而已矣。"⑥ 孔子在这里提出的"正名"措施,就是为了应对礼崩乐坏的体制下,法律严肃性所面临的挑战。正名关系言顺、事成、礼乐之兴、刑罚之中,而最终可以落实到使民可"措手足",即让人民有规矩可依之目的。《论语·颜渊》载,颜渊问仁,孔子说:"克己复礼为仁。一日克己复礼,天下归仁焉。为仁由己,而由人乎哉?"颜渊说:"请问其目?"孔子说:"非礼勿视,非礼勿听,非礼勿言,非礼勿动。"颜渊曰:"回虽不敏,请事斯语矣。"孔子提出"非礼勿视,非

---

① [南朝宋]范晔撰,[唐]李贤等注:《后汉书》,中华书局1965年版,第3667页。
② 《尚书正义》卷四,《十三经注疏》,第285页。
③ 《论语注疏》卷一二,《十三经注疏》,第5439页。
④ 同上书卷二〇,《十三经注疏》,第5509页。
⑤ 同上书卷一六,《十三经注疏》,第5477页。
⑥ 同上书卷一三,《十三经注疏》,第5445页。

礼勿听,非礼勿言,非礼勿动"①,也就是说君子应该克制自己,一切行为都应该在礼规定的范围内活动。

三、追求美政的坚定理想

《离骚》说:"既莫足与为美政兮,吾将从彭咸之所居!"屈原说的"美政",就是善政。"昔三后之纯粹兮,固众芳之所在","汤禹俨而祗敬兮,周论道而莫差。举贤而授能兮,循绳墨而不颇。皇天无私阿兮,览民德焉错辅。"具体而言,他的美政就是实行尧、舜、禹、汤、文、武、成王、周公之道,这也是孔子及原始儒家提倡的德治政治的核心内容。

五帝三王的政治是善政的典范。《离骚》中有一段借巫咸之言讲述古代明君和贤臣的故事,包括禹与咎繇、汤与挚、武丁与傅说、周文王与吕望、齐桓公与甯戚几对,"汤禹俨而求合兮,挚咎繇而能调","说操筑于傅岩兮,武丁用而不疑。吕望之鼓刀兮,遭周文而得举。甯戚之讴歌兮,齐桓闻以该辅"。这些故事中的名臣出身低微、又无期功强近之亲,他们遇到明君,因此脱颖而出,与君主一同在正确的道路上不断进步。这其中挚与商汤的故事极具吸引力。挚即伊尹,本是厨师,后来受到商汤的信任,挚与商汤合作,共同推翻了夏桀的暴政。在商汤去世以后,伊尹曾经辅佐几任商王,并曾流放商王太甲,亲自摄政,待商王太甲改过自新后归政。《史记·殷本纪》载,商汤去世后,"太子太丁未立而卒,于是乃立太丁之弟外丙,是为帝外丙。帝外丙即位三年,崩,立外丙之弟中壬,是为帝中壬。帝中壬即位四年,崩,伊尹乃立太丁之子太甲。太甲,成汤適长孙也,是为帝太甲","帝太甲既立三年,不明,暴虐,不遵汤法,乱德,于是伊尹放之于桐宫。三年,伊尹摄行政当国,以朝诸侯。帝太甲居桐宫三年,悔过自责,反善,于是伊尹乃迎帝太甲而授之政。帝太甲修德,诸侯咸归殷,百姓以宁"②。《孟子·万章下》载孟子曰:"伯夷,圣之清者也;伊尹,圣之任者也;柳下惠,圣之和者也;孔

---

① 《论语注疏》卷一二,《十三经注疏》,第 5436 页。
② 《史记》卷三,第 98—99 页。

子,圣之时者也。孔子之谓集大成。"① 孟子把伊尹归入圣人一类,并作为"任者"代表,就是因为伊尹有担当,可以信托。《论语·泰伯》载曾子曰:"可以托六尺之孤,可以寄百里之命,临大节而不可夺也,君子人与?君子人也!"② 毫无疑问伊尹就是这样的君子人。伊尹之所以能有这样的机缘,得益于商汤的信任,而伊尹也没有辜负这种信任。

夏禹与咎繇之间的合作则复杂一些。咎繇即皋陶,是虞舜时主持司法的著名大臣。夏禹接受虞舜禅让以后,选择皋陶做接班人,可见夏禹对皋陶极其信任。当然,如果皋陶不早逝,可能中国古代社会就是另外一个样子。但夏禹选择皋陶,虽不能说他别有用心,但应承担考虑不周全之责,因为皋陶可能年龄太大了。当皋陶去世以后,夏禹又选择益做接班人,但夏禹并未如唐尧选择虞舜、虞舜选择夏禹一样,给益足够的摄政时间,同时也没有积极限制儿子夏后启的权势。因此,夏禹死后,继承人后益很容易就被夏后启颠覆。夏后启即位以后,结束了"天下为公"的时代,开启了"天下为家"的世袭制度。

善政需要得其人,而得其人就是要尚贤,尚贤就需要执政者公正英明。屈原的作品中,多次赞扬皋陶,认为他最为公正英明。《九章·惜诵》说:"俾山川以备御兮,命咎繇使听直。"《楚辞章句》说:"咎繇,圣人也。言己愿复令山川之神备列而处,使御知己志,又使圣人咎繇听我之言忠直与否也。夫神明照人心,圣人达人情,故屈原动以神圣自证明也。"洪兴祖《楚辞补注》说:"舜举咎繇,不仁者远,惟兹臣庶,罔或干予正,故使之听直。"③ 又西汉桓宽《盐铁论·相刺》载:"文学曰:'日月之光,而盲者不能见;雷电之声,而聋人不能闻。夫为不知音者言,若语于喑聋,何特蝉之不知重雪耶?夫以伊尹之智,太公之贤,而不能开辞于桀、纣,非说者非,听者过也。是以荆和抱璞而泣血,曰:'安得良工而剖之!'屈原行吟泽畔,曰:'安得皋陶而察之!'夫人君莫不欲求贤以自辅,任能以治国,然牵于流说,惑于道谀,是以贤圣蔽掩,而谗佞用事,以此亡国破家,而贤士饥于

---

① 《孟子注疏》卷一〇,《十三经注疏》,第 5962 页。
② 《论语注疏》卷八,《十三经注疏》,第 5401 页。
③ 《楚辞补注》卷四,第 122 页。

岩穴也。昔赵高无过人之志，而居万人之位，是以倾覆秦国而祸殃其宗，尽失其瑟，何胶柱之调也？"①屈原行吟泽畔所说"安得皋陶而察之"一句并不见于《渔父》，应该不是《渔父》之文，但属于屈原的言论，当是无疑的。《盐铁论》是贤良文学与御史大夫桑弘羊论辩的对话，贤良文学博览群书，应当熟知屈原的故事，如果文学之士假造屈原的言论，显然是不利于辩论的。

贾谊《新书·道术》说："兼覆无私谓之公，反公为私。方直不曲谓之正，反正为邪。"②《春秋元命苞》说："公之言公，公正无私。"③《申鉴·杂言》说："是故僻志萌则僻事作，僻事作则正塞，正塞则公正亦末由人也矣。不任不爱谓之公，惟公是从谓之明。齐桓公中材也，未能成功业，由有异焉者矣。妾媵盈宫，非无爱幸也；群臣盈朝，非无亲近也，然外则管仲射己，卫姬色衰，非爱也，任之也。然后知非贤不可任，非智不可从也，夫此之举宏矣哉。"④公的要害在无私，正的要害在不曲意奉承，如果违反公正，就会走向邪恶。

善政与尚贤举能联系在一起，执政者不能因自己的好恶而坏公义。只有让德厚者主导社会，才能建设一个健康的社会秩序。《荀子·君道》曰："至道大形，隆礼至法则国有常，尚贤使能则民知方，纂论公察则民不疑，赏克罚偷则民不怠，兼听齐明则天下归之。然后明分职，序事业，材技官能，莫不治理，则公道达而私门塞矣，公义明而私事息矣。如是，则德厚者进而佞说者止，贪利者退而廉节者起。"⑤《墨子·尚贤》曰："故当是时，以德就列，以官服事，以劳殿赏，量功而分禄。故官无常贵，而民无终贱。有能则举之，无能则下之。举公义，辟私怨，此若言之谓也。故古者尧举舜于服泽之阳，授之政，天下平。禹举益于阴方之中，授之政，九州成。汤举伊尹于庖厨之中，授之政，其谋得。文王举闳夭、泰颠于置罔之中，授之政，西土服。故当是时，虽在于厚禄尊位之臣，莫不敬惧而施；虽在农与工肆之人，莫不竞劝而尚意。故士者，所以为辅相承嗣也。故得士则谋不困，

---

① 《盐铁论校注》卷五，第 255 页。
② [汉]贾谊：《新书》卷八，中华书局 2000 年版，第 303 页。
③ [汉]佚名：《春秋元命苞》，《纬书集成》，上海古籍出版社 1994 年版，第 1829 页。
④ [汉]荀悦撰，[明]黄省曾注：《申鉴注校补》卷四，中华书局 2012 年版，第 143 页。
⑤ 《荀子集解》卷八，第 238—239 页。

体不劳,名立而功成,美章而恶不生,则由得士也。是故子墨子言曰:得意,贤士不可不举;不得意,贤士不可不举。尚欲祖述尧、舜、禹、汤之道,将不可以不尚贤。夫尚贤者,政之本也。"[1] 尧、舜、禹、汤、文、武等贤帝王是尚贤举能的典范,因此,要效法古圣帝王之道,就要在尚贤上下功夫。

四、九死不悔的底线意识

所谓底线意识,就是面对挫折,绝不退缩;面对诱惑,决不妥协。《离骚》曰:"余固知謇謇之为患兮,忍而不能舍也","忽驰骛以追逐兮,非余心之所急","亦余心之所善兮,虽九死其犹未悔","民生各有所乐兮,余独好修以为常。虽体解吾犹未变兮,岂余心之可惩","夫孰非义而可用兮,孰非善而可服。阽余身而危死兮,览余初其犹未悔"。对于屈原来说,受重用则正道直行,坚持理想,忧心百姓;被放流则坚持底线,毫不动摇。

《论语·卫灵公》载孔子说:"君子固穷,小人穷斯滥矣。"[2]《礼记·大学》说:"知止而后有定,定而后能静,静而后能安,安而后能虑,虑而后能得。"[3] 孔子、孟子等思想家之所以与商鞅、张仪、苏秦等人不同,就在于他们坚持理想不动摇。董仲舒说:"夫仁人者,正其谊不谋其利,明其道不计其功。是以仲尼之门,五尺之童羞称五伯,为其先诈力而后仁谊也。苟为诈而已,故不足称于大君子之门也。五伯比于他诸侯为贤,其比三王,犹武夫之与美玉也。"[4] 战国时期的法家、纵横家以飞黄腾达、光宗耀祖为目标。他们投君主所好,虽然可以得到一时之利,但就长远来看,这是把国家和社会引向深渊的邪路,这也被历史反复证明。而屈原坚守底线,故而与战国时期那些所谓"改革派"的法家思想家和纵横家划清了界限。战国时期的法家思想家,如商鞅等人,虽知道帝道高于王道,王道高于霸道,且富国强兵之术是坑害人民的,但投君王所好能带来利益,所以并不介

---

[1] [清]孙诒让:《墨子间诂》卷二,中华书局2001年版,第47页。
[2] 《论语注疏》卷一五,《十三经注疏》,第5467页。
[3] 《礼记正义》卷六〇,《十三经注疏》,第3631页。
[4] 《汉书》卷五六,第2524页。

意把国人引入深渊。而张仪、苏秦等纵横家，面对统一和分裂的大是大非问题，可以毫无原则，唯投君王所好。

《朱子语类·大学·经上》在解释《礼记·大学》开篇的"大学之道，在明明德，在亲民，在止于至善"时说："'明明德'是知，'止于至善'是守。夫子曰：'知及之，仁能守之。'圣贤未尝不为两头底说话。如《中庸》所谓'择善固执'，择善，便是理会知之事；固执，便是理会守之事。至《书》论尧之德，便说'钦明'，舜便说'濬哲文明，温恭允塞'。钦，是钦敬以自守；明，是其德之聪明。'濬哲文明'，便有知底道理；'温恭允塞'，便有守底道理。"①《论语·泰伯》载孔子说："笃信好学，守死善道。危邦不入，乱邦不居。天下有道则见，无道则隐。邦有道，贫且贱焉，耻也；邦无道，富且贵焉，耻也。"②死守善道，正是人性与动物性的根本区别，也是文明和野蛮的根本区别。

《论语·微子》载，柳下惠为士师，三黜。人曰："子未可以去乎？"曰："直道而事人，焉往而不三黜？枉道而事人，何必去父母之邦？"③"直道"即坚守正义，"枉道"即屈从权势，阿谀奉承。《荀子·臣道》说："从命而利君谓之顺，从命而不利君谓之谄；逆命而利君谓之忠，逆命而不利君谓之篡；不恤君之荣辱，不恤国之臧否，偷合苟容，以持禄养交而已耳，谓之国贼。"④屈原在楚国所遇到的枉道之人都是邪曲谄谀之人，《离骚》说："背绳墨以追曲兮，竞周容以为度。"之所以苟容曲从，一定是别有用心，所以都可以称为"国贼"。传为贾谊所作的《惜誓》说："俗流从而不止兮，众枉聚而矫直。"严忌《哀时命》说："虽知困其不改操兮，终不以邪枉害方。"这些篇章都提到了屈原和邪枉之人的对立，以及屈原不改节操的坚守。

坚守底线需要始终做一个有所不为的人，而诚实显然是君子应该坚守的底线。《易·乾·文言》说："君子进德修业。忠信所以进德也；修辞立其诚，所以居业也。"⑤作为君子，"诚信"是一切品德的基础。《孟子·离娄上》说："是故

---

① 《朱子语类汇校》卷一四，第 270 页。
② 《论语注疏》卷八，《十三经注疏》，第 5402 页。
③ 同上书卷一八，《十三经注疏》，第 5494 页。
④ 《荀子集解》卷九，第 249 页。
⑤ 《周易正义》卷一，《十三经注疏》，第 27 页。

诚者,天之道也。思诚者,人之道也。"① 诚实是符合天道的原则。屈原所处的时代,楚国的小人之所以是"小人",就在于他们阴险狡诈,不守天道。《孟子·离娄上》又说:"居下位而不获于上,民不可得而治也。获于上有道,不信于友,弗获于上矣。信于友有道,事亲弗悦,弗信于友矣。悦亲有道,反身不诚,不悦于亲矣。诚身有道,不明乎善,不诚其身矣。是故诚者,天之道也;思诚者,人之道也。至诚而不动者,未之有也;不诚,未有能动者也。"②《礼记·中庸》说:"诚者,天之道也;诚之者,人之道也。"③ 又说:"唯天下至诚,为能经纶天下之大经,立天下之大本,知天地之化育。"④ 贾谊《新书·道术》说:"志操精果谓之诚,反诚为殆。"⑤ 志精即诚,果即信。诚信是人与人、国家与人民、国家与国家相处的基本底线。如果一个国家没有诚信,那就危险了。如果一个人没有诚信,这个人也应该为天道所抛弃。《论语·卫灵公》载孔子之言"言忠信,行笃敬,虽蛮貊之邦,行矣。言不忠信,行不笃敬,虽州里,行乎哉"⑥,就是说忠信笃敬是人类的基本价值,文明人和野蛮人都应该贯彻这一底线。笃即诚,即诚实。《礼记·大学》说:"古之欲明明德于天下者,先治其国;欲治其国者,先齐其家;欲齐其家者,先修其身;欲修其身者,先正其心;欲正其心者,先诚其意;欲诚其意者,先致其知;致知在格物。物格而后知至,知至而后意诚,意诚而后心正,心正而后身修,身修而后家齐,家齐而后国治,国治而后天下平。"⑦ 正心诚意是修身齐家治国平天下的基础。《孟子·尽心上》说:"反身而诚,乐莫大焉。"⑧ 坚持诚实的德性,是可以给人无限快乐的。

《离骚》曰:"曰黄昏以为期兮,羌中道而改路!初既与余成言兮,后悔遁而有他。余既不难夫离别兮,伤灵修之数化。"屈原对楚王不守承诺,是非常不满

---

① 《孟子注疏》卷七下,《十三经注疏》,第5919页。
② 同上。
③ 《礼记正义》卷五三,《十三经注疏》,第3542页。
④ 同上书卷五三,《十三经注疏》,第3543页。
⑤ [汉]贾谊撰,[清]卢文弨校:《新书》卷八,四部备要本,(上海)中华书局1936年版,第49页。
⑥ 《论语注疏》卷一五,《十三经注疏》,第5467页。
⑦ 《礼记正义》卷六〇,《十三经注疏》,第3631页。
⑧ 《孟子注疏》卷一三上,《十三经注疏》,第6015页。

的。《论语·为政》载孔子之言云:"人而无信,不知其可也。大车无輗,小车无軏,其何以行之哉?"①古代的车在两轮中间的车轴上连接有车辕,车辕是驾车用的车杠,大车称为"辕",小车称为"辀"。"辕"是夹在牛身体两旁的两根直木;"辀"是连接在车轴中间的单根曲木。无论是辕或者辀,在靠近牛、马脖子附近,都必须固定一根横木。这根横木,大车称为"衡",小车称为"軶","衡"和"辕"连接的销子称为"輗","軶"和"辀"连接的销子称为"軏"。牛和马走动的时候,通过固定在脖子上的"輗"和"軏",传导力量至车轴,驱动车轮转动。如果没有了"輗"和"軏",牛车和马车就没有了动力,因此,就不能前进了。这句话的意思是说,如果一个人没有信,那就像大车没有"輗"、小车没有"軏"一样,是没有办法上路行走的。

坚守底线,归根结底,就是做一个好人,做一个善人。《史记·伯夷叔齐列传》说:"天道无亲,常与善人。若伯夷、叔齐,可谓善人者非邪?积仁洁行如此而饿死!且七十子之徒,仲尼独荐颜渊为好学。然回也屡空,糟糠不厌,而卒蚤夭。天之报施善人,其何如哉?盗跖日杀不辜,肝人之肉,暴戾恣睢,聚党数千人横行天下,竟以寿终。是遵何德哉?此其尤大彰明较著者也。若至近世,操行不轨,专犯忌讳,而终身逸乐,富厚累世不绝。或择地而蹈之,时然后出言,行不由径,非公正不发愤,而遇祸灾者,不可胜数也。"②这说明在中国古代社会,正直并不必然得到福佑。因此,一个人如果没有强大的一心向善的决心,就会屈服现实。而屈原用他的生命,捍卫了自己的尊严。

屈原《离骚》中两次提到"求索":"众皆竞进以贪婪兮,凭不厌乎求索。""路曼曼其修远兮,吾将上下而求索。"求索本来指贪婪,《韩诗外传》载,哀公问孔子曰:"有智者寿乎?"孔子曰:"然。人有三死而非命也者,自取之也。居处不理,饮食不节,佚劳过度者,病共杀之。居下而好干上,嗜欲无厌,求索不止者,刑共杀之。少以敌众,弱以侮强,忿不量力者,兵共杀之。故有三死而非命者,自取之也。"③《韩非子·八奸》说:"明君之于内也,娱其色而不行其谒,不使私请。……

---

① 《论语注疏》卷二,《十三经注疏》,第5349页。
② 《史记》卷六一,第2124页。
③ 《韩诗外传集释》卷一,第5—6页。

其于诸侯之求索也,法则听之,不法则距之。"①《韩非子·孤愤》说:"人主之左右,行非伯夷也,求索不得,货赂不至,则精辩之功息,而毁诬之言起矣。"② 屈原把"求索"和"知止"统一在一起,他求索的正道,即不蝇营狗苟,坚守的是正道。

刘勰的《文心雕龙·辨骚》说屈原的《离骚》"固已轩翥诗人之后,奋飞辞家之前,岂去圣之未远,而楚人之多才乎"。③ 又说:"昔汉武爱《骚》,而淮南作《传》,以为《国风》好色而不淫,《小雅》怨诽而不乱。若《离骚》者,可谓兼之。蝉蜕秽浊之中,浮游尘埃之外,皭然涅而不缁,虽与日月争光可也。班固以为露才扬己,忿怼沉江;羿浇二姚,与左氏不合;昆仑悬圃,非经义所载。然其文辞丽雅,为词赋之宗,虽非明哲,可谓妙才。王逸以为诗人提耳,屈原婉顺,《离骚》之文,依经立义,驷虬乘鹥,则时乘六龙,昆仑流沙,则《禹贡》敷土,名儒辞赋,莫不拟其仪表,所谓金相玉质,百世无匹者也。及汉宣嗟叹,以为皆合经术。扬雄讽味,亦言体同诗雅。四家举以方经,而孟坚谓不合传,褒贬任声,抑扬过实,可谓鉴而弗精,玩而未核者也。"④ 刘勰不赞同前人诸如淮南王刘安、汉宣帝、扬雄、王逸肯定《离骚》和屈原的意见,但同样也不同意班固的批评,认为他们都是"褒贬任声,抑扬过实"。他具体分析了屈原《离骚》与六经的联系与差别说:"将核其论,必征言焉。故其陈尧舜之耿介,称汤武之祗敬,典诰之体也;讥桀纣之猖披,伤羿浇之颠陨,规讽之旨也;虬龙以喻君子,云蜺以譬谗邪,比兴之义也;每一顾而掩涕,叹君门之九重,忠怨之辞也。观兹四事,同于《风》《雅》者也。至于托云龙,说迂怪,丰隆求宓妃,鸩鸟媒娀女,诡异之辞也;康回倾地,夷羿彃日,木夫九首,土伯三目,谲怪之谈也;依彭咸之遗则,从子胥以自适,狷狭之志也;士女杂坐,乱而不分,指以为乐,娱酒不废,沉湎日夜,举以为欢,荒淫之意也。摘此四事,异乎经典者也。故论其典诰则如彼,语其夸诞则如此。固知《楚辞》者,体慢于三代,而风雅于战国,乃雅颂之博徒,而词赋之英杰也。"⑤

---

① 《韩非子集解》卷二,第59—60页。
② 同上书卷四,第89页。
③ 《文心雕龙义疏》,第92页。
④ 同上书,第95页。
⑤ 同上书,第92—106页。

近人研究《文心雕龙》,以唐写本和元本为根据,把"体慢于三代,而风雅于战国"改为"体宪于三代,而风杂于战国",实际是背离了传世本《文心雕龙》所表达意思的精确性。"慢"即"萌",指"楚辞"一体作为一种新的诗体,与出现于商周之时的《诗经》是一脉相承的,而屈原作品的精神境界,在战国时期是最接近于孔子及六经精神的。刘勰这个认识无疑是正确的。淮南王刘安认为《离骚》兼有《国风》和《小雅》之特点,而屈原本人处于战国时期楚国这样一个大染缸之中,却能出淤泥而不染,其精神境界可与日月争辉,这个评价也非常恰当。

第十章　屈原的文化价值

屈原是真实存在过的历史人物，同时也是被历代文人不断诠释过的文化符号。今天，我们研究屈原既要还原历史中的屈原，也要注意后代人对屈原的诠释；既要注意对屈原正面的诠释，也要注意批评者的文化立场。总而言之，在中国文化史上，无论是赞扬屈原，还是批评屈原，他们都把屈原当作一个有价值的样本，体现他们对屈原的尊敬和同情。

一、屈原价值的历史发现

对屈原的研究，开始于屈原价值的探索。这个探索始于战国时期的宋玉。《楚辞章句·九辩序》说："宋玉者，屈原弟子也。闵惜其师，忠而放逐，故作《九辩》以述其志。"① 而《九辩》说："坎廪兮，贫士失职而志不平。"宋玉悯惜其师之"忠"，"忠"是就屈原的人格而言；宋玉说"贫士失职"，"士"是就屈原的才能而言。简单地说，屈原是一个忠而有才但受到不公正待遇的人。

班固《离骚序》说："昔在孝武，博览古文，淮南王安叙《离骚传》，以《国风》好色而不淫，《小雅》怨悱而不乱，若《离骚》者，可谓兼之。蝉蜕浊秽之中，浮游尘埃之外，皭然泥而不滓，推此志，虽与日月争光可也。"② 刘安是西汉初期人，他除高度赞扬屈原《离骚》的价值之外，又着重强调屈原的"清"，即处污泥之中，而不受污染，不与邪恶势力同流合污。

司马迁继承了刘安的观点，认为屈原"忠信"。《史记·屈原贾生列传赞》指

---

① 《楚辞补注》卷八，第182页。
② 同上书卷一，第49页。

出，屈原"信而见疑，忠而被谤"，但"眷顾楚国，系心怀王"，有"存君兴国"之义。同时，司马迁还突出了屈原作为"贤"者的价值："太史公曰：余读《离骚》《天问》《招魂》《哀郢》，悲其志。适长沙，观屈原所自沈渊，未尝不垂涕，想见其为人。及见贾生吊之，又怪屈原以彼其材，游诸侯，何国不容，而自令若是。"①司马迁强调屈原可周游诸侯，无有不重视者，屈原的资本就在于"彼其材"。

班固《离骚序》不同意刘安把屈原的作品和六经相提并论，但认为"其文弘博丽雅，为辞赋宗"，屈原本人"虽非明智之器，可谓妙才者也"。在《离骚赞序》中他又指出，"屈原初事怀王，甚见信任。同列上官大夫妒害其宠，谗之王，王怒而疏屈原。屈原以忠信见疑，忧愁幽思而作《离骚》"，"屈原痛君不明，信用群小，国将危亡，忠诚之情，怀不能已，故作《离骚》"，"不忍浊世，自投汨罗"。②班固虽然对屈原的处世智慧有所质疑，但同样认为屈原是"忠信"之人，是"妙才"。《汉书·艺文志》说："春秋之后，周道浸坏，聘问歌咏不行于列国，学《诗》之士逸在布衣，而贤人失志之赋作矣。大儒孙卿及楚臣屈原离谗忧国，皆作赋以风，咸有恻隐古诗之义。"③可见在班固眼里，屈原既是"贤人"，同时，又能"忧国"，继承《诗经》传统，作赋以讽。

王逸与屈原有乡亲之谊，因此，特别强调《离骚》与"经"的联系。《楚辞章句·九思序》说："《九思》者，王逸之所作也。逸，南阳人（一作南郡），博雅多览，读《楚辞》而伤愍屈原，故为之作解。"又说："逸与屈原同土共国，悼伤之情与凡有异。"④王逸推崇屈原，对屈原的定位，继承了前辈的观点，即"清""忠""贤"。《楚辞章句·离骚序》说屈原"不忍以清白久居浊世，遂赴汨渊自沈而死"，"凡百君子，莫不慕其清高，嘉其文采，哀其不遇，而愍其志焉"。⑤《楚辞章句》叙曰："今若屈原，膺忠贞之质，体清洁之性，直若砥矢，言若丹青，进不隐其谋，退不顾其命，此诚绝世之行，俊彦之莫也。"⑥

---

① 《史记》卷八四，第 2482、2503 页。
② 《楚辞补注》卷一，第 50—51 页。
③ 《汉书》卷三〇，第 1756 页。
④ 《楚辞补注》卷一七，第 313—314 页。
⑤ 同上书卷一，第 2—3 页。
⑥ 同上书卷一，第 48 页。

从宋玉到王逸,确立了屈原"清廉""忠信"的"贤人"形象。这个历史定位,成为屈原形象的最基本的内涵。清廉、忠信、贤人,既体现了中国古人对各级官员模范人格的定位,也是中国古人对屈原抱有深刻同情和敬仰的历史原因。而"贤人"定位,也使屈原和孔子的"圣人"境界相区别。《白虎通义·圣人》说:"圣者,通也,道也,声也。道无所不通,明无所不照,闻声知情,与天地合德,日月合明,四时合序,鬼神合吉凶。"① 孔子既有坚守,而又通权达变,屈原与孔子的"圣人"境界既相联系又有区别。

20世纪初,随着西洋文化的传播,中国学者对中国传统文化的价值发生怀疑,而民主主义的思想,也要求重新反思屈原形象所蕴含的意义。1922年8月28日,新文化运动的旗手胡适写了《读楚辞》一文,并发表于《读书杂志》第一期。胡适认为,《史记》本来不很可靠,而《史记·屈原贾生列传》尤其不可靠;传说中的屈原,是据"儒教化"的《楚辞》解释的,是"箭垛式"的,若真有其人,必不会生在秦汉以前。胡适的上述观点,显然是在疑古思潮大环境下的臆测之言。胡适又提出把《楚辞》重归文学的学科设想,他认为,《楚辞》的研究史是久被"酸化"的,只有推翻屈原的传说,进而才能推翻《楚辞》作为"一部忠臣教科书"的不幸历史,然后可以"从楚辞本身上去寻出它的文学兴味来,然后楚辞的文学家之可以有恢复的希望"。② 显然,胡适所谓"文学"学科的观念,也是从西洋传来的,而不是中国古代固有的"文学"学科概念。

1922年11月3日,梁启超在东南大学文哲学会上发表了《屈原研究》之讲演,梁启超认为中国文学家的老祖宗必推屈原,中国历史上表现个性的作品,头一位就是屈原的作品。他认为,屈原具有改革政治的热情,又热爱人民,热爱社会,以其自杀,表现出对社会、对祖国的同情和眷恋,而又有不愿向黑暗势力妥协的决心,因此,屈原的自杀使他的人格和作品更加光耀。③ 显然,梁启超对屈原的评价,既有胡适的新"文学"观念,又继承了中国古代关于屈原作为"清廉""忠信""贤人"的理念。

---

① [汉]班固撰,[清]陈立疏证:《白虎通疏证》卷七,中华书局1994年版,第334页。
② 胡适:《胡适文存》二集,亚东图书馆印1924年版,第147—148页。
③ 梁启超:《饮冰室合集·文集》卷三九,中华书局1989年版,第五册,第49—68页。

1929年6月7日,郭沫若写了《革命诗人屈原》一文,认为春秋战国时期,也存在一个"五四运动",而屈原就是古代"五四运动"的健将,即中国古代的诗在屈原手里发起了一次"大革命"。①1942年,郭沫若又写了《屈原思想》一文,在这篇文章中,他提出屈原的世界观是前进的、革命的,但是,他的方法——作为诗人在构想和遣词上的技术却不免有些保守的倾向。郭沫若认为,屈原思想明显有儒家风貌,注重民生,倡导德政,注重修己以安人,所以,屈原是一位南方的儒者。②

1953年6月13日,林庚先生在《大公报》发表了《诗人屈原的出现》一文,提出屈原的艺术才能"全部为了人民的愿望与政治斗争",在中国古代,没有一个诗人能像屈原一样,紧密地把自己一生的思想感情与政治斗争完全统一起来。因此,屈原是"我们伟大的第一个诗人","是一个政治家",他毕生为一个政治理想而斗争,他是一个真理的追求者。③

1957年作家出版社出版了《楚辞研究论文集》,其中收录的论文,大部分发表在1951年至1956年间的重要报刊上,是一部在屈原被确定为世界文化名人前后代表中国官方主流观点的著作。其中具有代表性的文章,首先是郭沫若的《伟大的爱国主义诗人——屈原》。文章认为,屈原"同情人民,热爱人民","不仅热爱楚国,而且热爱中国"。④褚斌杰先生《屈原——热爱祖国的诗人》则提出屈原的"思想和行为是崇高的,具有人民性的"观点,认为屈原的价值体现在以下四方面:疾恶如仇,能与腐朽反动的贵族政权作斗争;关怀民族命运和人民生活;对祖国和乡土无限热爱;宁死不屈,有以死殉国的伟大气节。⑤

在20世纪,特别是20世纪中叶以后,中国古代的很多伟大的思想家和文学家或多或少都受到了特定历史时期的意识形态的鄙视,但是,屈原却一直为人们所肯定。当然,这个幸运也带来了屈原价值的多面性描述,如在"伟大的人民诗

---

① 郭沫若:《郭沫若全集·文学编·蒲剑集》卷一九,人民文学出版社1992年版,第48—51页。
② 郭沫若:《先秦学术述林》,上海书店1992年版,第127—147页。
③ 参见《楚辞研究论文集》,作家出版社1957年版,第33页。
④ 同上书,第8—9页。
⑤ 同上书,第36页。

人""爱国主义诗人"的称号之外,在20世纪70年代开展的"评法批儒"运动中,屈原被描述为法家。在1977年以后,屈原则作为政治改革家而常被提及。

胡适先生曾主张抛开屈原的政治活动来讨论屈原作品的意义,而林庚先生则认为屈原首先是一个政治家,他的文学活动是和政治活动紧密联系在一起的。显然,林庚先生的观点,更体现了知人论世的文学观念。

二、作为政治家的屈原

对屈原的把握,离不开他的政治活动。也唯有如此,才能准确把握其作品的内涵。屈原的价值体现为文学成就和政治人格的完美结合。其作品表现的是他的政治活动和政治遭遇,以及由此带来的期待与沮丧,希望与失望。如果没有屈原的作品,我们就无法了解他的遭遇;如果没有这坎坷遭遇,屈原可能不会创作这些作品,即使创作了作品,也不会有这么久远的力量。《楚辞章句序》云:"屈原履忠被谗,忧悲愁思,独依诗人之义而作《离骚》,上以讽谏,下以自慰。遭时暗乱,不见省纳,不胜愤懑,遂复作《九歌》以下,凡二十五篇。楚人高其行义,玮其文采,以相教传。"①《楚辞章句·天问序》说:"屈原放逐,忧心愁悴。彷徨山泽,经历陵陆。嗟号昊旻,仰天叹息。见楚有先王之庙及公卿祠堂,图画天地山川神灵,琦玮僪佹,及古贤圣怪物行事。周流罢倦,休息其下,仰见图画,因书其壁,何而问之,以泄愤懑,舒泻愁思。楚人哀惜屈原,因共论述,故其文义不次序云尔。"②《楚辞章句·九章序》说:"屈原放于江南之野,思君念国,忧心罔极,故复作《九章》。章者,著也,明也。言己所陈忠信之道,甚著明也。卒不见纳,委命自沈,楚人惜而哀之,世论其词以相传焉。"③《楚辞章句·渔父序》说:"屈原放逐,在江湘之间,忧愁叹吟,仪容变易。而渔父避世隐身,钓鱼江滨,欣然自乐,时遇屈原川泽之域,怪而问之,遂相应答。楚人思念屈原,因叙其辞,以相传

---

① 《楚辞补注》卷一,第48页。
② 同上书卷三,第85页。
③ 同上书卷四,第120—121页。

焉。"① 王逸提到楚人高其行义,玮其文采,并哀惜屈原,思念屈原。因此,因共论述,因叙其辞,以相教传。也就是说,如果没有屈原的高尚行义和奇玮文采,没有对屈原的哀惜和同情,《离骚》等作品是否能够流传,就会是一个未知数。

屈原的政治遭遇与楚国的政治生态有很大的关系。楚国的政治是一个封闭的体系,在人才任用方面,楚王重用的都是他的近亲。《史记·孙子吴起列传》载,吴起逃离魏国,"楚悼王素闻起贤,至则相楚。明法审令,捐不急之官,废公族疏远者,以抚养战斗之士"。② 吴起改革的矛头首先就对准了楚之贵戚。楚悼王死后,楚国"宗室大臣作乱而攻吴起,吴起走之王尸而伏之"。虽然楚悼王之子楚肃王"尽诛射吴起而并中王尸者,坐射起而夷宗死者七十余家",但是,楚国的政治又回归到重用贵戚的老路上去了。"楚材晋用",不是说楚国的人才多,而是说人才不能在楚国发挥作用,只好到其他诸侯国去。《离骚》中灵氛为屈原占卜,得出的结论也是应该远行,灵氛说:"两美其必合兮,孰信修而慕之? 思九州之博大兮,岂唯是其有女?"这说的也是人才应该选择一个能够有所作为的地方以做出一番事业来。楚国政治上的封闭性,导致优秀的人才不仅不能在楚国得到重用,反而还要深受迫害。

春秋后期,伍子胥率师攻破楚国都城郢。在秦国帮助下,楚国才击退吴军。战国时期,楚国虽有恢复,但仍旧没有力量与秦国抗衡。《史记·秦始皇本纪》载秦孝公死后,秦惠王、秦武王"蒙故业,因遗册,南兼汉中,西举巴蜀,东割膏腴之地,收要害之郡"。诸侯眼见秦之强大而心生恐惧,"会盟而谋弱秦,不爱珍器重宝肥美之地,以致天下之士,合从缔交,相与为一"。山东诸侯"常以十倍之地,百万之众,叩关而攻秦。秦人开关延敌,九国之师逡巡遁逃而不敢进","于是从散约解,争割地而奉秦"。秦"因利乘便,宰割天下,分裂河山,强国请服,弱国入朝"。③《史记·张仪列传》载张仪说楚怀王:"秦地半天下,兵敌四国,被险带河,四塞以为固。虎贲之士百余万,车千乘,骑万匹,积粟如丘山。法令既明,士卒安

---

① 《楚辞补注》卷七,第 179 页。
② 《史记》卷六五,第 2168 页。
③ 同上书卷六六,第 2171—2183 页。

难乐死,主明以严,将智以武,虽无出甲,席卷常山之险,必折天下之脊,天下有后服者先亡。且夫为从者,无以异于驱群羊而攻猛虎,虎之与羊不格明矣。今王不与猛虎而与群羊,臣窃以为大王之计过也。"又说:"秦西有巴蜀,大船积粟,起于汶山,浮江已下,至楚三千余里。舫船载卒,一舫载五十人与三月之食,下水而浮,一日行三百余里,里数虽多,然而不费牛马之力,不至十日而距扞关。扞关惊,则从境以东尽城守矣,黔中、巫郡非王之有。秦举甲出武关,南面而伐,则北地绝。秦兵之攻楚也,危难在三月之内,而楚待诸侯之救,在半岁之外,此其势不相及也。夫恃弱国之救,忘强秦之祸,此臣所以为大王患也。"①

秦强楚弱决定了战国时期的楚国不可能大有作为。也正因此,楚怀王不敢接受屈原提出的连齐抗秦、杀张仪以泄愤、不去武关会秦王的政治策略。《史记·楚世家》载秦昭襄王约楚怀王访秦,"楚怀王见秦王书,患之。欲往,恐见欺;无往,恐秦怒"。昭雎建议楚王毋行,发兵自守,楚怀王儿子子兰说:"奈何绝秦之欢心!"② 楚怀王为了社稷,只能忘记自己身为君王的安危,亲赴秦国。《孟子·尽心下》说:"民为贵,社稷次之,君为轻。是故得乎丘民而为天子,得乎天子为诸侯,得乎诸侯为大夫。诸侯危社稷,则变置。牺牲既成,粢盛既絜,祭祀以时,然而旱干水溢,则变置社稷。"③ 楚怀王也许做不到"民为贵",但是,他知道在社稷存亡面前"君为轻"的价值判断,他不去秦国,则可能"危社稷",所以,他就只得选择访秦。

屈原是一个想在楚国有所作为的政治家,但是楚国不能给他提供大有作为的政治舞台。屈原不被楚王任用,怀才不遇,生不逢时。不能有所作为和想有所作为,是屈原和楚国执政者发生矛盾的根源,也是他悲剧命运的根源。

战国时期是一个巨变的时代。如何适应社会的蜕变,成为那个时代弄潮儿们追逐的目标,凡是此时成功的政治家无不体现这个特点。而某些政治家的成功则以放弃自己的坚守为前提,如法家、纵横家。

---

① 《史记》卷七〇,第2289—2290页。
② 同上书卷四〇,第1728页。
③ 《孟子注疏》卷十四上,《十三经注疏》,第6037页。

孔子与他的弟子是春秋战国时期最有坚守的政治家。孔子周游列国,不是为了谋得官职,而是为了传道。也正因此,面对诸侯的邀约,孔子皆以是否能实现"道"为前提。《论语·阳货》载,阳货因孔子不愿出来工作,因此攻击孔子"怀其宝而迷其邦",是"不仁","好从事而亟失时",是"不知",① 殊不知如果不能以道治国,反在乱世求富贵,必然会成为坏人帮凶。因此,孔子的坚守正是仁和智的体现。《史记·孟子荀卿列传》说,战国时期"天下方务于合从连衡,以攻伐为贤,而孟轲乃述唐、虞、三代之德",因与世俗不合,孟子被梁惠王认为"迂远而阔于事情"。不过,司马迁理解儒家的坚守,他说:"故武王以仁义伐纣而王,伯夷饿不食周粟;卫灵公问阵,而孔子不答;梁惠王谋欲攻赵,孟轲称大王去邠。此岂有意阿世俗苟合而已哉!持方枘而内圆凿,其能入乎?"②

《史记·商君列传》载,商鞅因秦孝公宠臣景监求见孝公,先"说公以帝道","孝公时时睡,弗听",谴责景监说:"子之客妄人耳,安足用邪!"后五日,商鞅二见孝公,"说公以王道","益愈,然而未中旨","孝公复让景监"。商鞅三见孝公,"说公以霸道,孝公善之而未用也",孝公对景监说:"汝客善,可与语矣。"商鞅四见孝公,"以强国之术说君","公与语,不自知膝之前于席也。语数日不厌"。商鞅的最高理想是帝道,其次是王道,其次是霸道,而强国之术是他认为的最为下下者之道,但因秦孝公认为"安能邑邑待数十百年以成帝王乎","久远,吾不能待",商鞅就放弃了他的理想,而投孝公所好,但他自己知道,强国之术"难以比德于殷周矣"。③

《史记·苏秦列传》载苏秦出道后,先赴秦国,以连横为说,意在统一天下。秦惠公刚诛杀商鞅,兴趣不在此,说:"毛羽未成,不可以高飞;文理未明,不可以并兼。"④ 因此不用苏秦。苏秦于是东赴燕国,以合纵为说,推介反统一的政治策略。《史记·张仪列传》说张仪先赴燕国找苏秦,意欲参与合纵大业,从事反统一

---

① 《论语注疏》卷十七,《十三经注疏》,第 5484 页。
② 《史记》卷七四,第 2343—2345 页。
③ 同上书卷六八,第 2227—2238 页。
④ 同上书卷六九,第 2242—2243 页。

活动,苏秦不用张仪,张仪只好西至秦国,投身连横事业中,从事统一活动。①

我们不能简单地认为商鞅、苏秦以及张仪的心中没有理想和是非观,但是,他们没有底线意识是肯定的。他们都是把"做官"和"做事"放在第一位,而没有把国家和民族的未来放在第一位。因此,他们根据君王的政治需求来提供自己的"产品",而没有为国家和民族的未来去服务的信念。孔子和屈原并不排斥"做官""做事",但他们"做官"是为了"做正确的事"。

《礼记·礼运》引孔子之言说:"大道之行也,天下为公。选贤与能,讲信修睦,故人不独亲其亲,不独子其子,使老有所终,壮有所用,幼有所长,矜、寡、孤、独、废疾者,皆有所养。男有分,女有归。货恶其弃于地也,不必藏于己;力恶其不出于身也,不必为己。是故谋闭而不兴,盗窃乱贼而不作,故外户而不闭,是谓大同。今大道既隐,天下为家,各亲其亲,各子其子,货力为己,大人世及以为礼。城郭沟池以为固,礼义以为纪;以正君臣,以笃父子,以睦兄弟,以和夫妇,以设制度,以立田里,以贤勇知,以功为己。故谋用是作,而兵由此起。禹汤文武成王周公,由此其选也。此六君子者,未有不谨于礼者也。以著其义,以考其信,著有过,刑仁讲让,示民有常。如有不由此者,在势者去,众以为殃,是谓小康。"②孔子把春秋前的中国古代社会分为大同、小康两个阶段,而认为春秋时期是"礼崩乐坏"的时代。《战国策·燕策一》载郭隗之言,有"帝者与师处,王者与友处,霸者与臣处,亡国与役处"③四句。帝道、帝者指五帝时代,王道、王者指夏、商、周三王时代,霸道、霸者指春秋时期,强国之术、亡国指的是战国时期。五帝时代,特别是尧、舜时期,效法"天道",政治制度以"天下为公"为基础,政治文化以"大同"为价值,经济权利和政治权力的平等,这是这个时期的社会特征。三王时期,虽是"天下为家"的时代,但社会文化氛围强调德治。

事实上,夏、商两代谈不上有德治传统,德治精神应该是周人克商之后建立的文化体系所体现的价值。周先祖不窋在夏后启破坏禅让体制、篡权建立世袭

---

① 《史记》卷七十,第2280—2304页。
② 《礼记正义》卷二一,《十三经注疏》,第3062页。
③ 《战国策新校注》卷二九,第1051页。

制政治体制后去夏,辗转在泾河流域的义渠,即今天的甘肃庆阳一带,在周民族部落中传承"大同"文化。但是周克商后,民族融合,周人面临着继承的"家天下"政治制度遗产和固有的"大同"政治文化遗产的冲突,因此,提出德治来调节人民和周天子利益相悖可能带来的困境。

从大同至小康,从小康至春秋,从春秋至战国,是中国社会制度不断退化的过程,《孟子·告子下》说:"五霸者,三王之罪人也。今之诸侯,五霸之罪人也。"① 而实际上,三王也是尧、舜之罪人。《道德经·德经》说:"故失道而后德,失德而后仁,失仁而后义,失义而后礼。夫礼者,忠信之薄,而乱之首。"②《庄子·知北游》说:"失道而后德,失德而后仁,失仁而后义,失义而后礼。礼者,道之华而乱之首也。"③ 大体说的也是从大同以下的社会蜕变带来的观念变化,道与大同时期相联系,德与小康时期相联系,而仁、义、礼则是小康之后至五霸时期的政治文化。

屈原同样是有坚守的政治家。他之所以能坚守,就在于他是一个深沉的思考者,一个关心楚国命运的政治家。屈原思考拯救楚国的指导原则,思考历史与现实、自然与社会的有关问题。在思考楚国现实困境的时候,他又提出了解决楚国政治困境的方法,这就是要实现尧、舜、禹、汤、文、武之"美政"。因此,与其说屈原是法家或者改革家,毋宁说他是一个坚守传统的儒家思想家。他的思想价值,不在于他在战国时期体现了怎样的改革意识,而在于他知道人民的幸福依靠回归"选贤与能"的美政。这就使他与同时代那些打着"改革"旗号的势利之徒划清了界限。

三、作为爱国主义者的屈原

屈原常常和"爱国主义"联系在一起。"爱国"一词最早出现在战国时期的传世文献中。《战国策·西周策》载:"秦令樗里疾以车百乘入周,周君迎之以卒,

---

① 《孟子注疏》卷十二下,《十三经注疏》,第 6004 页。
② 陈鼓应:《老子注译及评介》第三十八章,中华书局 1984 年版,第 206 页。
③ 《庄子集释·知北游》,第 731 页。

甚敬。楚王怒,让周,以其重秦客。游腾谓楚王曰:'昔智伯欲伐厹由,遗之大钟,载以广车,因随入以兵,厹由卒亡,无备故也。桓公伐蔡也,号言伐楚,其实袭蔡。今秦者,虎狼之国也,兼有吞周之意,使樗里疾以车百乘入周,周君惧焉,以蔡、厹由戒之。故使长兵在前,强弩在后,名曰卫疾,而实囚之也。周君岂能无爱国哉?恐一旦之亡国,而忧大王。'楚王乃悦。"①这里的"周君岂能无爱国哉"的主体是西周君,游腾说西周君之所以爱国,是因为西周是他自己的领地。其爱国主义是建立在"天下为公"的基础上,因此,游腾所说的周君"爱国"和我们今天说的"爱国主义",在逻辑起点上仍有不同。

在中国历史上,屈原是第一个和"爱国"联系在一起的诗人。朱熹《楚辞集注序》曰:"原之为人,其志行虽或过于中庸而不可以为法,然皆出于忠君爱国之诚心。"②《楚辞集注·九歌注》曰:"《九歌》者,屈原之所作也。……以寄吾忠君爱国眷恋不忘之意,是以其言虽若不能无嫌于燕昵,而君子反有取焉。"③《楚辞辩证·九歌》曰:"楚俗祠祭之歌,今不可得而闻矣。然计其间,或以阴巫下阳神,或以阳主接阴鬼,则其辞之亵慢淫荒,当有不可道者。故屈原因而文之,以寄吾区区忠君爱国之意。比其类,则宜为三颂之属,而论其辞,则反为《国风》再变之郑卫矣。"④朱熹反复强调屈原作品所具有的"忠君爱国之诚心","忠君爱国眷恋不忘之意","区区忠君爱国之意",这是因为南宋长期面临着北方强邻的威胁。这些强邻是野蛮人,不但要屠戮中国人,而且还会直接破坏华夏文明。宋代很多人并没有意识到这个问题的严重性。明朝末年,又面临亡国的危险,顾炎武提出了"亡国"和"亡天下"的概念。《日知录·正始》说:"有亡国,有亡天下。亡国与亡天下奚辨?曰:易姓改号,谓之亡国。仁义充塞,而至于率兽食人,人将相食,谓之亡天下。……知保天下,然后知保国。保国者,其君其臣肉食者谋之;保天下,匹夫之贱与有责焉耳矣。"⑤顾炎武分别"亡国"与"亡天下"二者,认

---

① 《战国策新校注》卷二,第 43 页。
② 《楚辞集注》,第 2 页。
③ 同上书,第 21 页。
④ 同上书,第 180 页。
⑤ [明]顾炎武撰,[清]黄汝成注:《日知录集释》,四部备要本,上海中华书局 1936 年版,第 247 页。

为"亡国"是家天下君臣自己的事情,而"亡天下"是社会大倒退,是要"率兽食人",一切文明人和热爱文明的人都不能置身事外。所以,爱国主义所指应该是关心天下的兴亡,"爱国"就是"爱天下"。

《论语·尧曰》载:"尧曰:'咨!尔舜!天之历数在尔躬,允执其中。四海困穷,天禄永终。'舜亦以命禹。"① 君王承载着天命,有责任负担起重任。《孟子·尽心下》孟子曰:"民为贵,社稷次之,君为轻。是故得乎丘民而为天子,得乎天子为诸侯,得乎诸侯为大夫。诸侯危社稷,则变置。牺牲既成,粢盛既洁,祭祀以时,然而旱乾水溢,则变置社稷。"② 社稷即国,孟子认为,君主不好,威胁国家的生存,则应更换君主;如果天降惩罚,民不聊生,国家就失去了生存的合法性。在中国历史上,周朝是中国历史上一个特别的朝代,虽然其制度遗产和夏、商一致,仍然是"天下为家"的体制,不过周朝早期的执政者强调"民本"思想。东汉末年人荀悦著《前汉纪》,讨论西周封建制度时,也是着重强调周朝的"民本"思想。荀悦说:"昔者圣王之有天下,非所以自为,所以为民也。不得专其权利,与天下同之,唯义而已,无所私焉。封建诸侯,各世其位,欲使亲民如子,爱国如家,于是为置贤卿大夫,考绩黜陟,使有分土而无分民,而王者总其一统,以御其政。故有暴乱于其国者,则民叛于下,王诛加于上。是以计利虑害,劝赏畏威,各竭其力,而无乱心。"③ 这里的"亲民如子""爱国如家",说的就是不能脱离人民而谈爱国。梁启超《爱国论》说:"国者何?积民而成也。国政者何?民自治其事也。爱国者何?民自爱其身也。故民权兴则国权立,民权灭则国权亡。为君相者务压民之权,是之谓自弃其国。为民者而不务各伸其权,是之谓自弃其身。故言爱国必自兴民权始。"④ 爱国必须以民权的保证为前提。古罗马思想家西塞罗在《论共和国》中说:"国家乃是人民之事业,但人民不是人们某种随意聚合的集合体,而是许多人于法权的一致和利益的共同性而结合起来的集合体。"⑤

---

① 《论语注疏》,《十三经注疏》,卷二〇,第5508页。
② 《孟子注疏》,《十三经注疏》,卷一四上,第6037页。
③ [汉]荀悦、袁宏:《两汉纪》,中华书局2002年版,第72—73页。
④ 梁启超:《爱国论》,《饮冰室文集》,中华书局1941年版,卷三,第73页。
⑤ 〔古罗马〕西塞罗:《论共和国》,王焕生译,上海出版社2006年版,第75页。

法国思想家卢梭《社会契约论》说:"这一由全体个人结合所形成的公共人格,以前称为城邦,现在则称为共和国或者政治体,当它是被动时,它的成员就称它为国家。"① 英国思想家洛克《论宗教宽容》说:"在我看来,国家是由人们组成的一个社会,人们组成这个社会仅仅是为了谋求、维护和增进公民们自己的利益。"② 这些论述,都强调国家必须是一些具有共同利益诉求的人的共同体。

作为一位正道直行的人,屈原对自己的才德充满自信,同时,又对楚王任用群小的现实强烈不满。他认为一个正常的社会,应该有一个"选贤与能""举直而错诸枉"的公正的社会运行机制,而楚国却是小人当道,奸佞得志。屈原把批判的矛头对准了把楚国带上歧路的楚国当权者。屈原关心楚国,实际是关心楚国的人民,担心楚国人民在战国动乱形势中遭受损害。屈原追求政治的向善,把"美政"理想的实现当作爱国的目标。他把爱国与自己价值受到尊重结合起来,当自己遭遇不幸时,便对楚国提出批评,通过对自己命运的不平之鸣以体现他的爱国情怀。我们在确立屈原的爱国价值之时,实际上是假设楚国有作为一个独立主权国家的权利,考虑的是一定的历史阶段的正义。战国时期,楚国的前身是周王朝的一个诸侯国。屈原之爱国,当然可能与他作为楚国贵族的身份,以及作为楚国命运共同体一分子的身份认同有关,但更重要的是对正道的信仰。

屈原是爱国主义诗人,他的爱国主义精神没有表现为对楚国政治现状和政治家的袒护,而是表现为对楚国昏庸奸诈的政治家以及不能选贤与能的政治现状的强烈批判。他希望在楚国有公平和正义,那些正道直行的人受重视,而枉道邪行的人被抛弃,但是楚国的现实正好相反,所以他有强烈的不满。这种爱国主义建立在"正道直行"的基础上,因而具有极强的正义性。

屈原是历史人物,我们今天学习屈原,应该站在世界文化发展的立场上。屈原是中国的,更是世界的。站在世界立场和现代立场上,我们评价屈原之时,就不应仅是给屈原加一个爱国主义的标签,而更应该看到屈原爱国主义精神的实

---

① 〔法〕卢梭:《社会契约论》,何兆武译,商务印书馆2003年版,第21页。
② 〔英〕洛克:《论宗教宽容》,吴云贵译,商务印书馆2009年版,第5页。

质。屈原身处一个缺少公平性且丧失正义价值的时代,积极倡导并不余遗力地追寻社会公平和正义价值。屈原爱国主义精神的价值也就在此。

四、端午节与屈原

端午节是重要的民俗节日。2009年9月30日,浙江、湖南、湖北等地的端午节及其传说入选联合国教科文组织的人类非物质文化遗产代表作。

端午节的起源,其历史可追溯至上古时期,一般称为"五月五日",而专称"端午",则可能较晚。有人认为之所以叫"端午节",是因为原来的端五节选择在五月的第一个午日。也有人认为因周历建寅,即以正月为寅月,五月为午月,所以"端五"又称"端午"。这两种说法,可能都缺乏说服力。

生活在三国时期至西晋的周处曾著有《风土记》一书,记载各地习俗,其书已亡佚。晚唐人李匡乂《资暇录》(又名《资暇集》)一书引录了《风土记》关于"端午"应该为"端五"的说法:"端五者,案周处《风土记》:'仲夏端五,烹鹜角黍。'端,始也。谓五月初五日也。今人多书'午'字,其义无取焉。余家元和中端五诏书,并无作'午'字处。而近见醴泉县尉厅壁有故光福王相《题郑泉记》处,云:'端午日。'岂三十年端五之义,别有见耶?"①或许,"端五"变为"端午",仅仅是传习之讹而已。

又南朝梁代人宗懔著有《荆楚岁时记》,记述荆楚农事、治病、祭祀、婚嫁等民俗及故事,其中说:"五月俗称恶月,多禁,忌曝床席,及忌盖屋。五月五日,谓之浴兰节。四民并踏百草,今人又有斗百草之戏。采艾以为人,悬门户上,以禳毒气。以菖蒲或镂或屑,以泛酒。是日竞渡,采杂药。以五彩丝系臂,名曰'辟兵',令人不病瘟。又有条达等织组杂物,以相赠遗,取鸲鹆教之语。"②据信是隋人杜公瞻为其所作的注说:"按《异苑》云:'新野庾寔,尝以五月曝席,忽见一小儿死在席上,俄而失之,其后,寔子遂亡。'或始于此。《风俗通》曰:'五月盖屋,

---

① 陶敏主编:《全唐五代笔记》三,三秦出版社2012年版,第1888页。
② [南朝梁]宗懔:《荆楚岁时记》,山西人民出版社1987年版,第46—50页。

令人头秃。'或问董勋曰：'俗五月不上屋，云五月人或上屋见影，魂便去？'勋答曰：'盖秦始皇自为之，禁夏不得行，汉魏未改。'按《月令》：'仲夏……可以居高明，可以远眺望，可以升山陵，可以处台榭。'郑玄以为'顺阳在上也'。今云不得上屋，正与礼反。敬叔云见小儿死而禁暴席，何以异此乎？俗人月讳，何代无之，但当矫之归于正耳。"《异苑》是南朝刘敬叔所撰，内容以记载奇闻异事为主。《风俗通》即《风俗通义》，东汉泰山太守应劭著，记录汉代民俗，其中有大量的异闻传说。董勋为晋议郎，有《答问礼俗》。杜注又言："按《大戴礼》曰：'五月五日，蓄兰为沐浴。'《楚辞》曰：'浴兰汤兮沐芳华。'今谓之浴兰节，又谓之端午。踢百草，即今人有斗百草之戏也。"① 这说明在隋代，端午节已经正式定名了。

按《艺文类聚》卷四《岁时部》引《大戴礼记·夏小正》："五月五日，蓄兰为沐浴也。"② 又唐韩鄂《岁华纪丽》说五月是"浴兰之月"③，宋吴自牧《梦粱录》说"五月重五节，又曰浴兰令节"④。这说明五月端午节本来是沐浴之节，其习俗应该起源于避夏日病虫瘟疫之害，禳邪驱蚊，是与天气湿热变化联系在一起。正因此，端午节和夏至节是联系在一起的。今日端午节习俗挂似剑之草菖蒲，悬白艾，系彩丝，佩香囊，戴虎形饰物艾虎，喝雄黄酒，其目的为驱蚊、杀菌、辟邪、止恶气，都体现了端午节原始的意义。

西晋史学家司马彪《续汉书·礼仪志》认为，五月五日节日来自夏代以来的夏至节。节日来临时人们常用朱索、五色印门饰止恶气。而五月作为"恶月"的说法，也与这个时间段开始的病害相关。所以，五月五日又被认为是"恶日"。是日若生孩子，将会危及家族，有被遗弃的危险。《风俗通义·彭城相袁元服》载，"今俗间多有禁忌，……五月生者，以为妨害父母。"⑤《史记·孟尝君列传》载战国时齐宣王庶弟田婴有子四十余人，孟尝君田文是田婴贱妾所生，生日当五月五日。田婴令田文之母不养田文，其母偷偷养大田文。田文

---

① 《荆楚岁时记》，第46—50页。
② ［唐］欧阳询：《艺文类聚》，上海古籍出版社1965年版，第75页。
③ ［唐］韩鄂：《岁华纪丽》，丛书集成初编本，中华书局1985年版，第47页。
④ ［宋］吴自牧：《梦粱录》，山东友谊出版社2001年版，第35页。
⑤ 《风俗通义》卷三，第128页。

成人后见其父田婴,"田婴怒其母曰:'吾令若去此子,而敢生之,何也?'文顿首,因曰:'君所以不举五月子者,何故?'婴曰:'五月子者,长与户齐,将不利其父母。'文曰:'人生受命于天乎?将受命于户邪?'婴默然。文曰:'必受命于天,君何忧焉。必受命于户,则可高其户耳,谁能至者!'婴曰:'子休矣。'"① 孟尝君田文后来名满天下,光大田婴一门,可见恶日所生孩子不吉祥的说法并不可靠。

在吴越一代,端午节又与纪念伍子胥联系在一起。楚平王听信谗言,杀伍子胥父兄,伍子胥奔吴,助阖闾自立为吴王,与孙武共伐楚,大败楚军,鞭楚平王尸,为父兄复仇。吴王阖闾死,其子夫差即位,信用奸佞,不听伍子胥忠言,听闻伍子胥批评自己,遂赐剑令伍子胥自杀。伍子胥自杀前告其门人说:"必树吾墓上以梓,令可以为器;而抉吾眼县吴东门之上,以观越寇之入灭吴也。"伍子胥死后,夫差听闻伍子胥之言大怒,乃取伍子胥尸盛以鸱夷革,浮之江中。"吴人怜之,为立祠于江上,因命曰胥山。"②

伍子胥以一己之力,立志惩戒暴君,并忠心报吴,体现了中国古代士人忠义的情怀,因此受到历代中国人的尊敬。东汉赵晔所著《吴越春秋》载,吴王使人赐属镂之剑命子胥自杀,伍子胥受剑,徒跣褰裳,下堂中庭,把剑仰天叹曰:"自我死后,后世必以我为忠,上配夏殷之世,亦得与龙逢、比干为友。"吴王取子胥尸,盛以鸱夷之器,投之于江中,言曰:"胥,汝一死之后,何能有知?"即断其头,置高楼上,谓之曰:"日月炙汝肉,飘风飘汝眼,炎光烧汝骨,鱼鳖食汝肉。汝骨变形灰,有何所见?"乃弃其躯,投之江中。"子胥因随流扬波,依潮来往,荡激崩岸"。伍子胥被赐死,引起天怨人怒,"夫差既杀子胥,连年不熟,民多怨恨"。③ 据说伍子胥死当五月五日,被杀后,尸首装入皮袋被投入钱塘江,逆流而上而不沉没,被称为波神、伍神。此后每年五月五日,当地人驾舟竞渡,期待伍子胥显灵。杜公瞻《荆楚岁时记》注引东汉人邯郸淳《曹娥碑》说:"五月五日,时迎伍

---

① 《史记》卷六六,第2074页。
② 同上书卷六六,第2171—2184页。
③ 《吴越春秋》,中华书局1985年版,第106—108页。

君,逆涛而上,为水所淹。斯又东吴之俗,事在子胥,不关屈平也。"①

南朝范晔《后汉书·列女传》载:"孝女曹娥者,会稽上虞人也。父盱,能弦歌,为巫祝。汉安二年五月五日,于县江溯涛婆娑迎神,溺死,不得尸骸。娥年十四,乃沿江号哭,昼夜不绝声,旬有七日,遂投江而死。"②《艺文类聚》引东晋虞预《会稽典录》也载有曹娥救父的事迹,后世也有以端午节为纪念曹娥的说法。

《四库全书总目提要》认为汉人袁康、吴平撰《越绝书》,该书载吴灭越后,越王勾践以身为奴,卧薪尝胆,侍奉吴王夫差,获得吴王夫差青睐。后,勾践自吴返国后,五月五日以"竞渡之戏"练习水军,最终灭吴。这个记载如果可靠,则五月五日竞渡的历史可能早于伍子胥之死。或者端午竞渡早已经是习俗,也正因此,勾践才能以此为掩护而操练水军。

又晋文公流亡之际,乏食,随从介之推曾剔股食之。晋文公即位,介之推拒绝封赏,偕母逃亡,晋文公为逼介之推现身,不幸烧死了介之推及其母亲。介之推死于五月五日,所以,晋文公下令"五月五日不得发火"。《艺文类聚》引东汉蔡邕《琴操》说,"介子绥割其腓股,以啖重耳,重耳复国,子绥独无所得,绥甚怨恨,乃作龙蛇之歌以感之,终不肯出,文公令燔山求之,子绥遂抱木而烧死,文公令民五月五日不得发火。"③介子绥即介子推。这是说端午节还有不举火的习俗。不过此习俗一般在寒食节,时间大概是夏历冬至过后的105天,即今日清明节、上巳节前一两天。

自汉代以来,端午节的活动,更多的是与屈原联系在一起了。这也是端午节的主题逐渐演变为纪念屈原的内在原因。

《艺文类聚》引应劭《风俗通义》曰:"五月五日,以五采丝系臂者,辟兵及鬼,令人不病温,亦因屈原。"又引南朝吴均《续齐谐记》:"屈原五月五日投汨罗而死,楚人哀之,每至此日,竹筒贮米,投水祭之,汉建武中,长沙欧回,白日忽见一人,自称三闾大夫,谓曰:君当见祭,甚善,但常所遗,苦蛟龙所窃,今若有惠,

---

① 《荆楚岁时记》,第47页。
② [南朝宋]范晔撰,[唐]李贤等注:《后汉书》卷八四,第2794页。
③ 《艺文类聚》,第74页。

可以楝树叶塞其上，以五采丝缚之，此二物蛟龙所惮也。固依其言，世人作粽，并带五色丝及楝叶，皆汨罗之遗风也。"①

杜公瞻《荆楚岁时记》注说："按五月五日竞渡，俗为屈原投汨罗日，伤其死所，故并命舟楫以拯之。舸舟取其轻利，谓之飞凫。一自以为水车，一自以为水马，州将及土人悉临水而观之，盖越人以舟为车，以楫为马也。……《越地传》云，起于越王勾践，不可详矣。是日竞采杂药。《夏小正》云：'此日蓄药以蠲除毒气。'"②

唐人沈亚之《屈原外传》载，屈原以五月五日"遂赴清泠之水，其神游于天河，精灵时降湘浦。楚人思慕，谓为水仙。每值原死日，必以筒贮米，投水祭之。至汉建武中，长沙区回，白日忽见一人，自称三闾大夫，谓曰：'闻君尝见祭，甚善。但所遗并蛟龙所窃，今有惠，可以楝树叶塞上，以五色丝转缚之，此物蛟龙所惮。'回依其言，世俗作粽，并带丝叶，皆其遗风。"③

自汉代以后，随着屈原的影响力越来越大，更多的人把屈原与端午节联系在一起。端午节也逐渐演变为一个以纪念屈原为中心的重要民俗节日。

---

① 《艺文类聚》，第75页。
② 《荆楚岁时记》，第48—49页。
③ 《山带阁注楚辞》，第21页。

主要参考书目

一、一般文献

《十三经注疏》,中华书局2009年版。
《世本八种》,宋衷注,中华书局2008年版。
《战国策新校注》(修订本),缪文远撰,巴蜀书社1998年版。
《上海博物馆藏战国楚竹书(一)》,马承源主编,上海古籍出版社2001年版。
《清华大学藏战国竹简(一)》,李学勤主编,中西书局2010年版。
《北京大学藏战国西汉竹书(五)》,上海古籍出版社2014年版。
《银雀山汉墓竹简(壹)》,文物出版社1985年版。
《史记》,司马迁撰,中华书局1982年版。
《汉书》,班固撰,中华书局1962年版。
《后汉书》,范晔撰,中华书局1965年版。
《两汉纪》,荀悦、袁宏撰,中华书局2002年版。
《吴越春秋》,赵晔撰,中华书局1985年版。
《通志》,郑樵撰,中华书局1987年版。
《七国考订补》,董说撰,缪文远订补,上海古籍出版社1987年版。
《绎史》,马骕撰,中华书局2002年版。
《襄阳耆旧记校注》,习凿齿撰,舒焚、张临川校注,湖北人民出版社1999年版。
《博物志校证》,张华撰,范宁校证,中华书局1980年版。
《荆楚岁时记》,宗懔撰,宋金龙校注,陕西人民出版社1987年版。
《水经注疏》,郦道元撰,杨守敬、熊会贞疏,上海古籍出版社1989年版。
《六臣注文选》,李善等注,上海古籍出版社1993年版。
《文心雕龙义疏》,刘勰撰,吴林伯注,武汉大学出版社2002年版。
《直斋书录解题》,陈振孙撰,上海古籍出版社1987年版。

《朱子语类》，黎靖德编，中华书局1986年版。
《陈卧子先生安雅堂稿》，陈子龙撰，新世纪万有文库本，辽宁教育出版社2003年版。
《日知录集释》，顾炎武撰，黄汝成注，四部备要本，（上海）中华书局1936年版。
《玉函山房辑佚书》，马国翰编，上海古籍出版社1990年版。
《戴震全书》，戴震撰，张岱年主编，黄山书社1994年版。
《古文辞类纂》，姚鼐编，吴汝纶评点，中国书店1986年版。

二、楚辞文献

《楚辞文献丛刊》，黄灵庚主编，国家图书馆出版社2014年版。
《楚辞补注》，刘向编，王逸注，洪兴祖补，中华书局1983年版。
《楚辞集注》，朱熹撰，上海古籍出版社2001年版。
《屈宋古音义》，陈第撰，中华书局2008年版。
《楚辞集解》，汪瑗撰，北京古籍出版社1994年版。
《楚辞听直》，黄文焕撰，上海古籍出版社2019年版。
《七十二家评楚辞》，蒋之翘编，明天启六年蒋之翘楚穉刻本。
《庄屈合诂》，钱澄之撰，黄山书社1998年版。
《楚辞笺注》，李陈玉撰，南京大学出版社2017年版。
《楚辞灯》，林云铭撰，华东师范大学出版社2012年版。
《离骚草木史》，周拱辰撰，上海古籍出版社2017年版。
《屈原赋注》，戴震撰，中华书局1999年版。
《楚辞天问笺》，丁晏撰，上海古籍出版社2017年版。
《楚辞新注求确》，胡濬源撰，上海古籍出版社2017年版。
《屈骚指掌》，胡文英撰，清乾隆五十一年刻本，北京古籍出版社1979年影印版。
《山带阁注楚辞》，蒋骥撰，上海古籍出版社1984年版。
《离骚经九歌解义》，李光地撰，清光绪四年李光廷刻《榕园丛书》乙集本。
《屈子楚辞章句》，刘梦鹏撰，上海古籍出版社2017年版。
《楚辞通释》，王夫之撰，上海古籍出版社2017年版。
《楚辞评注》，王萌撰，南京大学出版社2017年版。
《楚辞释》，王闿运撰，上海古籍出版社2017年版。
《屈子杂文笺略》，王邦采撰，南京大学出版社2019年版。
《离骚赋补注》，朱骏声撰，上海古籍出版社2017年版。

三、今人著作（以作者姓氏音序排列）

常森：《屈原及其诗歌研究》，北京大学出版社 2012 年版。
陈桐生：《楚辞与中国文化》，陕西人民教育出版社 1997 年版。
褚斌杰：《屈原研究》，湖北教育出版社 2003 年版。
褚斌杰：《楚辞要论》，北京大学出版社 2003 年版。
崔富章、李大明：《楚辞集校集释》，湖北教育出版社 2003 年版。
董楚平、俞志慧：《楚辞直解》，浙江文艺出版社 1997 年版。
董治安：《先秦文献与先秦文学》，齐鲁书社 1994 年版。
郭杰：《屈原新论》，吉林大学出版社 1994 年版。
郭沫若：《先秦学术述林》，上海书店影印东南出版社 1945 年版。
郭沫若：《郭沫若全集·历史编》，人民文学出版社 1982 年版。
郭维森：《屈原评传》，南京大学出版社 1998 年版。
过常宝：《楚辞与原始宗教》，东方出版社 1997 年版。
何剑熏：《楚辞新诂》，巴蜀书社 1994 年版。
胡念贻：《楚辞选注及考证》，岳麓书社 1984 年版。
黄灵庚：《楚辞章句疏证》（增订本），上海古籍出版社 2018 年版。
黄中模：《中日学者屈原问题论争集》山东教育出版社 1990 年版。
江立中：《离骚探骊》，岳麓书社 1993 年版。
江林昌：《楚辞与上古历史文化研究》，齐鲁书社 1998 年版。
姜亮夫：《楚辞学论文集》，上海古籍出版社 1984 年版。
姜书阁：《先秦辞赋原论》，齐鲁书社 1983 年版。
蒋天枢：《楚辞校释》，上海古籍出版社 1989 年版。
金开诚：《屈原辞研究》，江苏古籍出版社 1992 年版。
梁启超：《饮冰室合集·专集》，中华书局 1989 年版。
林庚：《诗人屈原及其作品研究》，上海古籍出版社 1981 年增订版。
刘永济：《屈赋通笺》，人民文学出版社 1961 年版。
陆侃如：《屈原与宋玉》，（上海）商务印书馆 1930 年版。
逯钦立：《屈原离骚简论》，辽宁人民出版社 1957 年版。
罗敏中：《屈骚与宋代爱国文学》，远方出版社 2002 年版。
马茂元：《楚辞选》，人民文学出版社 1958 年版。
毛庆：《诗祖涅槃——屈原和他的诗》，三联书店 1996 年版。
聂石樵：《屈原论稿》，人民文学出版社 1982 年版。
潘啸龙、毛庆：《楚辞著作提要》，湖北教育出版社 2003 年版。

彭柏林、杨年保:《屈原研究三十年》,南京大学出版社 2017 年版。
钱穆:《钱穆先生全集》(新校本),九州出版社 2011 年版。
饶宗颐:《楚辞地理考》,台北九思出版公司 1978 年版。
尚永亮:《庄骚传播接受史综论》,文化艺术出版社 2000 年版。
苏雪林:《楚骚新诂》,武汉大学出版社 2007 年版。
孙作云:《天问研究》,中华书局 1989 年版。
谭家斌:《屈原问题综论》,湖北人民出版社 2006 年版。
谭介甫:《屈赋新编》,中华书局 1978 年版。
汤炳正:《屈赋新探》,齐鲁书社 1984 年版。
王伟:《〈楚辞〉校证》,中华书局 2017 年版。
吴广平:《楚辞》,岳麓书社 2001 年版。
吴广平:《宋玉集》,岳麓书社 2001 年版。
熊良智:《楚辞文化研究》,巴蜀书社 2002 年版。,
熊人宽:《屈原宋玉与荆楚历史》,学苑出版社 2019 年版。
徐文武:《楚国宗教概论》,武汉出版社 2001 年版。
徐志啸:《日本楚辞研究论纲》,福建人民出版社 2015 年版。
杨义:《屈子楚辞还原》,中国社会科学出版社 2016 年版。
杨仲义:《诗骚新识》,学苑出版社 1999 年版。
游国恩:《离骚纂义》,中华书局 1980 年版。
游国恩:《天问纂义》,中华书局 1982 年版。
游国恩:《游国恩学术论文集》,中华书局 1989 年版。
游国恩:《游国恩楚辞论著集》,中华书局 2008 年版。
于省吾:《泽螺居诗经楚辞新证》,中华书局 2009 年版。
余嘉锡:《四库提要辨证》,中华书局 1980 年版。
张崇琛:《楚辞文化研究》,中国社会科学出版社 2020 年版。
张正明:《楚文化史》,上海人民出版社 1987 年版。
赵逵夫:《屈原与他的时代》,人民文学出版社 1996 年版;2002 年增订版。
赵然:《学术转型与游国恩楚辞研究》,人民出版社 2018 年版。
周秉高:《楚辞解析》,内蒙古大学出版社 2003 年版。
周建忠、汤漳平:《楚辞学通典》,湖北教育出版社 2002 年版。
周建忠:《楚辞考论》,商务印书馆 2003 年版。
周勋初:《九歌新考》,上海古籍出版社 1986 年版。
朱碧莲:《楚辞论稿》,上海三联书店 1993 年版。
朱季海:《楚辞解故》,上海古籍出版社 1980 年版。